VERÓNICA RODRÍGUEZ VEGA

Empresa y Administración

EDITEX

ÍNDICE

ORGANIZACIÓN DE LA UNIDAD

El libro ***Empresa y Administración*** consta de doce unidades de trabajo. Cada una de ellas arranca con una **práctica profesional inicial,** que presenta una situación real o próxima al mundo profesional vinculada con el contenido de la unidad.

Consta de **situación de partida,** donde te proponemos una práctica profesional real, con los personajes, condiciones, hechos y datos relevantes para resolverla. En el **estudio del caso** se plantean las cuestiones para facilitar el análisis de la situación. Puedes responder a estas preguntas al comienzo, a medida que avanza la unidad o al final, una vez que hayas asimilado los contenidos.

El **desarrollo de contenidos** se presenta de forma clara y ordenada, de acuerdo a la siguiente secuencia:

Contenidos – Ejemplos – Casos prácticos resueltos – Actividades

Vienen acompañados de **definiciones, cuadros, tablas, esquemas, imágenes**...

Además se utiliza una gran variedad de **recursos adicionales** para facilitarte el aprendizaje:

- **Recuerda:** para destacar a lo largo de la unidad los contenidos más importantes.
- **Vocabulario:** breve definición o explicación del significado de algún concepto clave.
- **Saber más:** textos complementarios de ampliación de contenidos.

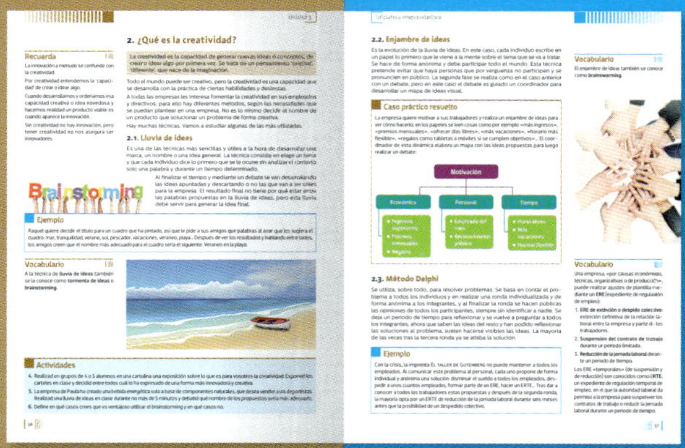

- **Navega:** propuestas específicas de ampliación e investigación en la red.
- **Modelos oficiales:** en las unidades se incluyen muchos modelos oficiales con los que deberás familiarizarte en tu relación con la Administración pública.
- **Esquemas:** incorporación de un gran número de esquemas y elementos gráficos, dirigidos a hacer más claros los contenidos y facilitar el aprendizaje visual.
- **Ejemplos** y **casos prácticos resueltos.**

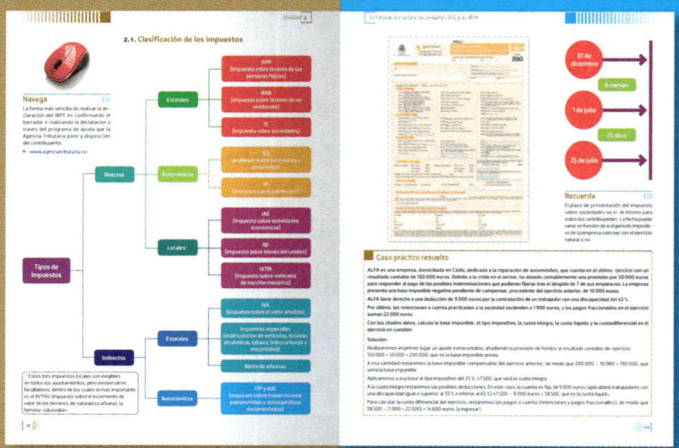

IMPORTANTE: Todas las actividades propuestas en este libro deben realizarse en un cuaderno de trabajo, nunca en el propio libro.

Regístrate en nuestra web y accede a los recursos adicionales: <www.editex.es>.

Práctica profesional inicial resuelta: una vez que has asimilado los contenidos de la unidad y has trabajado la práctica inicial, puedes comprobar tus resultados y ver cómo se desarrolla y resuelve la práctica profesional inicial.

Práctica profesional resuelta: por medio de esta práctica, podrás resolver una situación similar a la que encontrarás en el mundo laboral, y constatar si eres capaz de aplicar lo aprendido a lo largo de la unidad.

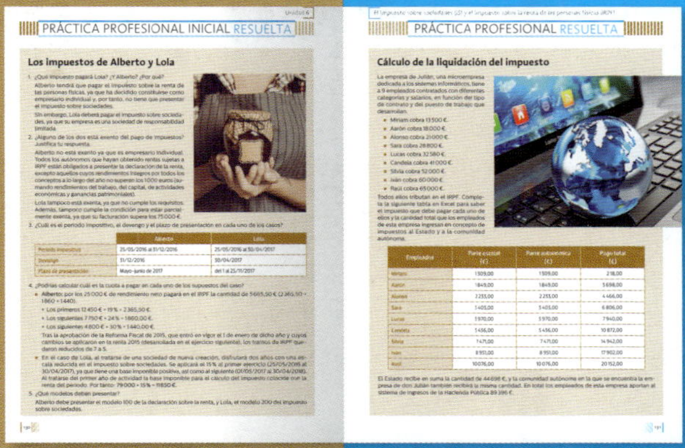

Prácticas profesionales propuestas: al final de la unidad, tendrás que resolver casos prácticos similares a los que encontrarás en tu puesto de trabajo, de modo que podrás ver la aplicación práctica de los contenidos y, al mismo tiempo, tener una visión conjunta de los mismos.

Estas prácticas profesionales suponen una síntesis de los **resultados de aprendizaje** que deberás alcanzar al terminar tu módulo formativo.

El apartado **En resumen** consta de esquemas organizados que sintetizan los conceptos fundamentales de la unidad y están diseñados para facilitar la consulta y el aprendizaje.

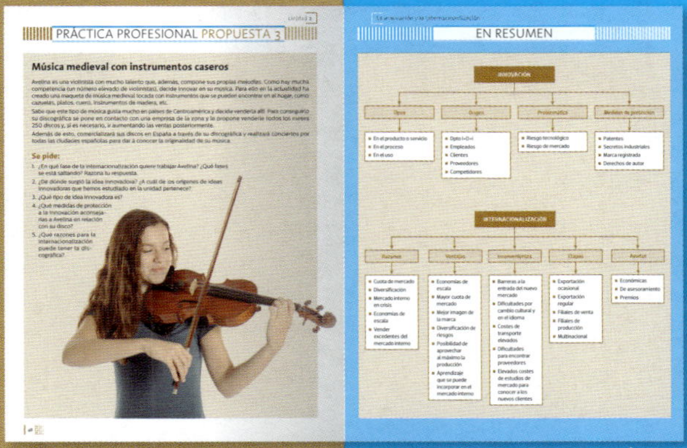

Test de evaluación: preguntas tipo test centradas en los aspectos esenciales de la unidad.

Actividades finales: revisan y consolidan los contenidos fundamentales abordados en la unidad, teniendo en cuenta los criterios de evaluación oficiales.

Práctica final global, al final del libro. Para su resolución tendrás que aplicar todos los conocimientos adquiridos a lo largo del curso.

1 La empresa y el empresario

Vamos a conocer...

PRÁCTICA PROFESIONAL INICIAL

1. Concepto de *empresa*
2. Concepto de *empresario*
3. Persona física y jurídica
4. Tipos de empresa

PRÁCTICA PROFESIONAL INICIAL RESUELTA

PRÁCTICA PROFESIONAL PROPUESTA

EN RESUMEN

Y al finalizar esta unidad...

- Conoceremos los conceptos de *empresa* y *empresario*.
- Diferenciaremos *persona física* y *persona jurídica*.
- Comprenderemos las diferencias entre el *empresario individual* y el *autónomo*.
- Seremos capaces de clasificar los diferentes tipos de empresas.

Práctica profesional inicial

Situación de partida

Pablo vive en un pequeño pueblo de la sierra y se ha dado cuenta de que las personas mayores de la zona tienen problemas para ir a comprar el pan, ya que en ocasiones hay cuestas con mucho desnivel.

A Pablo le gustaría abrir una panadería con servicio a domicilio, pero no conoce nada del oficio de repostería. Sin embargo, su amiga Rocío es una experta cocinera de repostería y ambos están decididos a montar el negocio, pero necesitan dinero para comprar o alquilar el local. Sergio, el mejor amigo de Pablo, tiene 3000 € de una herencia que no sabe dónde invertir, así que decide participar en el negocio, pero solo como inversor.

Después de varios meses de preparativos, el negocio comienza. Pablo se va a encargar de estar pendiente de los pedidos y de supervisar que las entregas se realicen de forma correcta, así como de decidir el precio y la publicidad que llevarán a cabo por la zona para darse a conocer. Rocío se encargará de la fabricación del pan y algunos dulces. Sergio, que es el que pone el dinero, realizará la contabilidad: así podrá supervisar los beneficios del negocio; pero será Clara, hermana mayor de Rocío, la encargada de hacer las declaraciones de IVA, así como el resto del papeleo necesario, ya que estudió Economía y ha trabajado varios años para el ayuntamiento. También realizará las funciones de directora de la empresa, aunque es Pablo el que realmente tiene poder de convicción ante sus compañeros. Además, antes de empezar con el negocio deben contratar a alguien que será el repartidor de los productos a domicilio. Pablo se encargará de hacer las entrevistas para la elección del nuevo trabajador.

El mayor problema al que se enfrentan es decidir qué forma jurídica utilizarán para su empresa.

Pablo cree que lo mejor es crear una sociedad anónima. Rocío piensa que es preferible una comunidad de bienes. Sergio prefiere una sociedad limitada. Pero Clara les recomienda que creen una sociedad colectiva.

Se pide que los alumnos formen grupos de 4 y analicen el texto. Después tendrán que responder a las siguientes preguntas para, por último, realizar un debate entre los miembros del grupo y decidir qué tipo de empresa deberían formar Pablo y sus amigos.

Estudio del caso

1. Explica qué persona del texto realiza las funciones de las diferentes áreas funcionales de la empresa.
2. Según cada una de las teorías sobre el concepto de *empresario*, ¿a quién debemos considerar *empresario* en este caso? Justifica cada respuesta.
3. ¿Qué tipo de empresa será según la propiedad de los bienes, sector de actividad, actividad que se va a desarrollar y tamaño?

1. Concepto de *empresa*

La definición de **empresa**, según la RAE, en su segunda acepción, es la siguiente:

> Unidad de organización dedicada a actividades industriales, mercantiles o de prestación de servicios con fines lucrativos.

La empresa es, por tanto, un agente económico que consta de varias áreas diferenciadas. Los objetivos de cada una de estas áreas contribuyen a un objetivo común: maximizar beneficios. Si bien para una empresa socialmente responsable, el objetivo será la rentabilidad económica alcanzada de una forma sostenible y en armonía con el medio natural y social, así como la transparencia informativa en su gestión, ya que las empresas tienen un impacto enorme sobre toda la sociedad. Las áreas fundamentales de la empresa son:

- **Área comercial y marketing:** su objetivo es decidir todo lo relativo al producto que se va a vender para intentar maximizar las ventas, ofreciendo al cliente un producto que satisfaga sus necesidades a un precio que cubra sus expectativas.
- **Área de compras:** su función es abastecer de los materiales y servicios para que la organización pueda desarrollar su actividad con las condiciones más competitivas en cuanto a calidad del producto, precio, condiciones de pago, cantidad y fecha de entrega.
- **Área de producción:** lleva a cabo la fabricación del producto de acuerdo con las calidades necesarias para los clientes.
- **Área financiera:** se encarga de las cuentas, la financiación, la contabilidad y las inversiones de la empresa.
- **Área administrativa:** encargada de realizar la documentación necesaria para llevar una buena relación con las administraciones públicas, como elaboración de informes, impuestos, etc.
- **Área de recursos humanos:** su objetivo es contratar y formar a los empleados para que estos sean un valor para la empresa, realizar sus nóminas y todos los trámites necesarios.

Saber más

Organigrama de la empresa

La forma más común de representar las áreas de una empresa y la jerarquía dentro de ellas es mediante lo que se conoce con el nombre de **organigrama**.

Ejemplo

En las pequeñas empresas la mayoría de las funciones de las diferentes áreas las realiza el dueño; si bien el área financiera y administrativa suele estar externalizada y se contrata una gestoría. Este es el caso del salón de belleza Piluca, SL: el área comercial es responsabilidad de la encargada del salón, que analiza a los clientes de su zona de influencia para ofrecer un producto adecuado a las necesidades de los consumidores; el área de producción está formada por todos los especialistas que trabajan en el salón de belleza (esteticista, peluqueros, maquilladores, etc.); las áreas financiera y administrativa están externalizadas y estas funciones son realizadas por una gestoría; y el área de recursos humanos la dirige Pilar, la dueña, que decide a quién contratar.

Actividades

1. Di a qué área pertenecen las siguientes funciones dentro de una empresa: realización de las cuentas anuales, pago de impuestos, producción, contratación de personal, curso de formación para los empleados, negociación con el banco para evitar el cobro de comisiones, control de calidad.
2. Explica por qué los objetivos de cada área de la empresa contribuyen al objetivo de la empresa de maximizar beneficios.

Vocabulario

Podemos definir el **flujo circular de la renta** como la representación de los movimientos de dinero entre los agentes económicos a cambio del desarrollo de diferentes funciones (trabajo u otros factores productivos) como muestra el gráfico de esta página.

Una vez que hemos comprendido, de forma muy básica, qué es una *empresa* vamos a ir analizando cada uno de sus aspectos a lo largo de este módulo de *Empresa y Administración,* donde estudiaremos en profundidad el área administrativa.

La **empresa** no es un ente aislado y, por tanto, se relaciona con el resto de agentes económicos: las **familias** prestan su trabajo a las empresas a cambio de una retribución y, además, son los clientes que pagan un precio por los productos o servicios de las empresas; al igual que el **Estado** o las Administraciones públicas, que en muchos casos también son clientes de las empresas y, en otros, funcionan como reguladores, controlando y supervisando las actividades de las empresas, recaudando impuestos y otorgando subvenciones. Es lo que conocemos como **flujo circular de la renta.**

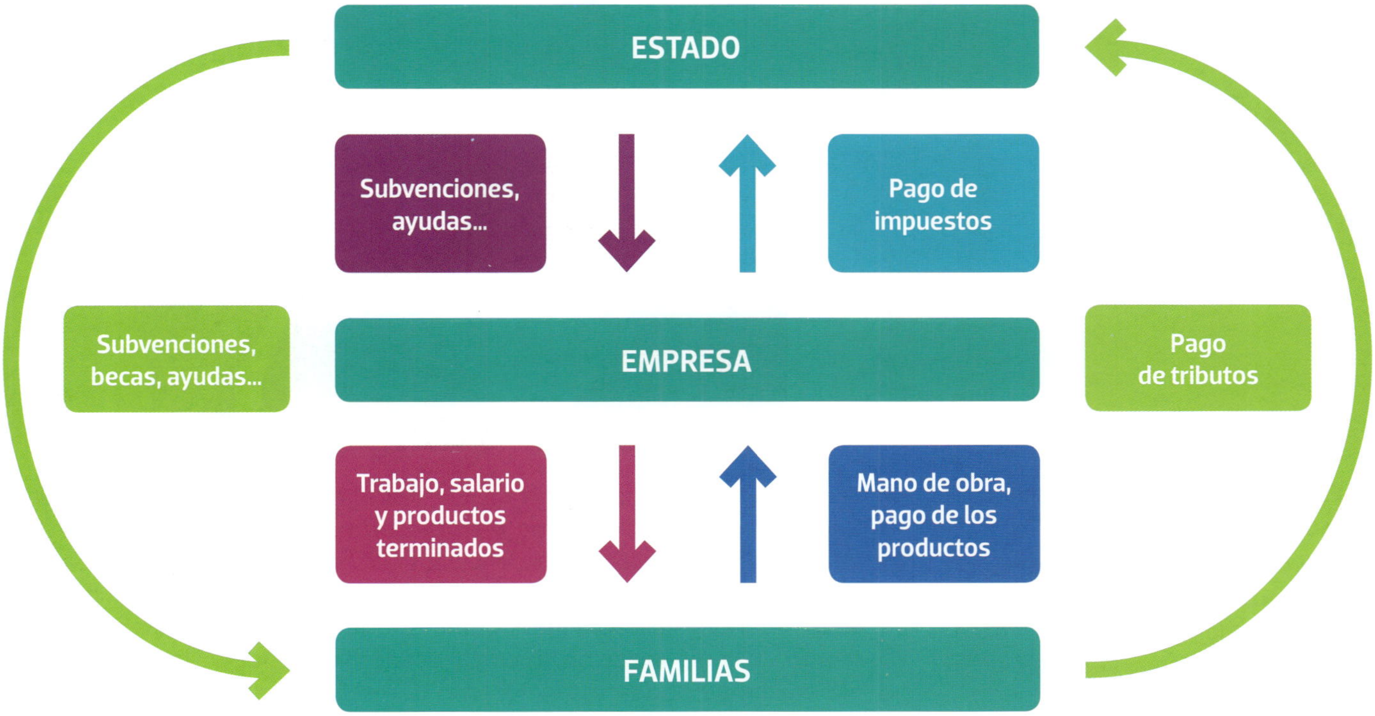

2. Concepto de *empresario*

A lo largo de la historia podemos encontrar diferentes definiciones de *empresario*, ya que es un término sobre el que no todos los estudiosos de la materia se ponen de acuerdo. Por ello vamos a estudiar algunas de las teorías más importantes sobre el empresario.

- **Teoría del empresario riesgo.** Frank Hyneman Knight (1885-1972) consideraba que el empresario es el que asume los riesgos. El empresario debe realizar un estudio no solo de los costes de producción de su negocio (costes conocidos y ciertos), sino también sobre la estimación de la demanda, la cual desconoce, por lo que solo puede basarse en una estimación o una hipótesis. Por ello, el empresario asume el riesgo de invertir dinero en un negocio sin saber si obtendrá beneficios o pérdidas. El beneficio pertenece, por tanto, al empresario, que es el que asume riesgos.
- **Teoría del empresario innovador.** Joseph Alois Schumpeter (1883-1950) se dio cuenta de la importancia de la competencia en la sociedad y consideraba que para que una empresa sobreviva en el mercado, debe estar innovando continuamente. La importancia de este tipo de empresarios es fundamental para el avance de la sociedad. Schumpeter añadió, frente a la teoría anterior, que el beneficio no es por soportar el riesgo, sino gracias a la innovación realizada. El empresario no tiene por qué ser el que asume el riesgo económico.

Saber más

El riesgo en la teoría de Knight

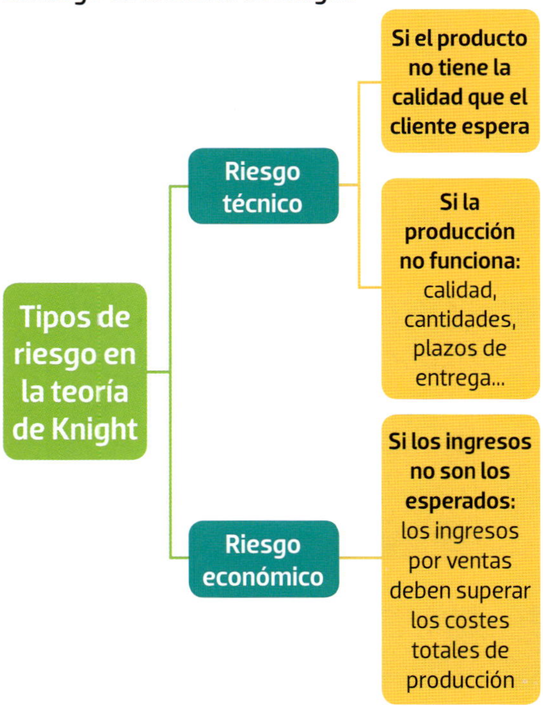

En esta teoría diferenciamos:

- El **empresario,** que será la persona que asuma el riesgo.
- El **directivo** de la empresa, elegido por el empresario (en ocasiones puede ser él mismo), que será el encargado de gestionar y tomar decisiones en la empresa.

- **Teoría del empresario tecnócrata.** El economista canadiense John Kenneth Galbraith (1908-2006) define al *empresario* como un profesional con capacidad directiva, ya que diferencia los accionistas de las grandes empresas que aportan capital esperando un beneficio mayor, con la actuación de los economistas, abogados, administradores, que toman las decisiones dentro de la organización. El poder económico reside en la empresa, con el derecho de poder restringido o lo que él llama *tecnoestructura*.

- **Teoría del empresario líder.** Una de las teorías más recientes es la del economista Warren Gamaliel Bennis (1925-2014), quien asegura que actualmente el verdadero empresario debe ser una persona innovadora, líder y buen estratega, a fin de tomar las decisiones adecuadas sobre el camino que debe seguir la empresa para ser competitiva en el mercado actual.
- **Teoría del empresario emprendedor.** Otros autores como Israel Meir Kirzner (1930), economista destacado de la escuela austriaca, definen al *empresario* como emprendedor con perspicacia para identificar las oportunidades de negocio donde otros no las ven.

Saber más

Tipos de líder

Hay varios tipos de líder, los estudiaremos a fondo en la unidad 3 del libro. Los tipos de líder pueden ser:

- *Laissez-faire.*
- Democrático.
- Autocrático.

Caso práctico resuelto

En la empresa de muebles HAVER, se dedican a dar clases a sus clientes para enseñarles a hacer muebles con materiales reciclados. La empresa la componen:

- Raquel, la cual tuvo la idea.
- Enrique, socio capitalista, es decir, el que puso el dinero.
- Eva y Elena, que son las que actúan de directoras. Elena es economista y Eva diseñadora de muebles: son ellas las que toman todas las decisiones.

Según qué teoría tengamos en cuenta, la figura del empresario variará:

- **Teoría de Knight:** el empresario es Enrique porque es el que asume el riesgo económico y puede llegar a perder su dinero.
- **Teoría de Schumpeter:** consideraría que el verdadero empresario no es el que pone el dinero, sino el que tiene la idea innovadora: en este caso, Raquel.
- **Teoría de Galbraith:** el empresario es el que posee la preparación adecuada para tomar las decisiones que hagan crecer la empresa, es decir, Eva y Elena.
- **Teorías de Bennis y Kirzner:** podrían coincidir con la teoría del empresario innovador, en este caso, Raquel, pero presumiendo su capacidad de ser una buena líder y estratega, identificando oportunidades de negocio donde otros no las ven.

Actividades

3. De las siguientes figuras, di cuáles podrían ser considerados empresarios según las teorías que conoces: director/a de marketing, persona con ideas innovadoras, persona que identifica oportunidades de negocio, socios capitalistas que ponen el capital para montar la empresa, secretario/a, jefe de compras, trabajadores, persona innovadora y líder.

3. Persona física y jurídica

Una vez que sabemos definir *empresa* y comprendemos los diferentes matices del término *empresario*, a continuación vamos a diferenciar dos conceptos del Derecho que influyen en las organizaciones y que a menudo no sabemos distinguir fácilmente: *persona física* y *persona jurídica*.

Persona física es todo ser humano capaz de asumir derechos y obligaciones. La persona física, por tanto, aparece en el momento del nacimiento y termina con la muerte. La persona física puede, bajo determinadas condiciones, suscribir contratos, declaraciones e, incluso, representar a otra persona física o jurídica.

La persona jurídica se define en el artículo 35 del Código Civil

Son personas jurídicas...

1. Las corporaciones, asociaciones y fundaciones de interés público reconocidas por la ley
Su personalidad empieza desde el instante mismo en que, con arreglo a derecho, hubiesen quedado válidamente constituidas.

2. Las asociaciones de interés particular
Pueden ser civiles, mercantiles o industriales, a las que la ley concede personalidad propia, independiente de la de cada uno de los asociados.

Vemos, por tanto, que la persona jurídica tiene derechos y obligaciones, pero no es una persona física, no es un ser humano, es una organización constituida según los parámetros que marca la Ley. El empresario es, por consiguiente, una persona física que, dependiendo de las definiciones estudiadas en el punto anterior, en la mayoría de los casos será el representante de la organización, la cual es una persona jurídica.

Ejemplo

Sara es la dueña de una empresa, SARJEWELLERY, SL, dedicada a la fabricación de bisutería con pasta de plata, en la que trabajan dos personas, Cristina y Pedro. En la empresa hay tres personas físicas (Sara, Cristina y Pedro), pero solo hay una persona jurídica: SARJEWELLERY, SL.

Actividades

4. ¿Cuál es la principal diferencia entre una *persona física* y una *persona jurídica*? Pon un ejemplo.

5. ¿Qué tienen en común las personas físicas y las jurídicas? Razona tu respuesta.

6. Pon dos ejemplos de derechos y obligaciones que tienen las personas físicas y jurídicas.

4. Tipos de empresas

Clasificar las empresas es una tarea compleja y arbitraria, pues existen varios y diversos criterios. Entre el amplio abanico de posibilidades destacamos los siguientes:

- Según la propiedad de los bienes.
- Según su sector de actividad.
- Según la actividad que desarrollen.
- Según su tamaño o volumen de facturación.
- Según ámbito de actuación.
- Según su forma jurídica.

4.1. Según la propiedad de los bienes

Si nos fijamos en quién aporta el capital o realiza la inversión, las empresas se pueden clasificar en tres grupos:

- **Públicas:** cuando el capital lo aporta el Estado.
- **Privadas:** cuando el capital lo aporta la iniciativa privada.
- **Mixtas:** si se trata de una aportación de capital tanto público como privado.

La finalidad de la empresa pública no es exactamente la obtención de beneficios, sino que persigue otros objetivos:

- **Objetivos sociales de política macroeconómica:** ayudan a controlar la tasa de desempleo, la inflación, el déficit o el superávit. En ocasiones una empresa pública debe realizar actuaciones para controlar las variables macroeconómicas en lugar de plantearse otros objetivos más beneficiosos para la propia empresa.
- **Objetivos de distribución de la renta de los consumidores:** ofrecen una serie de productos y servicios que la empresa privada no puede asumir debido a su alto coste, pero que por la importancia del bien o servicio para la sociedad, la empresa pública sí debe tener en cuenta.
- **Objetivo de rentabilidad y eficiencia:** en este caso hacemos referencia a la eficiencia económica, es decir, la empresa pública intentará maximizar la producción con los mínimos costes posibles, dejando en un segundo plano la obtención de beneficios que en muchos casos son nulos.

Ejemplo

- **Pública:** los fondos para crear la empresa son del Estado o las Administraciones como en el caso de Canal de Isabel II, hospitales y colegios públicos, Renfe, Metro de Madrid...
- **Privadas:** el dinero para su creación es de uno o varios inversores particulares, como en el caso de Zara, El Corte Inglés, Mercadona...
- **Mixta:** los fondos provienen de ambos tipos, fondos públicos y privados. Es el caso de Iberia, Red Eléctrica...

Navega

Visita la página web del CIRCE (Centro de Información y Red de Creación de Empresas) donde podrás comprobar el proceso de creación de una empresa y te ayudará a elegir qué tipo de forma jurídica es el más apropiado:

- <www.circe.es>
- <http://bit.ly/2fuAF27>

4.2. Según su sector de actividad

Podemos clasificar las empresas según los sectores de actividad de los que forman parte:

- **Empresas del sector primario:** extraen u obtienen de la naturaleza los bienes que venden. Son de este tipo las explotaciones agrarias, ganaderas y forestales, la minería y la pesca.
- **Empresas del sector secundario:** transforman los bienes que compran a las empresas del sector primario a través de la fabricación. En este grupo se incluyen todas las empresas que realizan actividades industriales.
- **Empresas del sector terciario:** son aquellas que prestan servicios de distinto tipo: comercios, turismo, enseñanza, transporte, servicios financieros o sanitarios, asesorías, etc.

Saber más

Hay empresas que pueden pertenecer a **varios sectores** (debido a lo que conocemos como *integración vertical*). **Ejemplo:** PESCANOVA es una empresa del sector primario, ya que tiene barcos y pescan; pero también del sector secundario porque posee industrias para limpiar, preparar y envasar los productos. Si además tuviera tiendas propias, también pertenecería al sector terciario.

Ejemplo

- Viticultura: sector primario.

- Enología o industria del vino: sector secundario.

- Enoturismo: sector terciario.

4.3. Según la actividad que desarrollen

Según la actividad a la que las empresas se dediquen podemos considerarlas:

- **Extractivas:** obtienen de la naturaleza los bienes que venden.
- **Industriales o productivas:** elaboran el producto final tras un proceso de transformación.
- **Comerciales y de servicios:** venden el producto acabado adquirido a sus proveedores sin que se hagan transformaciones posteriores; o bien prestan servicios de distinto tipo a sus clientes.

Ejemplo

- Extractiva: SALORO (dedicada a la explotación minera).
- Industrial: IBM.
- Comercial: CARREFOUR.

Saber más

Sector cuaternario

Recientemente se ha comenzado a hablar de un nuevo sector denominado **sector cuaternario** o **sector terciario avanzado**. Aquí se incluyen los servicios basados en el **conocimiento** propios de las sociedades avanzadas, donde se precisan profesionales con un alto grado de formación y especialización. Se trata de actividades encuadradas dentro de la sociedad de la información, la investigación y el desarrollo: microelectrónica, informática, biogenética, industria espacial, educación ocio, tecnología, etc.

4.4. Según su tamaño o volumen de facturación

Podemos dividir las empresas en microempresas, pequeñas, medianas y grandes atendiendo al número de trabajadores y al volumen de facturación. Aunque existen varias clasificaciones, una de las más aceptadas es la de la Comisión Europea.

Recomendaciones de la Comisión Europea			
Tipo de empresa	**N.º de trabajadores**	**Volumen de negocios anual**	**Balance general**
Microempresa	< 10 trabajadores	< 2 millones de euros	< 2 millones de euros
Pequeña empresa	< 50 trabajadores	< 10 millones de euros	< 10 millones de euros
Mediana empresa	< 250 trabajadores	< 50 millones de euros	< 43 millones de euros
Gran empresa	≥ 250 trabajadores	≥ 50 millones de euros	≥ 43 millones de euros

Ejemplo

- Pequeña y mediana empresa: tiendas de barrio. Gran empresa: Ikea.

4.5. Según el ámbito de actuación

Dependiendo de cuál sea su ámbito de actuación, las empresas pueden ser:

- **Multinacionales:** empresas que además de operar en su país de origen también se han localizado en otros países. Ejemplo: Coca-Cola.
- **Nacionales:** solo actúan en la nación o estado. Ejemplo: El Corte Inglés.
- **Regionales:** empresas cuyo ámbito se desarrolla en una determinada región. Ejemplo: Caja Rural de la Valencia Castellana o Novanca, son cajas rurales que solo tienen oficinas en una región concreta.
- **Locales:** ejercen su actividad en un determinado municipio. Ejemplo: cualquier pequeña tienda de chuches, peluquería o bar de tu barrio.

Saber más

Pymes

El término **pyme** está formado por las iniciales de 'pequeña y mediana empresa'.

Las pymes gozan de algunos privilegios como algunas cuentas especiales para facilitar su contabilidad, por ejemplo.

Actividades

7. Fijándonos en la propiedad de los bienes, ¿qué tipo de empresas son las siguientes: Zara, RTVE, Iberia, Ikea, Red Eléctrica de España, Navantia, Bar Sinson?
8. Fijándonos el sector de actividad y la actividad que desarrollan, ¿qué tipo de empresas son las siguientes: Lauki, Nokia, BMW, Verde Valle, Bankia, Vincci Hoteles?

4.6. Según su forma jurídica

Actualmente existen distintos tipos de organizaciones, el entorno es tan complejo que, dependiendo de este, podemos encontrar la que más se adecue a nuestras necesidades.

Tipo de empresa	N.° socios	Capital	Responsabilidad	Fiscalidad
Empresario individual	1	No existe mínimo legal	El socio se responsabiliza con todos sus bienes	IRPF
Emprendedor de responsabilidad limitada	1	No existe mínimo legal	Ilimitada con excepciones	IRPF
Comunidad de bienes	Mínimo: 2	No existe mínimo legal	El socio se responsabiliza con todos sus bienes	IRPF (según sean sus comuneros)
Sociedad civil	Mínimo: 2	No existe mínimo legal	El socio se responsabiliza con todos sus bienes	IRPF
Sociedad colectiva	Mínimo: 2	No existe mínimo legal	El socio se responsabiliza con todos sus bienes	IS
Sociedad comanditaria simple	Mínimo: 2	No existe mínimo legal	El socio se responsabiliza con todos sus bienes	IS
Sociedad de responsabilidad limitada	Mínimo: 1	Mínimo: 3 000 euros	Limitada al capital aportado en la sociedad	IS
Sociedad unipersonal	1 socio	No existe mínimo legal	Limitada al capital aportado en la sociedad	IS
Sociedad limitada de formación sucesiva	Mínimo: 1	No existe mínimo legal	Limitada al capital aportado en la sociedad	IS
Sociedad limitada nueva empresa	Mínimo: 1 Máximo: 5	Mínimo: 3 000 euros Máximo: 120 000 euros	Limitada al capital aportado en la sociedad	IS
Sociedad anónima	Mínimo: 1	Mínimo: 60 000 euros	Limitada al capital aportado en la sociedad	IS
Sociedad comanditaria por acciones	Mínimo: 2	Mínimo: 60 000 euros	El socio se responsabiliza con todos sus bienes	IS
Sociedad de responsabilidad limitada laboral	Mínimo: 2	Mínimo: 3 000 euros	Limitada al capital aportado en la sociedad	IS
Sociedad anónima laboral	Mínimo: 2	Mínimo: 60 000 euros	Limitada al capital aportado en la sociedad	IS
Sociedad cooperativa	Cooperativas 1.er grado, mínimo: 3 Cooperativas 2.° grado: 2 cooperativas	Mínimo: fijado en los Estatutos	Limitada al capital aportado en la sociedad	IS
Sociedad cooperativa de trabajo asociado	Mínimo: 3	Mínimo: fijado en los Estatutos	Limitada al capital aportado en la sociedad	IS
Sociedades profesionales	Mínimo: 1	Según la forma social que adopte	Limitada al capital aportado en la sociedad	IS
Sociedad agraria de transformación	Mínimo: 3	No existe mínimo legal	El socio se responsabiliza con todos sus bienes	IS
Sociedad de garantía recíproca	Mínimo: 150 socios partícipes	Mínimo: 10 000 000 euros	Limitada al capital aportado en la sociedad	IS
Entidades de capital-riesgo	Al menos 3 miembros en el Consejo Administración	Sociedades de capital riesgo. Mínimo: 1 200 000 € (900 000 si son ECR-PYME) Fondos de capital riesgo Mínimo: 1 650 000 €	Limitada al capital aportado en la sociedad	IS
Agrupación de interés económico	Mínimo: 2	No existe mínimo legal	El socio se responsabiliza con todos sus bienes	IS

Fuente: CIRCE, 2016.

Vamos definir brevemente las características más importantes de los diferentes tipos de empresas.

- **Empresario individual**

  Según el Centro de Información y Red de Creación de Empresas (CIRCE):

  > El **empresario individual** es una persona física que realiza de forma habitual, personal, directa, por cuenta propia y fuera del ámbito de dirección y organización de otra persona, una actividad económica o profesional a título lucrativo, dé o no ocupación a trabajadores por cuenta ajena.

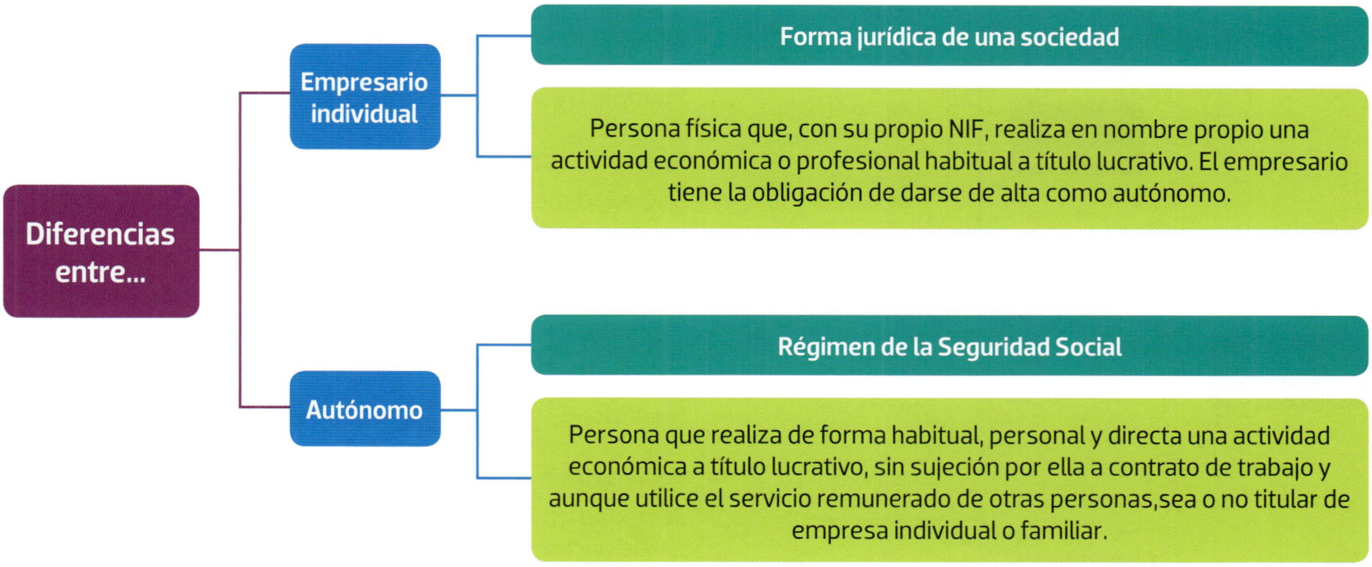

El empresario individual es la forma jurídica más utilizada por las pequeñas empresas, los pequeños comercios como tiendas de ropa, panaderías o joyerías, por ejemplo, y profesionales como electricistas, fontaneros, pintores, etc.

Ejemplo: José Pérez García (fontanero).

- **Emprendedor de responsabilidad limitada**

  Es igual que el empresario individual, pero con una diferencia: en este caso la responsabilidad, aunque es ilimitada también, tiene algunas excepciones, como la vivienda habitual, la cual queda excluida (exceptuando las deudas de derecho público —deudas que se tienen con algún organismo público—).

  Ejemplo: Sandra Sanz Gutiérrez, ERL (peluquera).

- **Comunidad de bienes**

  La comunidad de bienes se constituye cuando la propiedad de un bien o derecho pertenece proindiviso (que no se puede dividir) a varias personas y forma parte de una actividad empresarial realizada en común. Se podría decir que es la forma más sencilla de asociación entre autónomos.

  Ejemplo: Hijos de Rengel, CB (suelen ser empresas heredadas).

Recuerda

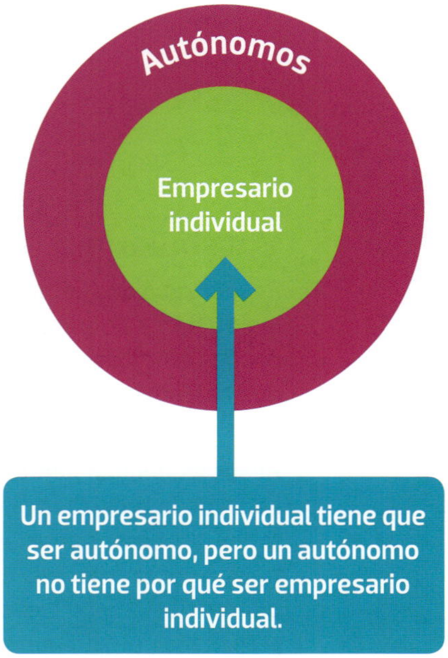

Saber más

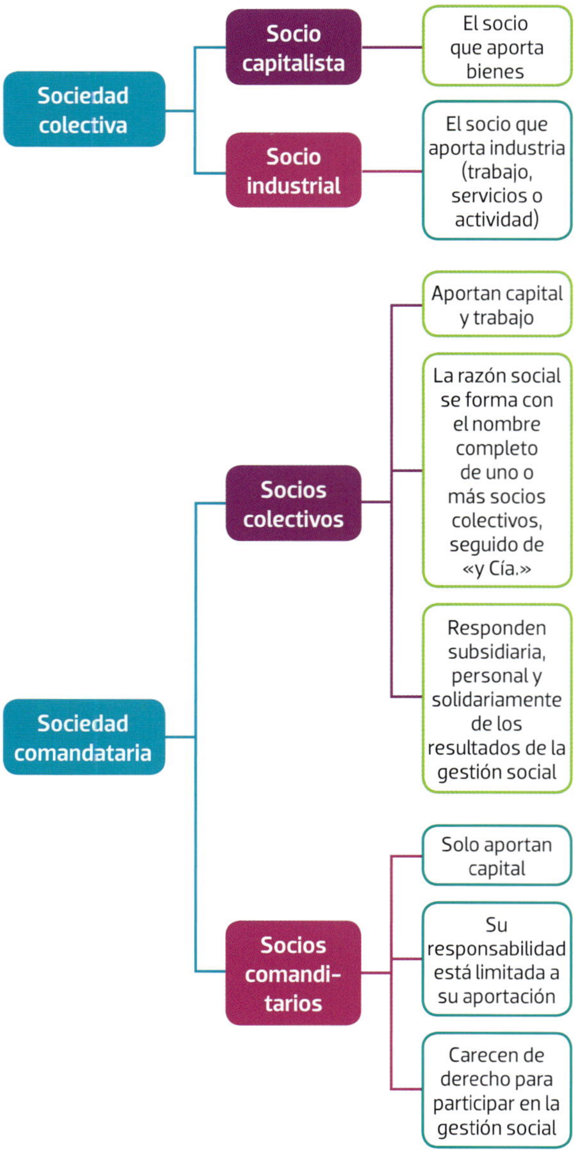

Vocabulario

Responsabilidad limitada: los socios de la compañía solo responden ante las deudas contraídas por esta con el capital que han aportado a la sociedad, nunca con su patrimonio personal.

Responsabilidad ilimitada: el responsable de la organización responde con todos sus bienes ante las deudas contraídas por la empresa; es decir, no hay diferenciación entre el patrimonio del propietario y el patrimonio de la empresa.

- **Sociedad civil**

  Definimos *sociedad civil* como un contrato por el que dos o más personas ponen en común capital, con propósito de repartir entre si las ganancias.

  Ejemplo: Ar Quifactura, SC (empresa constructora).

- **Sociedad colectiva**

  Es una sociedad en la que todos los socios se comprometen a participar, en la proporción que establezcan, de los mismos derechos y obligaciones. La sociedad responde de sus deudas con su propio patrimonio aunque los socios responden de las deudas sociales subsidiarias respecto a la sociedad, ilimitada y solidariamente entre ellos.

  Ejemplo: Andrés Zarco Martínez y Cía, SC.

- **Sociedad comanditaria simple**

  Sociedad mercantil de carácter personalista que se define por la existencia de **socios colectivos,** que aportan capital y trabajo y responden subsidiaria, personal y solidariamente de las deudas sociales, y de **socios comanditarios,** que solamente aportan capital y cuya responsabilidad estará limitada a su aportación.

  Ejemplo: Gateway SCS (consultoría empresarial).

- **Sociedad de responsabilidad limitada**

  Sociedad en la que el capital social, que estará dividido en participaciones sociales, indivisibles y acumulables, estará integrado por las aportaciones de todos los socios, quienes no responderán personalmente de las deudas sociales, sino únicamente con el capital aportado a la sociedad.

  Ejemplo: FontVenta, SL (empresa dedicada al mantenimiento informático de empresas y particulares).

- **Sociedad unipersonal**

  Surge como respuesta a la aspiración del empresario individual a ejercitar su industria o comercio con responsabilidad limitada frente a sus acreedores.

  Ejemplo: Ganja, SLU (tienda de regalos).

- **Sociedad limitada de formación sucesiva**

  Sociedad de carácter mercantil, sin capital mínimo, de régimen idéntico al de las sociedades de responsabilidad limitada, excepto ciertas obligaciones tendentes a garantizar una adecuada protección de terceros (por ejemplo, límites a la retribución de socios y administradores o responsabilidad solidaria de los socios en caso de liquidación).

  Ejemplo: Carlas, SLFS (Floristería Carlas, poco a poco se convertirá en una SL).

- **Sociedad limitada nueva empresa**

  Es una sociedad limitada con algunas ventajas para fomentar la creación de nuevas empresas, como por ejemplo, la agilización de trámites o la posibilidad de tener un modelo simplificado de contabilidad.

  Ejemplo: PLACAMARKET, SLNE (empresa dedicada a la exportación e importación de material y útiles de construcción).

- **Sociedad anónima**

  Sociedad mercantil con personalidad jurídica en la que el capital, dividido en acciones, está integrado por las aportaciones de los socios que no responden personalmente de las deudas sociales, solamente responden del capital aportado. Esta es la característica especial de este tipo de sociedades: la responsabilidad de los socios es limitada.

  Ejemplo: FERROVIAL, SA.

- **Sociedad comanditaria por acciones**

  Sociedad cuyo capital social está dividido en acciones, pero donde uno de los socios, se encargará de la administración de la sociedad y responderá personalmente de las deudas sociales.

  Ejemplo: ENREDA, SCA (consultoría empresarial).

- **Sociedad de responsabilidad limitada laboral**

  Este tipo de sociedades son como las sociedades de responsabilidad limitada, pero en las que la mayoría de los socios son trabajadores de la empresa por tiempo indefinido.

  Ejemplo: INGENIERÍA, SEGURIDAD E IMAGEN, SLL (empresa de seguridad electrónica).

- **Sociedad anónima laboral**

  Al igual que en el caso anterior son sociedades anónimas en las que la mayoría del capital social es propiedad de los trabajadores que prestan servicios retribuidos en forma personal y directa, cuya relación laboral es por tiempo indefinido.

  Ejemplo: ANJUMI ALMANSA, SAL (fabricación de zapatos).

- **Sociedad cooperativa**

  Sociedad constituida por personas que se asocian para realizar actividades empresariales conjuntamente encaminadas a satisfacer unas necesidades comunes. Es una forma muy usual en las sociedades españolas, los socios se unen democráticamente aportando cada socio una parte del capital para luego repartir los beneficios.

  Ejemplo: SOCIEDAD COOPERATIVA MADRILEÑA (cuyo objeto social la fabricación de viviendas para sus socios).

Vocabulario

Responsabilidad solidaria, subsidiaria y mancomunada

Son términos diferentes que hay que identificar correctamente porque sus implicaciones son graves.

Responsabilidad solidaria: cada uno de los sujetos titulares de una misma deuda responden por la totalidad de la misma; de manera que el acreedor puede dirigirse contra cualquiera de ellos hasta cubrir la totalidad de la misma, independientemente de que el resto pueda hacer frente o no al importe proporcional.

Responsabilidad subsidiaria: los socios deben pagar la deuda del socio que no la haya cubierto solo en el caso de que en un primer momento se le haya exigido y este no haya podido pagar.

Responsabilidad mancomunada: cada uno de los sujetos titulares de una misma deuda responden exclusivamente de la parte proporcional que hayan suscrito.

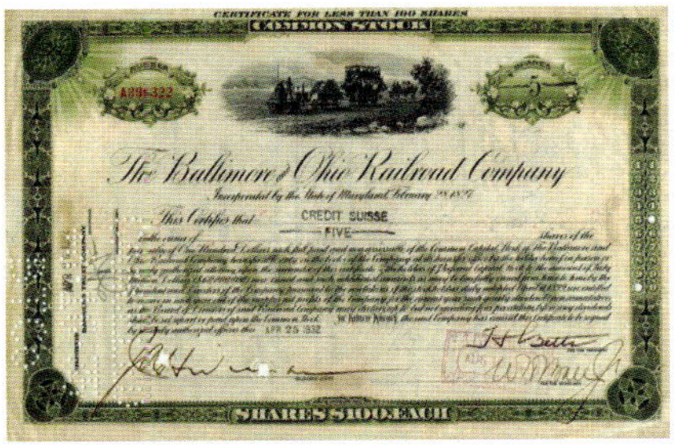

Cinco acciones ordinarias de la BALTIMORE AND OHIO RAILROAD COMPANY suscritas por CREDIT SUISSE el 25 de abril de 1932.

Vocabulario

Acciones: parte alícuota del capital social de una empresa.

Alícuota: dividido en partes iguales.

Navega

En la página web del CIRCE podrás comprobar los diferentes tipos de formas jurídicas que pueden ayudarte a decidir cuál es la que mejor se adapta a tus necesidades: <www.circe.es>.

- **Sociedad cooperativa de trabajo asociado**

  Es una sociedad constituida por personas que tiene por objeto proporcionar a sus socios puestos de trabajo a tiempo parcial o completo.

  Ejemplo: ORIENTACIÓN Y SEGURIDAD, CTA.

- **Sociedades profesionales**

  Este tipo de organizaciones se constituyen con el objetivo de realizar en común una actividad profesional, entendidas estas como la que necesita una titulación universitaria oficial o profesional para realizarla, e inscripción en el correspondiente Colegio profesional.

  Ejemplo: SOCIEDAD PROFESIONAL DE ODONTÓLOGOS DE CASTELLÓN.

- **Sociedad agraria de transformación**

  Son sociedades civiles con la finalidad de producción, transformación y comercialización de productos agrícolas, ganaderos o forestales.

  Ejemplo: EBRO, SAT.

- **Sociedad de garantía recíproca**

  Este tipo de sociedades conocidas como SGR son entidades financieras cuyo objetivo principal consiste en facilitar el acceso al crédito de las pequeñas y medianas empresas.

  Ejemplo: SOCIEDAD DE GARANTÍA RECÍPROCA DE LA COMUNIDAD VALENCIANA.

- **Entidades de capital riesgo**

  Son entidades encargadas de captar dinero de varios inversores, para invertirlo con una política de inversión definida y conocida.

  Ejemplo: ACTIVOS Y GESTIÓN ACCIONARIAL, SCR.

- **Agrupación de interés económico**

  Sociedad mercantil que tiene por finalidad facilitar el desarrollo o mejorar los resultados de la actividad de sus socios. Su objetivo se limitará exclusivamente a una actividad económica.

  Ejemplo: ALFA INVESTIGACIÓN, DESARROLLO E INNOVACIÓN, AIE.

Caso práctico resuelto

Es complicado decidir el tipo de sociedad que interesa según las pretensiones de los dueños.

- Lo habitual es que comiencen constituyéndose como empresarios individuales.
- Si los ingresos de la empresa van creciendo, lo ideal es buscar una forma de responsabilidad limitada, en función de las características del trabajo.
- Si la empresa sigue creciendo y se necesitara el capital de más socios lo más usual son las sociedades anónimas.

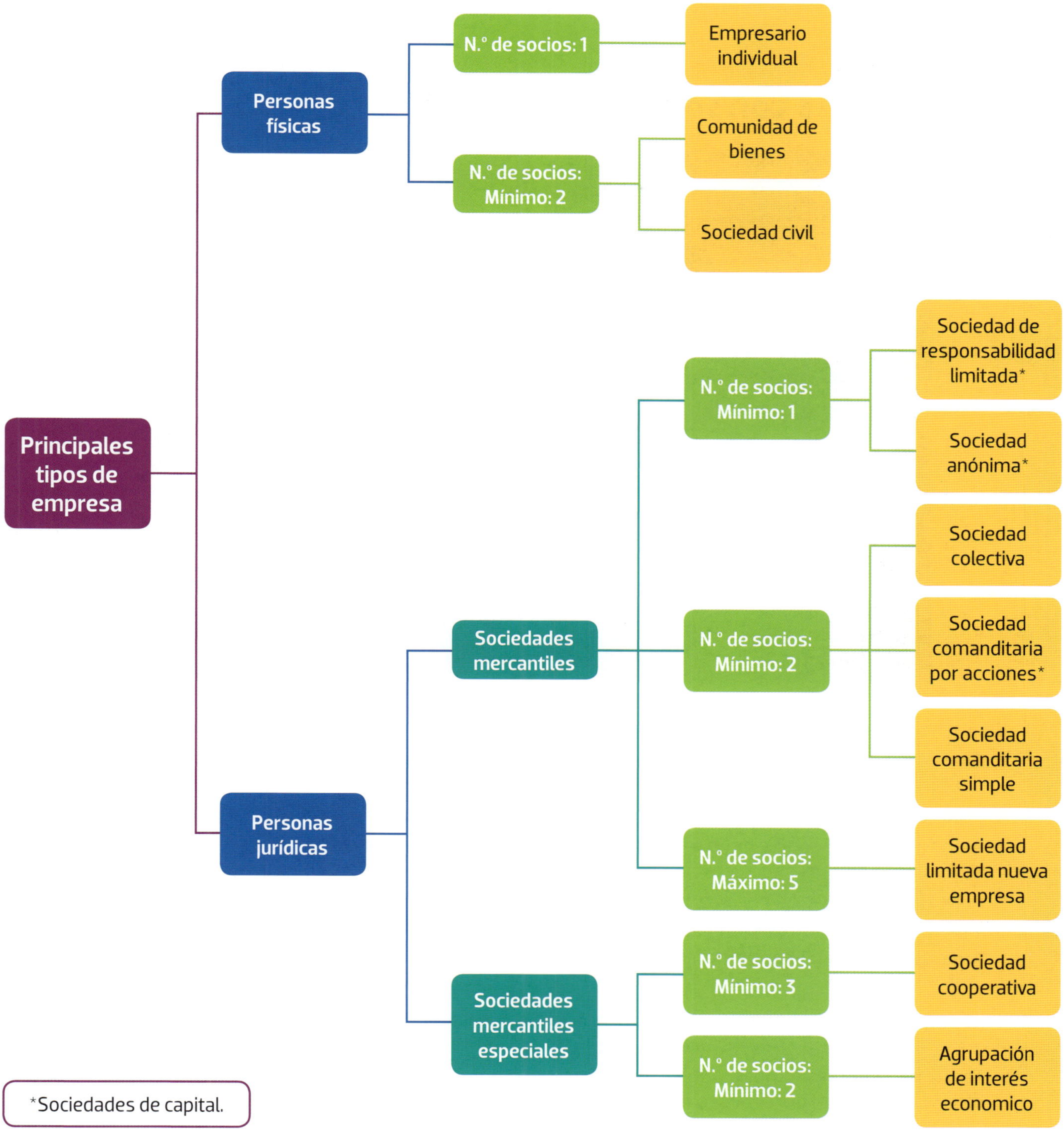

Actividades

9. Los términos *empresario individual* y *autónomo* ¿son sinónimos? Justifica tu respuesta.

10. Explica las diferencias entre *sociedad de responsabilidad limitada* y *sociedad anónima*.

11. ¿Cuáles son las características principales de las SGR?

12. ¿Qué es una *comunidad de bienes*? ¿Y una *sociedad civil*?

13. Explica las diferencias entre una *responsabilidad subsidiaria* y una *responsabilidad solidaria*.

PRÁCTICA PROFESIONAL INICIAL RESUELTA

Una panadería con servicio a domicilio

1. Explica qué persona del texto realiza las funciones de las diferentes áreas funcionales de la empresa.
   - **Área comercial.** Pablo, ya que es el encargado de decidir el precio y la publicidad, es decir, las funciones del área comercial.
   - **Área de producción.** Rocío, ya que es la encargada de llevar a cabo la fabricación del producto.
   - **Área financiera.** Sergio es el que se encarga de las cuentas, la financiación, la contabilidad y las inversiones de la empresa.
   - **Área administrativa.** La encargada de realizar la documentación necesaria para llevar una buena relación con las Administraciones públicas, como elaboración de informes, impuestos de IVA y otros, será Clara.
   - **Área de recursos humanos.** Pablo será también el responsable de contratar y formar a los empleados.

2. Según cada una de las teorías sobre el concepto de *empresario*, ¿a quién debemos considerar *empresario* en este caso? Justifica cada respuesta.
   - **Teoría del empresario riesgo.** Según esta teoría, el empresario es Sergio, ya que al ser el único que pone dinero es el que soporta riesgo económico y, si la empresa no va bien, puede perder su inversión.
   - **Teoría del empresario innovador.** Teniendo en cuenta esta teoría, el empresario es Pablo, que es el innovador, ya que es la primera panadería con servicio a domicilio.
   - **Teoría del empresario tecnócrata.** Clara sería considerada empresaria, ya que es la que actúa como directora al tener los estudios de Economía.
   - **Teoría del empresario líder.** El verdadero empresario debe ser una persona innovadora, líder y buen estratega; en este caso, Pablo.
   - **Teoría del empresario emprendedor.** El empresario sería también Pablo, que es el que ha identificado la oportunidad de negocio.

3. ¿Qué tipo de empresa será según la propiedad de los bienes, sector de actividad, actividad que se desarrolle y tamaño?
   - **Según la propiedad de los bienes,** es una empresa privada, ya que es Sergio el que aporta el capital.
   - **Según su sector de actividad,** es una empresa del sector secundario ya que fabrica el pan y es su actividad principal. Se puede comentar la característica de que al vender a los clientes finales podría considerarse del sector terciario, pero este sector destaca por ser solo empresas comerciales, hecho que en este caso no ocurre.
   - **Según la actividad que desarrollen,** industriales o productivas, ya que son las que elaboran y transforman las materias primas en un producto final.
   - **Según el número de trabajadores y volumen de facturación,** pequeña, ya que es una empresa con pocos empleados y poco volumen de facturación.

4. Realiza un pequeño informe sobre las ventajas e inconvenientes de cada tipo de forma jurídica que proponen Pablo y sus amigos y decidid a través de un debate quién tiene razón.
   - Pablo cree que lo mejor es crear una **sociedad anónima:** su principal ventaja es la responsabilidad limitada de los socios, pero deberían hacer una aportación mínima de capital social de 60 000 euros y no tienen tanto dinero, por lo que esta no sería la forma jurídica más adecuada.
   - Rocío cree que es mejor una **comunidad de bienes:** este tipo de forma jurídica se constituye cuando la propiedad de un bien o derecho pertenece proindiviso (‘que no se puede dividir’) a varias personas y forma parte de una actividad empresarial realizada en común, hecho que en este caso no se cumple, por lo que no sería posible constituir este tipo de empresa en el caso de Pablo y sus amigos.
   - Clara les recomienda que creen una **sociedad colectiva:** en este caso es mucho más sencillo llevar la contabilidad y, además, cada uno de los participantes sería socio de la empresa. Sergio sería el socio capitalista, ya que es el que pone el dinero, y el resto serían socios industriales porque aportan su trabajo a la sociedad. El inconveniente de este tipo de empresas es que la responsabilidad es ilimitada.
   - Sergio prefiere una **sociedad limitada:** en este caso sí sería posible constituirse como SL, ya que el capital mínimo son 3 000 euros y cumplen todos los requisitos necesarios para crearla. Su principal ventaja es que la responsabilidad es limitada al capital aportado, aunque es necesario llevar un control exhaustivo de la contabilidad de la empresa, si bien su volumen de facturación es pequeño.

TEST DE EVALUACIÓN

RESUELVE EN TU CUADERNO O BLOC DE NOTAS

1. Las tareas del Marketing están dentro del...

a) Área comercial.
b) Área de producción.
c) Área de recursos humanos.
d) Área financiera.

2. El papel de las empresas como agente económico es...

a) Pagar los impuestos correspondientes al Estado.
b) Producir bienes y servicios para las familias a cambio de dinero (precio).
c) Dar trabajo a las familias a cambio de un salario.
d) Todas las respuestas anteriores son correctas.

3. La diferencia entre el *riesgo económico* y el *riesgo técnico* es...

a) El *riesgo técnico* es el riesgo de que el producto funcione correctamente, mientras que el *económico* trata de la economía del país.
b) El *riesgo económico* hace referencia a la obtención de beneficios, y el *técnico*, a la acogida del producto.
c) El *riego económico* es sinónimo de *riesgo técnico*.
d) El *riesgo técnico* es el peligro de que el producto no tenga las características adecuadas, y el *riesgo económico* es el que depende de la crisis de la economía.

4. Schumpeter consideraba que el empresario debe ser...

a) Un líder.
b) Una persona dinámica.
c) Un innovador.
d) Una persona rodeada de asesores.

5. Podríamos definir personalidad jurídica como...

a) Asociación con derechos y sin obligaciones, sin ser una persona física.
b) Asociación sin derechos ni obligaciones, sin ser una persona física.
c) Asociación con derechos y obligaciones, siendo una persona física
d) Asociación con derechos y obligaciones, sin ser una persona física.

6. Las empresas privadas...

a) Son aquellas cuya finalidad es ganar dinero.
b) Son aquellas cuyo objetivo es un bien de carácter privativo.
c) Son las que reciben sus fondos de un ente privado.
d) Son aquellas empresas con derecho de admisión.

7. Una *pyme extractiva* sería:

a) Unos grandes almacenes.
b) Una empresa con 35 agricultores de un pequeño pueblo.
c) Una empresa minera con 150 trabajadores.
d) Una tienda de barrio.

8. Una sociedad anónima se caracteriza por que...

a) Su capital está dividido en acciones.
b) Siempre son empresas públicas.
c) Es la forma jurídica elegida por todos los empresarios al empezar su negocio.
d) Es una empresa sin ánimo de lucro.

9. Una empresa con responsabilidad limitada significa...

a) Que solo responde frente a las deudas con el capital aportado.
b) Que responde ante las deudas con todo su patrimonio.
c) Solo tienen responsabilidad los socios principales.
d) La empresa no tiene responsabilidad frente a terceros.

10. Las SGR son aquellas empresas que...

a) No tributan.
b) Tienen ánimo de lucro.
c) Ayudan a conseguir financiación.
d) Están dirigidas por autónomos.

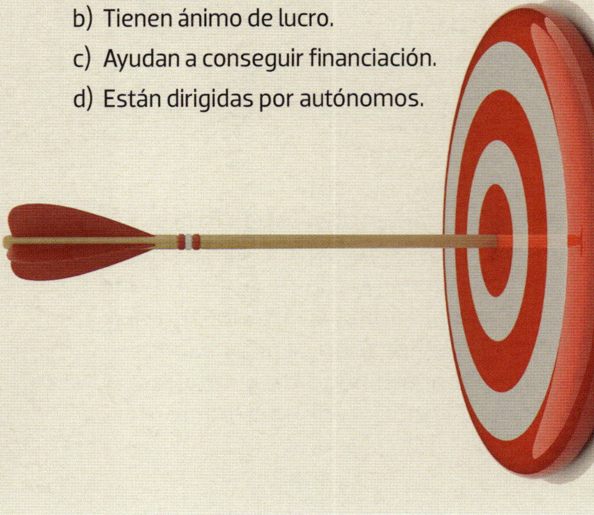

ACTIVIDADES FINALES

■ **1.** Define con tus palabras qué es una *empresa*.

■ **2.** ¿Qué diferencias hay entre las definiciones de *empresario* que proponen Knight y Schumpeter?

■ **3.** Explica con tus palabras qué implica que entre los socios de una empresa haya *responsabilidad solidaria* y *responsabilidad subsidiaria* y pon un ejemplo en cada caso.

■ **4.** ¿Con que definición de *empresario* de las estudiadas estas más de acuerdo? Razona tus motivos.

■ **5.** ¿Qué consecuencias tiene para los socios una empresa con responsabilidad ilimitada?

■ **6.** Ana y María han decidido quedarse con el taller de costura que tenía su abuela cuando esta se ha jubilado, ya que ha repartido sus bienes y a sus nietas les ha tocado de forma proindiviso el local que utilizaba de taller. ¿Qué forma jurídica crees que debería tener la empresa de Ana y María? Justifica tu respuesta.

■ **7.** Explica y busca ejemplos de sociedades profesionales.

■ **8.** ¿Cómo conseguiría reducirse el riesgo técnico de una empresa? Propón al menos dos métodos diferentes.

■ **9.** Describe brevemente en qué consiste el *flujo circular de la renta* explicando cómo interactúan los diferentes agentes económicos.

■ **10.** Haz un esquema que clarifique las diferencias entre *emprendedor de responsabilidad limitada*, *sociedad de responsabilidad limitada*, *sociedad limitada de formación sucesiva*, *sociedad limitada nueva empresa* y *sociedad limitada laboral*.

■ **11.** Copia la siguiente tabla en tu cuaderno y busca ejemplos de sociedades anónimas (al menos dos), investiga sobre ellas y rellena la siguiente ficha:

	Empresa 1	Empresa 2
Nombre		
N.° de acciones		
Fecha en la que se realizó la primera salida a bolsa		
Capital social		
Valor de cotización de las acciones		

■ **12.** Vanesa es la encargada de seleccionar al personal de la empresa CLAR SA; su compañera Lucía trabaja contabilizando las facturas; Rocío es la encargada de supervisar la producción de la empresa; y María Jesús es la responsable de compras y ventas. Identifica en que área de la empresa trabaja cada una de las chicas. Justifica tu respuesta.

■ **13.** Completa la siguiente tabla en tu cuaderno:

Según...	Propiedad de sus bienes	Sector de actividad	Actividad que desarrollen	Tamaño	Ámbito de aplicación	Forma jurídica
COCA-COLA						
EMSULE						
EL CORTE INGLÉS						

■ **14.** ¿La responsabilidad limitada evita el riesgo económico del que nos habla Knight?

PRÁCTICA PROFESIONAL PROPUESTA 1

Academia de baile Graham

En 2005 José y Carmen montaron en su barrio la academia de baile GRAHAM. Con el paso de los años, la academia ha tomado mucha importancia y ha ido creciendo hasta el punto de tener 25 centros repartidos por toda España con 150 empleados en total.

La central se encuentra en Salamanca y en las oficinas trabajan Saúl y Mónica, ambos encargados de la administración y las finanzas de la empresa, respectivamente. Carlos se encarga de realizar las contrataciones de los profesores para los distintos centros, mientras que Carmen supervisa que las clases se den con la mayor eficacia y los clientes estén contentos, siempre teniendo en cuenta los resultados de los trabajos de José, que es el que realiza los estudios de mercado correspondientes en cada una de las ciudades a fin de ajustar sus servicios y el precio de los mismos a una calidad inigualable para conservar la buena fama de la academia.

José y Carmen están pensando que con una empresa de tal envergadura están asumiendo un riesgo económico importante y desean reducirlo, pero no saben qué tipo de forma jurídica les beneficiaría más.

Carmen cree que lo mejor sería una sociedad profesional ya que ambos trabajan en la sociedad, pero José no está de acuerdo con ella, cree que lo mejor para evitar el riesgo económico es crear una sociedad colectiva.

Sin embargo Saúl que oye la conversación les explica que ninguna de las formas jurídicas que proponen es adecuada para ellos.

1. Completa las siguientes frases:
   - Según la propiedad de sus bienes, la empresa sería...
   - Según su sector de actividad, la empresa sería...
   - Según la actividad que desarrollen, la empresa sería...
   - Por su tamaño o volumen de producción, la empresa sería...
   - Por su forma jurídica, la empresa sería...
2. Copia en tu cuaderno y completa el siguiente esquema con los nombres de las personas que trabajan en dichas áreas.

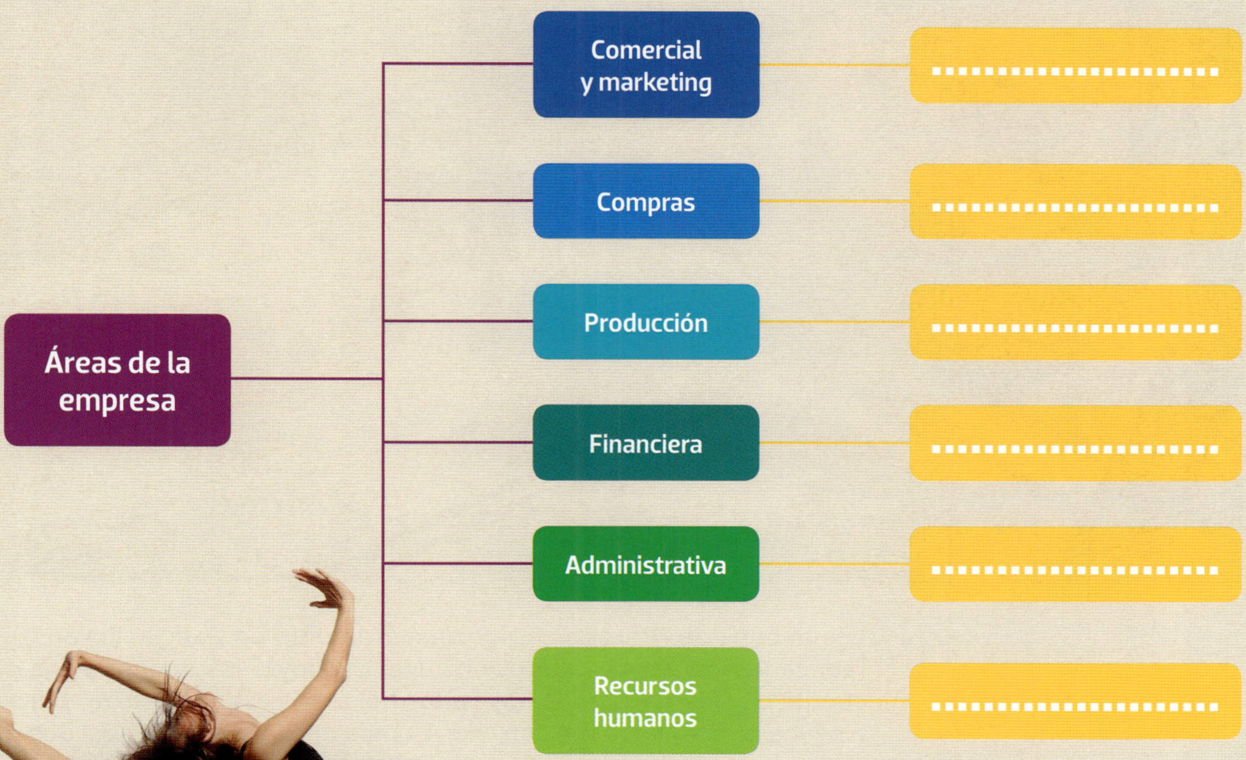

3. ¿Qué motivos crees que les da Saúl a los dueños para que no formen ninguna de las formas jurídicas que proponían?
4. ¿Qué forma jurídica le recomendarías a los dueños de la academia? Razona tu respuesta.
5. ¿Reconoces en el texto algún tipo de «empresario» según las diferentes teorías estudiadas? En caso afirmativo explica cuáles y por qué.

PRÁCTICA PROFESIONAL PROPUESTA 2

Heladería Reina

Los dueños de HELADERÍA REINA, un matrimonio de Galicia, llevan 7 años fabricando helados y batidos en Lugo. El hijo de los dueños se ha dado cuenta de que en la zona hay varias heladerías como la suya, pero que ninguna ofrece chocolate con churros para los días lluviosos, así que decide llevar a cabo su idea con una ampliación del local, para que haya más espacio para mesas. Pero no sabe de dónde puede sacar el dinero para esa ampliación, ya que los préstamos de los bancos adolecen de muy malas condiciones. Un amigo de la familia les propone que formen una sociedad de garantía recíproca.

Se pide:

1. ¿Qué motivos crees que lleva a su amigo a proponerle este tipo de forma jurídica?
2. ¿Qué tipo de empresa sería según su ámbito de actuación?
3. ¿Qué área dentro de la empresa dirigirían los dueños de esta?
4. ¿Qué tipo de empresario sería el hijo de los dueños? Justifica tu respuesta.

EN RESUMEN

Empresa

Unidad de organización dedicada a actividades industriales, mercantiles o de prestación de servicios con fines lucrativos.

Áreas funcionales:

- Comercial y marketing
- Compras
- Producción
- Financiera
- Administrativa
- Recursos humanos

EMPRESARIO

- **Persona física** es todo ser humano capar de asumir derechos y obligaciones.
- **Persona jurídica** tiene derechos y obligaciones pero no es una persona física: es una organización constituida según los parámetros que marca la Ley.

- **Teoría del empresario riesgo** → Frank Hyneman Knight (1885-1972)
- **Teoría del empresario innovador** → Joseph Alois Schumpeter (1883-1950)
- **Teoría del empresario tecnócrata** → John Kenneth Galbraith (1908-2006)
- **Teoría del empresario líder** → Warren Gamaliel Bennis (1925-2014)
- **Teoría del empresario emprendedor** → Israel Meir Kirzner (1930)

TIPOS DE EMPRESA

- Según su sector de actividad
- Según su actividad
- Según su tamaño
- Según la procedencia de sus fondos
- Según su forma jurídica

2 La innovación y la internacionalización

Vamos a conocer...

PRÁCTICA PROFESIONAL INICIAL

1. Características de la innovación empresarial
2. La internacionalización de las empresas
3. Ayudas financieras a la innovación

PRÁCTICA PROFESIONAL INICIAL RESUELTA

PRÁCTICA PROFESIONAL PROPUESTA

EN RESUMEN

Y al finalizar esta unidad...

- Conoceremos el proceso innovador en la actividad de las empresas.
- Sabremos por qué la internacionalización es clave para el desarrollo y la innovación.
- Resumiremos las ayudas y herramientas que fomentan la innovación empresarial.

Práctica profesional inicial

Situación de partida

La rueda es uno de los inventos más importantes de la humanidad. ¿A qué se debe esta importancia cuando es algo tan sencillo? Fundamentalmente se basa en la relevancia que ha tenido para que la sociedad pueda desarrollarse.

No se sabe quién fue su inventor ni cuándo se creó, aunque la evidencia más antigua de su uso data del año 3500 a. C. Gracias a la rueda mejoraron las comunicaciones, ya que se utilizó para crear carros y automóviles; y, posteriormente, gracias al uso de la polea se desarrollaron grandes construcciones como catedrales, puentes o castillos.

La rueda tuvo muy diversas aplicaciones: los engranajes, por ejemplo, son ruedas dentadas capaces de mover las manecillas de un reloj o las atracciones de la feria; además, la mayoría de los motores y máquinas industriales también han incorporado engranajes.

Aunque casi todo son ventajas en la rueda, hay algunas desventajas ya que los materiales con los que se fabrican se desgastan rápidamente por su uso y hay que desecharlas.

Muchos investigadores en la actualidad están desarrollando diferentes materiales que se desgasten muchísimo menos con la erosión, que aguanten altas temperaturas y que no se cuarteen con el frío y, de esta manera, fabricar unos neumáticos de coches más resistentes. Si vamos a un taller mecánico, podremos observar una gran variedad de neumáticos diferentes: para carretera, para nieve, para agua... En función del uso al que se destinen se crean materiales que se adapten mejor al entorno.

De los múltiples usos que ha tenido la rueda a lo largo de la historia deriva la importancia de este invento, ejemplo de sencillez, relevancia y renovación continua.

Estudio del caso

1. Al inventarse la rueda estamos ante una innovación, ¿de qué tipo?
2. Aunque no conocemos quién la creo, ¿quién imaginas que lo hizo?
3. ¿Crees que cuando se inventó la rueda se tuvieron en cuenta los riesgos económicos y tecnológicos? Justifica tu respuesta.
4. Cuando se inventó la rueda no había medidas para la protección de las ideas innovadoras. ¿Por qué la inventaron entonces? Razónalo.
5. La rueda ha sido básica para la internacionalización de las empresas. ¿Por qué crees que ha sido así?

1. Características de la innovación empresarial

Navega

Puedes visitar la web de la Cámara de Comercio donde podrás observar el proceso de innovación:

- <http://bit.ly/2gdmE8h>

Una vez que ya conocemos los conceptos de *empresa* y *empresario*, así como los distintos tipos de empresas, tenemos que comprender de dónde surgen las ideas para que el negocio sobreviva en un mercado tan competitivo como el actual. Para ello comenzaremos definiendo qué es la *innovación empresarial*.

La **innovación empresarial** consiste en introducir por primera vez un cambio o novedad en la empresa que no existe en ese momento en el mercado, ya sea creando o mejorando un producto, un proceso, descubriendo un nuevo uso o introduciendo nuevas formas de organización.

Por esto podemos distinguir diferentes tipos de innovación:

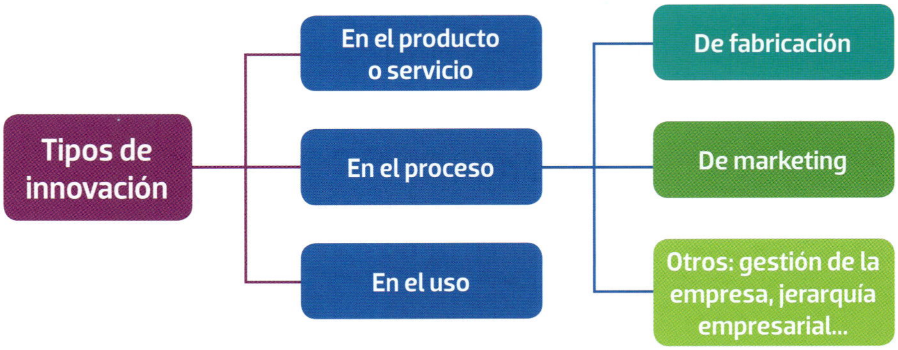

Ejemplo

Podemos considerar que existe **innovación en el producto** cuando se inventa un nuevo producto o se introduce un cambio significativo en el producto o servicio. Por ejemplo, la aparición de los marcos de fotos digitales.

Cuando hablamos de **innovación en el proceso:** puede ser en el proceso de fabricación (por ejemplo, la invención de la impresión 3D) o en el proceso de marketing (por ejemplo, en el siglo XXI se ha introducido el marketing en las redes sociales, frente al marketing tradicional), etc.

Y por último, la **innovación en el uso:** por ejemplo, el empleo de los pañuelos de papel, que se crearon con la intención de ser usados como gasas sanitarias, pero el papel se quedaba pegado en las heridas; sin embargo, como pañuelo para uso personal ha tenido gran éxito.

Actividades

1. Justifica en cada caso de qué tipo de innovación se trata:
   - Brik de leche de 200 ml.
   - Las maquinillas de afeitar Gillette bajan su precio.
   - Avon vende sus cosméticos de casa en casa en lugar de en las tiendas.
   - Aparición de la máquina de coser en lugar de coser a mano.
   - El pegamento utilizado en el pósit se inventó con la intención de crear un pegamento extrafuerte.
2. Intenta proponer para cada tipo de innovación un ejemplo para mejorar las clases de tu instituto. Debatid en clase cuál podría ser la problemática de estas innovaciones.

1.1. El origen de las ideas innovadoras

A menudo identificamos *innovación* con *creatividad*, y es que para ser innovador en cierto modo hay que cumplir una serie de aptitudes y actitudes como la creatividad, pero las ideas innovadoras pueden surgir desde diferentes puntos de la empresa:

- **Departamento de I+D+i.** Es el departamento encargado de investigar, desarrollar e innovar sobre el producto. Hoy en día cada vez más empresas prestan atención a este departamento porque es lo que puede diferenciarles del resto de competidores.

Ejemplo

Las farmacéuticas buscan nuevos medicamentos para la cura de diferentes enfermedades, las casas de modas buscan nuevos tejidos, las empresas de electrónica intentan crear baterías con una vida más prolongada, etc.

- **Empleados.** Son unos de los principales promotores de ideas, sobre todo para mejorar los procesos productivos, ya que son ellos los que dominan la fabricación del producto, y esa especialización hace que puedan surgir mejoras innovadoras. En muchos casos, empresas productoras cambian su método o incluso el orden o distribución de las fases de producción, lo que ahorra tiempo gracias a la innovación de los empleados.
- **Proveedores.** Las organizaciones que abastecen de material a la empresa conocen a la perfección sus necesidades y pueden asesorarla para mejorar la calidad y generar el mejor producto.
- **Clientes.** Una empresa que realice encuestas y estudios de mercado conocerá las necesidades de sus clientes y las mejoras que el propio cliente espera del producto o servicio. En muchos casos, aquellos que usan un producto o reciben un servicio son los que mejor pueden aportar ideas innovadoras que den soluciones a los problemas o necesidades planteados.

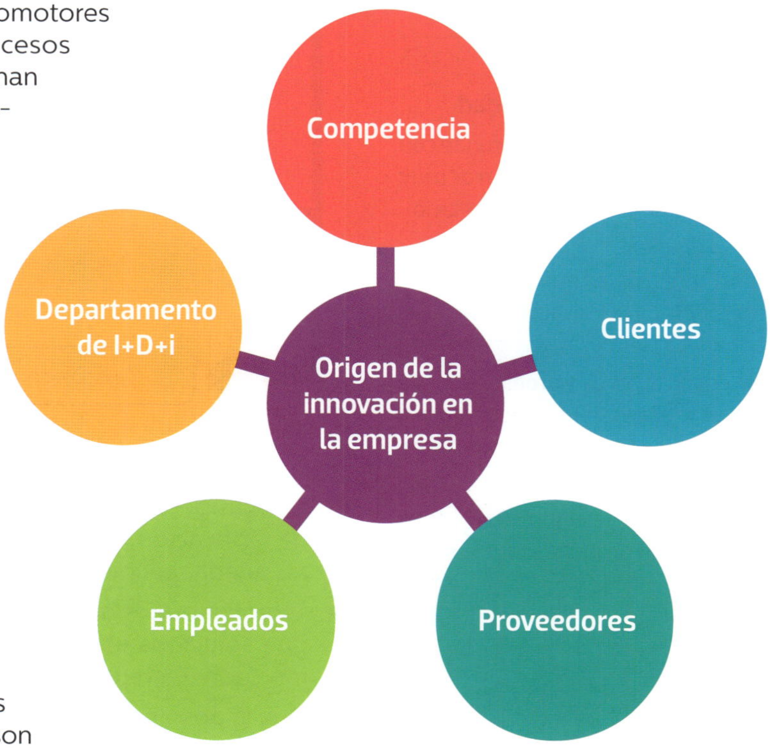

Ejemplo

En el caso de las latas con abrefácil, han sido los usuarios los primeros en advertir las complicaciones de abrir una lata sin abrelatas y, a partir de ahí, se ha ofrecido una solución innovadora.

- **Competencia.** Los mercados son cada vez más competitivos, hay más empresas y, por tanto, es importante no quedarse atrás. En ocasiones analizar el comportamiento de los competidores y por qué triunfan o no, puede originar ideas innovadoras de gran valor.

Vocabulario

Actitud: forma de actuar de una persona. *Laura tiene una actitud ejemplar.*

Aptitud: 'ser capaz de'. Habilidades que tiene una persona. *Pedro tiene aptitudes para la música.*

1.2. El riesgo de las ideas innovadoras

La innovación supone avanzar y crecer en el mercado: *a priori* todos son ventajas. Sin embargo, existen varios riesgos que hacen que la innovación sea un bien cotizado por todas las empresas, pero no al alcance de todas ellas.

Uno de los principales problemas es el económico, ya que resulta muy costoso realizar investigaciones y llevar a cabo ideas que quizás luego no sean asumidas con el éxito esperado. Veamos los diferentes riesgos:

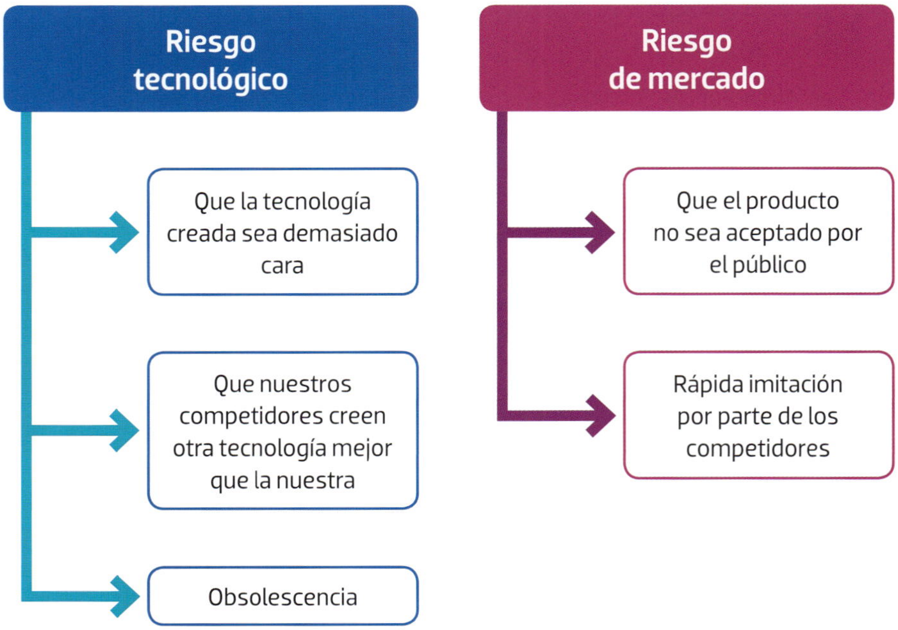

Vocabulario

Innovación frente a creatividad

La *innovación* a menudo se confunde con la *creatividad*. Se trata de un error muy común ya que ambas están interrelacionadas.

Es importante aclarar que por **creatividad** entendemos la 'capacidad' de crear o idear algo por primera vez.

Cuando desarrollamos y ordenamos esa capacidad creativa o idea novedosa y hacemos realidad un producto viable es cuando aparece la **innovación.**

Sin creatividad no hay innovación, pero tener creatividad no nos asegura ser innovadores.

Riesgo tecnológico:

- En ocasiones determinadas innovaciones conllevan unos **elevados costes de fabricación,** lo que encarece el producto final o hace que la empresa no pueda recuperar la inversión durante la vida útil del producto.
- También puede suceder que **los competidores realizan otra innovación que soluciona el mismo problema** que esta tenga mejor acogida por el mercado. Ejemplo: esto ocurrió con las cintas de vídeo UHD y VHS.
- Que la **obsolescencia** sea tan rápida que apenas dé tiempo a que la gente se adapte a esa innovación. Ejemplo: el CD fue reemplazado rápidamente por la memoria USB.

Riesgo de mercado:

- Uno de los mayores riesgos de las empresas es que **el nuevo producto o servicio no sea aceptado por los potenciales clientes,** ya sea por desconocimiento si es algo muy novedoso o porque no cumpla con sus necesidades y expectativas. Aunque para minimizar este riesgo se realizan los estudios de mercado, nunca se llega a evitar completamente.
- Otro riesgo importante es el de **la imitación**: una empresa invierte su tiempo y sus recursos en una investigación y, cuando se ha creado el producto, otra empresa lo imita: obtiene los beneficios, pero evita los costes de la investigación. Para prevenir este problema se han puesto en marcha una serie de medidas de protección para la innovación empresarial.

1.3. Medidas de protección para las ideas innovadoras

Si una empresa invierte tiempo, dinero y todos los recursos a su alcance para investigar e innovar en un determinado producto o servicio y, al dar con un resultado satisfactorio, todas las empresas pudieran copiarlo, los beneficios se repartirían y no resultaría rentable dedicar esfuerzos a la investigación, ya que no se podría recuperar la elevada inversión.

Por ello, se han creado las siguientes medidas protectoras:

- **Patente.** Es una licencia concedida a la empresa que ha creado o descubierto un producto o servicio novedoso para que durante un tiempo determinado sea dicha empresa la única que pueda comercializar dicho producto o servicio.
- **Secretos industriales.** Si la innovación no viene dada por un producto o servicio concreto, sino por una forma de trabajar o del proceso selectivo, aparecen los secretos industriales.

  Son cláusulas en los contratos de los trabajadores que les prohíben hablar de la metodología y forma de funcionar tanto la cadena productiva como la empresa en general. **Ejemplo:** COCA-COLA no desvela su proceso de fabricación por lo que los trabajadores firman una cláusula para proteger el secreto industrial.

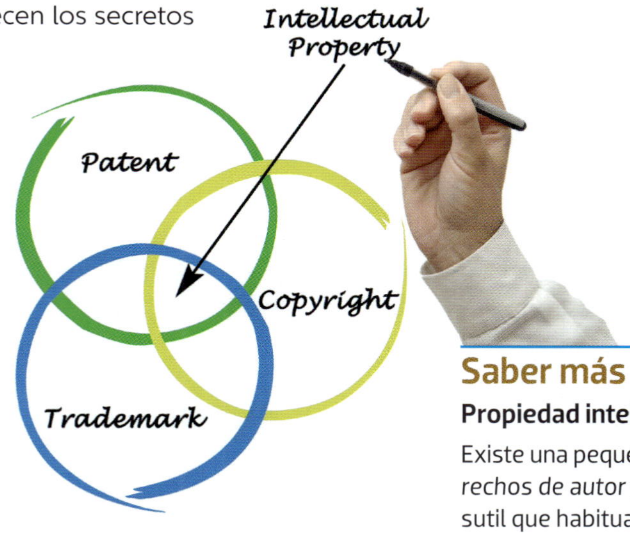

- **Marca registrada.** Todas las marcas y los logos de las empresas dan información al consumidor; por ejemplo, una marca con buena reputación, que la sociedad identifica con calidad, si saca un nuevo producto bajo esa marca, ya nace con esa buena reputación. Por ello, está prohibido registrar la misma marca o logo de otra que ya exista. **Ejemplo:** hay muchas marcas de cacao en polvo que eligen los colores del envase como el líder en el sector COLA CAO, pero nunca pueden copiar el logotipo ni el nombre o marca del producto.
- **Derechos de autor o *copyright*.** Es una facultad legítima de todo creador de obras literarias y artísticas (libros, CD de música o películas), que le otorga la propiedad moral y patrimonial sobre su obra. Por ello está prohibido copiar sin autorización libros, CD de música o películas, ya que el autor es el único que tiene derecho a vender, reproducir, modificar y recibir ingresos por su obra.

Ejemplo de patente

Una farmacéutica que consigue una vacuna contra una enfermedad durante unos años es la única organización que las puede fabricar y vender para así recuperar su inversión inicial. Al finalizar el tiempo de la patente aparecen los genéricos y otras marcas que comercializan el mismo producto.

Saber más

Propiedad intelectual

Existe una pequeña diferencia entre *derechos de autor* y *copyright*, pero es tan sutil que habitualmente estos términos se utilizan como sinónimos.

El ***copyright*** se refiere a los derechos patrimoniales del creador de una obra (valor económico, derecho de reproducción y distribución); mientras que los **derechos de autor,** en sentido estricto, incluyen, además, el derecho moral del autor sobre su obra (el derecho a la integridad y no alteración o manipulación de la obra).

Actividades

3. Pon un ejemplo de cada uno de los cinco puntos de la empresa desde donde pueden surgir las ideas innovadoras para el caso de un salón de belleza.
4. ¿Qué medida de protección sería la adecuada para una vacuna, un libro, un nuevo sistema productivo, un cuadro, una marca, un logotipo y una canción?
5. Pon un ejemplo de cada uno de los riesgos tecnológicos y de mercado que pueden existir al innovar.
6. ¿Cómo se pueden fomentar las ideas innovadoras en los empleados de una empresa? ¿Y en el caso de los proveedores? ¿Y de los clientes?

Saber más

Innovación e internacionalización

No hay que confundir ***innovación*** con ***internacionalización:*** el proceso de internacionalización consiste en introducir productos o servicios que pueden ser novedosos en el mercado de destino, pero no siempre que hay internacionalización tiene por qué existir innovación.

2. La internacionalización de las empresas

En la época en la que vivimos han mejorado significativamente las comunicaciones gracias a los progresos tecnológicos. La televisión por cable, internet o la telefonía móvil ponen en común información relativa a todo el mundo. Los medios de transporte también han influido en este proceso: la mejora de los vehículos, las carreteras y las vías de comunicación ha hecho que las necesidades, gustos y formas de vida de unos y otros países converjan en unas características comunes.

Debido a lo anterior las empresas han encontrado nuevas oportunidades en mercados potenciales al salir de su entorno geográfico habitual. Esta **decisión estratégica** recibe el nombre de *internacionalización empresarial*.

La **internacionalización de la empresa** es el proceso que sigue una compañía para crear las condiciones y la estructura necesarias con el fin de asentarse fuera de su entorno geográfico nacional.

Actividades

7. Copia en tu cuaderno la siguiente tabla y completa con X la siguiente tabla en el lugar adecuado.

	Innovación	Internacionalización
Restaurantes de comida asiática		
Restaurantes de comida de trampantojos		
Ropa étnica		
Cámara de fotos digital		
Libro digital		

CUADERNO

2.1. Razones para la internacionalización

¿Por qué a una empresa le interesa comercializar sus productos en el exterior, fuera de su entorno natural? En principio puede parecer que solo existe una respuesta a esta pregunta: «Porque espera obtener beneficios más altos». Sin embargo, si profundizamos en esta idea, nos daremos cuenta de que en muchas ocasiones la empresa se decide a vender en otros mercados, aunque los cambios en los gustos puedan suponer un riesgo, por otros motivos:

- El **crecimiento**: conseguir más cuota de mercado para poder hacer frente a la competencia.
- **Supervivencia**: bien porque el mercado interno esté en crisis o ya esté saturado debido a la existencia de muchas empresas competidoras.
- Para **diversificar el riesgo** y no centrarse solo en un mercado.
- Para conseguir **economías de escala**. Es decir, cuanto más grande es el nivel de producción más barato cuesta producir. El proceso por el que una empresa puede reducir los costes al aumentar su volumen de producción gracias a la expansión internacional, es lo que conocemos como economía de escala.
- Para **vender los excedentes del mercado interno.** Hay veces que el motivo de la internacionalización no es conquistar nuevos mercados, sino que se vende en otras zonas para intentar aprovechar las mercancías que no se venden en el mercado natural.

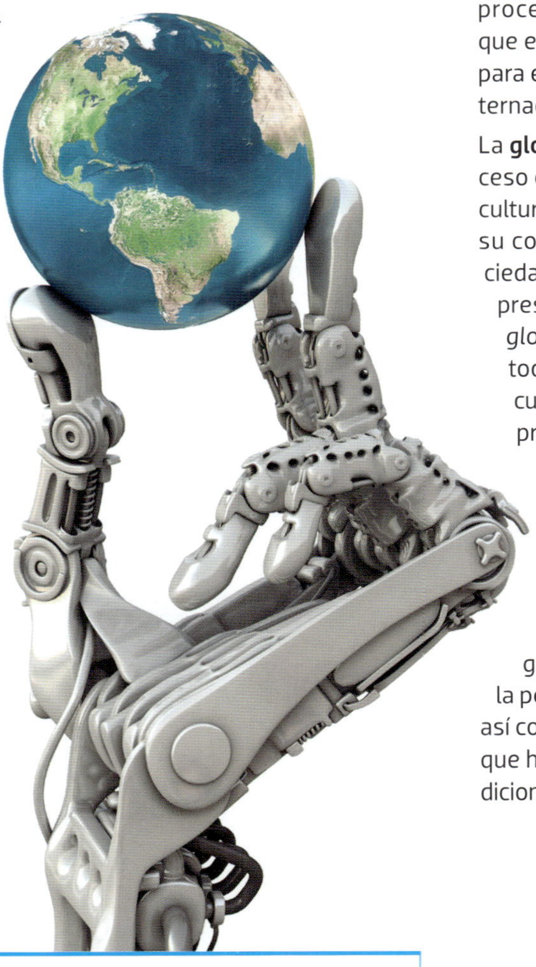

Vocabulario

Los términos *internacionalización* y *globalización* se han utilizado como sinónimos durante mucho tiempo, pero tienen matices diferentes:

La **internacionalización** se refiere al proceso y a las medidas económicas que están tomando algunas empresas para expandirse en otros mercados internacionales.

La **globalización** en cambio es un proceso económico, tecnológico, político y cultural que afecta a todo el planeta en su conjunto, es decir, a todas las sociedades, no solo a determinadas empresas. Por ello, cuando hablamos de *globalización*, nos centramos sobre todo en valorar y analizar las consecuencias positivas y negativas de ese proceso.

Como consecuencias positivas podemos destacar el acceso a productos procedentes todo el mundo de una forma fácil y sencilla, pero los movimientos antiglobalización denuncian la progresiva uniformidad de la sociedad y la pérdida de las culturas minoritarias, así como el aumento de competitividad que hace que pequeñas empresas tradicionales de un país cierren.

Ejemplo

La empresa de JAMSA se dedica a la comercialización de productos alimenticios típicos de Salamanca, principalmente embutidos y quesos. Esta empresa decide buscar cuota de mercado, por ejemplo en China, por algunos de los siguientes motivos:

- No hay tanta competencia y hay muchos clientes potenciales.
- Además, la empresa diversifica, si en el mercado español se pone de moda comer verduras y las dietas vegetarianas y pierde cuota de mercado, en China no tiene por qué haber ese cambio en las costumbres alimenticias.
- Si España está en crisis y la gente decide reducir su consumo, la crisis no tiene por qué notarse en China.
- Si la empresa produce más, puede reducir costes y conseguir economías de escala.
- Si hay excedentes que no se llegan a vender en el mercado interno, quizás se puedan vender en China.

Saber más

Barreras de entrada

Las barreras de entrada son las dificultades que encuentran las empresas que desean abrirse camino en otros mercados. Algunas barreras pueden ser...

- **Legales,** al tener que cumplir otras normas específicas para poder instalarse en un país determinado.
- **Económicas,** por la diferencia en los tipos de cambio, precios de los servicios, inflación, etc.
- **Culturales,** a la hora de vender o fabricar el producto.

2.2. Ventajas e inconvenientes de la internacionalización

La internacionalización tiene muchas ventajas, pero también algunos inconvenientes como se puede observar en el siguiente cuadro:

Ventajas

- Economías de escala.
- Mayor cuota de mercado.
- Mejor imagen de la marca.
- Diversificación de riesgos.
- Posibilidad de aprovechar al máximo la producción.
- Aprendizaje que se puede incorporar en el mercado interno.

Inconvenientes

- Desconocimiento del nuevo mercado.
- Barreras a la entrada.
- Dificultades por cambio cultural y en el idioma.
- Costes de transporte elevados.
- Dificultades para encontrar proveedores.
- Elevados costes de estudios de mercado para conocer a los nuevos clientes.

Actividades

8. Marta y Carlos tienen una empresa de moda y se encargan de realizar trajes regionales de todas las provincias españolas. Quieren expandir su negocio por lo que Marta propone vender en España trajes regionales de otros países. Pero Carlos cree que obtendrían más beneficios si venden los trajes regionales españoles en otros países. ¿La idea de Marta podría considerarse innovación? ¿E internacionalización? ¿Y la idea de Carlos?

9. Según la idea de Carlos del ejemplo anterior, ¿cuáles serían las ventajas y los inconvenientes de llevar a cabo su idea?

10. ¿Cuál es la razón para la internacionalización en los siguientes casos? Justifica tu respuesta.

a) Empresa española de cosméticos comienza a vender en Portugal.

b) Empresa americana de tractores comienza a venderlos en África.

c) Empresa japonesa de comida comienza a venderla en América.

2.3. Proceso de internacionalización

Cuando hablamos de *internacionalización* estamos ante un **proceso a largo plazo,** en el que las empresas realizan un plan detallado que consta de unas etapas o **fases muy definidas:**

1. **Exportación ocasional.** En una primera fase de 'preinternacionalización', la empresa comienza a exportar esporádicamente sus productos bajo pedidos concretos de algún cliente extranjero.
2. **Exportación regular.** Es cuando ya se fabrica un pedido de forma regular para el exterior. Puede realizarse...
   - De forma **directa:** cuando la empresa envía regularmente el pedido al cliente final.
   - De forma **indirecta:** cuando una empresa intermediaria compra el pedido para venderlo al consumidor final.
3. **Filiales de venta.** La empresa ya no exporta ni para los clientes ni para los intermediarios, sino que abre tiendas propias en el país, aunque el producto se sigue fabricando en el país de origen.
4. **Filiales de producción.** Las ventas aumentan tanto que el transporte ya no es rentable; lo es mucho más fabricar el producto en el país de destino, aunque tanto la administración como la dirección de la empresa siguen ubicadas en el país de origen.
5. **Multinacional.** La empresa matriz sigue establecida en el lugar de origen y da pautas a las empresas filiales en los países de destino, pero las filiales ya tienen autonomía para actuar con cierta independencia de la matriz, y son capaces de controlar su gestión y contabilidad, así como determinadas decisiones importantes.

Navega

Visita la siguiente web y podrás aumentar tus conocimientos sobre la internacionalización y sus etapas:

- <www.cigcvinternacional.com/internacionalizacion>

Saber más

Licitaciones internacionales

Algunos especialistas consideran una última etapa de la internacionalización: las **licitaciones internacionales.** Algunas empresas consiguen licitaciones, es decir, acuerdan con el Gobierno de un país abastecer de productos o proveer de un determinado servicio ese Estado en cuestión.

SHARP, fábrica ubicada en Taki, Mie (Japón). Fotografía de Miyuki Meinaka (2011).

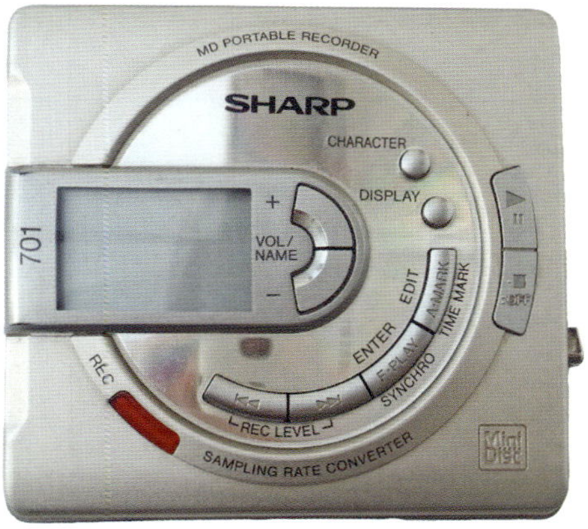

Ejemplo

La empresa SHARP, dedicada a la fabricación de productos electrónicos, ha pasado por todas estas fases. Comenzó siendo una pequeña acería, pero su fundador, el japonés Tokuji Hayakawa, creó una hebilla de cierre automático para los cinturones de estilo occidental, un producto muy innovador y con una gran acogida por el mercado. En 1915 comenzó a recibir pedidos de un portaminas, también creado por él; los pedidos venían de todas partes de Europa y América (exportación ocasional). En 1919 los pedidos ya eran constantes (exportación regular directa). En 1931, después de que la empresa se viera afectada por un terremoto y subsistiera gracias a la fabricación de radios, la compañía llegó a un acuerdo con un minorista de China para vender allí su producto (exportación regular indirecta). En 1962 se establece la primera tienda en Nueva York: ya no depende de un intermediario; la tienda es de la propia empresa (filial de venta). El paso de fabricar en el país de destino (filial de fabricación) y convertirse en multinacional han ido unidos; hoy en día la empresa cuenta con sedes en Europa y en el resto del mundo.

Actividades

11. Di en qué fase de internacionalización se encuentran las siguientes empresas:

a) Clara realiza bisutería en su casa y la vende en una web de internet. De repente comienzan a llegarle pedidos de varios países europeos.

b) Sergio es el gerente de una gran empresa con una sede en Londres, por lo que alguna vez debe ir a supervisar los datos de la otra empresa, aunque esta funciona de forma independiente. ¿Cuál es su fase de internacionalización?

c) Clara lleva la contabilidad de la fábrica de Toledo y de la nueva fábrica que su empresa ha abierto en Oporto.

d) Sofía ha sido contratada por una empresa estadounidense que ha abierto su primera tienda en España.

e) Rocío y Marta reciben productos de una fábrica búlgara todos los meses para venderlos en sus respectivas tiendas.

3. Ayudas financieras a la innovación

Como ya hemos visto, la innovación es muy positiva para la sociedad. A su vez, las empresas innovadoras son más fuertes, tienen más recursos y, gracias a las medidas protectoras que hemos estudiado, obtendrán los beneficios de su innovación sin que otras empresas puedan copiarlas. El prestigio de estas empresas impulsa el progreso de todo el mercado en el que actúan, así como el desarrollo de la sociedad por varias vías: *a priori*, el producto innovador no solo mejorará la calidad de vida de sus consumidores, sino que también creará puestos de trabajo y, con ello, el flujo circular de la renta que vimos en la unidad 1.

Por todos estos motivos al Estado le interesa impulsar y apoyar a las empresas innovadoras, por lo que para fomentar la investigación y el desarrollo se han creado varios tipos de ayudas, tanto económicas como de asesoramiento. Por ejemplo:

- Planes estatales, como por ejemplo el **Plan Estatal de Investigación Científica y Técnica y de Innovación.**
- **Intelitur,** Centro de Conocimiento, Inteligencia e Innovación Turística, que ofrece servicios de asesoramiento a las empresas por parte de las Cámaras de Comercio e Industria para la innovación.
- **PAEM:** Programa de Apoyo Empresarial a las Mujeres.

GOBIERNO DE ESPAÑA — MINISTERIO DE ECONOMÍA, INDUSTRIA Y COMPETITIVIDAD

Navega

Busca en la web del Ministerio de Economía, Industria y Competitividad, las ayudas que pueden solicitar las empresas en cada momento entrando en el buscador de ayudas: <www.idi.mineco.gob.es>.

Cámaras

Actividades

12. Busca en internet ayudas a la innovación empresarial que existan en tu localidad o comunidad autónoma. Explica en clase cómo funciona la ayuda, quién puede solicitarla y cuáles son los requisitos necesarios.

13. ¿Por qué es interesante para los organismos públicos ayudar a que las empresas sean innovadoras?

14. ¿Cuáles son las ventajas de la innovación para la sociedad?

15. Busca un premio a la innovación y explica en clase cómo funciona.

PRÁCTICA PROFESIONAL INICIAL RESUELTA

La rueda: uno de los inventos más innovadores de la historia de la humanidad

1. Al inventarse la rueda estamos ante una innovación, ¿de qué tipo?

   Se trata de una innovación del producto, ya que se ha inventado y creado un producto que antes no existía.

2. Aunque no conocemos quién la creó, ¿quién imaginas que lo hizo?

   Seguramente alguien que en aquellos tiempos trasladara grandes pesos de un lugar a otro y, con el invento de la rueda, consiguió mejorar sensiblemente su trabajo. Posiblemente se trate de un invento cuya idea innovadora tuvo origen en los trabajadores, que resuelven un problema de sus tareas cotidianas (origen en los empleados, como lo definimos actualmente).

3. ¿Crees que cuando se inventó la rueda se tuvieron en cuenta los riesgos económicos y tecnológicos? Justifica tu respuesta.

   No. La rueda fue inventada para su uso, para mejorar la vida de la persona que la creó y de su entorno más cercano. En su momento, la rueda no fue creada con fines de lucro personal (no existía el dinero), pero sí con fines económicos, puesto que aumentó la productividad, la competitividad y la riqueza en el seno de la comunidad o grupo de individuos donde surgió (ese sería su 'mercado' en aquel momento). De manera que sí fue aceptada por 'su mercado', en el momento en que el clan o sociedad primitiva a la que perteneciera su inventor experimentó las mejoras económicas, de productividad y calidad de vida y, por tanto, la capacidad de supervivencia que este invento llevaba aparejadas. Si no, el invento habría caído en el olvido.

4. Cuando se inventó la rueda no había medidas para la protección de las ideas innovadoras, ¿por qué la inventaron entonces? Razónalo.

   Como ya hemos comentado en la respuesta anterior, lo más probable es que la rueda la creara alguien para su uso personal. Desconocemos si en el inicio se trató de comercializar el producto (a través del intercambio), porque otros grupos carecieran de la tecnología necesaria para su fabricación o, por el contrario, era fácil de reproducir para todos. Lo que está claro es que ni en la Prehistoria ni en la Edad Antigua ni en la época medieval existían los conceptos de *autoría* o *propiedad intelectual*, tal y como la entendemos hoy en día, y el plagio era algo habitual. La mayoría de los grandes inventos que han surgido en la historia fueron creados con la intención de mejorar la vida de la sociedad, y no siempre de comercializarlos.

5. La rueda ha sido básica para la internacionalización de las empresas, ¿por qué crees que ha sido así?

   Por la mejora que ha supuesto en los medios de transporte (fabricación de carros y, posteriormente, automóviles, camiones, ferrocarril...) y en la construcción de las infraestructuras necesarias para facilitar las comunicaciones y el transporte de mercancías y personas a lo largo del mundo. Este invento ha hecho posible la internacionalización de las empresas.

PRÁCTICA PROFESIONAL RESUELTA

Limpieza en seco de vehículos

Eloísa y Álvaro trabajan en un taller mecánico. Ellos se encargan de la limpieza de los vehículos. Acaban realmente cansados de lavar los coches con agua, ya que, aunque usan mandil impermeable, botas y guantes de protección, se mojan algunas veces al estar todo el día en contacto con agua. Además el agua tarda en secarse y en ocasiones se nota alguna marca de las gotas que deben frotar a mano hasta que desaparece. En su jornada laboral consiguen limpiar cada uno cuatro coches. Todo esto hace que su trabajo sea bastante tedioso.

Hablando entre ellos, deciden proponerle a su jefe que invente un sistema de limpieza para coches sin agua. Se han imaginado algo parecido a los plumeros que utilizan en casa. Su jefe escucha sus propuestas con interés e idea modificar unos plumeros para el hogar transformándolos en unas bayetas con un sistema de electricidad estática que absorbe la suciedad fácilmente. Con este cambio, Eloísa y Álvaro mejoran su eficiencia y son capaces de limpiar cada uno seis coches en la misma jornada laboral, lo que incrementa los ingresos diarios del taller, ahorra agua y productos de limpieza y los trabajadores realizan sus tareas de forma más cómoda y más saludable, al mismo tiempo que mejoran la calidad y la productividad de su servicio.

Su jefe decide proteger su idea para así evitar que otros talleres la copien. De esta manera él podrá tener la exclusividad y, poco a poco, ganar más clientes. Además, se propone exportar sus bayetas a otros países para obtener más ingresos; sin embargo en España no las venderá.

Se pide:

1. ¿De qué tipo de innovación se trata?
2. ¿De dónde proviene la idea innovadora?
3. ¿Qué tipo de medida de protección le recomendarías para su producto?
4. ¿Qué fase de la internacionalización decide poner en marcha el jefe de Eloísa y Álvaro?
5. ¿Por qué crees que no quiere vender las bayetas en España y sí en otros países?

Soluciones:

1. Innovación en el uso, ya que los plumeros existían, pero para el hogar; él solo los modifica para el uso en su taller. Si la transformación es significativa puede considerarse innovación de producto, pero solo si es un gran cambio.
2. La idea innovadora proviene de Eloísa y Álvaro, es decir, de los empleados, aunque el innovador es el jefe. La idea se la han dado sus trabajadores, que le proponen crear un lavado sin agua.
3. La medida de protección para la innovación que debería usar en este caso es la patente, siempre y cuando no vulnere los derechos de otras patentes ya registradas.
4. Exportación ocasional: hasta que no tenga pedidos habituales no pasará a la fase de exportación regular.
5. En España tendrá patentado su invento con lo que, al no comercializar las bayetas en el país, es el único que podrá utilizar este método de limpieza y protegerá así su ventaja competitiva frente al resto de talleres.

TEST DE EVALUACIÓN

RESUELVE EN TU CUADERNO O BLOC DE NOTAS

1. Cuando hablamos de innovación empresarial siempre nos referimos a...

a) La creación de un producto nuevo.

b) Introducir un producto en un mercado nuevo.

c) Cualquier producto desconocido hasta el momento.

d) Cualquier elemento que introduce novedades en la empresa.

2. Las ideas innovadoras surgen de...

a) Los clientes y los proveedores.

b) Los competidores.

c) El departamento de I+D+i y los empleados.

d) Todas las respuestas anteriores.

3. El miedo a que el producto no sea aceptado por el público es...

a) Un riesgo tecnológico.

b) Un riesgo de mercado.

c) Un riesgo de Derecho.

d) No es ningún riesgo ya que se realizan estudios de mercado que lo evitan.

4. Si queremos proteger nuestro sistema de distribución, debemos recurrir a...

a) Las patentes.

b) Las marcas registradas.

c) Los secretos industriales.

d) Los derechos de autor.

5. El hecho de que una empresa se internacionalice implica que su actividad se realice...

a) En el interior de una nación.

b) En varias naciones diferentes.

c) Solo en dos naciones diferentes.

d) Ninguna de las respuestas anteriores es correcta.

6. Si en un mercado donde una empresa desarrolla su actividad esta intenta tener más cuota de mercado, lo que debe hacer es...

a) Internacionalizarse.

b) Retirarse del mercado.

c) Aumentar su producción.

d) Aumentar sus precios.

7. Algunos inconvenientes de la internacionalización son...

a) Las economías de escala y la dificultad en el lenguaje.

b) La diferencia cultural y los costes de transporte.

c) La cuota de mercado y las barreras de entrada.

d) La diversificación de riesgos y estudios de mercados.

8. Dentro de las etapas de internacionalización podemos encontrar la forma directa o indirecta solo en...

a) Exportación ocasional.

b) Exportación regular.

c) Filiales de ventas.

d) Filiales de producción.

9. Las licitaciones internacionales...

a) Son parte de las multinacionales.

b) Son otorgadas por el propio Estado.

c) Solo aparecen cuando hay un juicio.

d) Son parte de la internacionalización, ya que es la primera licencia para poder comercializar en el país.

10. Las ayudas financieras para la innovación...

a) Promueven la innovación.

b) Son entregadas por organismos públicos.

c) Son fundamentales para la innovación.

d) Todas las respuestas anteriores son correctas.

ACTIVIDADES FINALES

1. Señala si los siguientes cambios en las empresas son innovación o no y, en caso afirmativo, explica de qué tipo de innovación se trata.
   a) Uno de los empleados asciende a supervisor.
   b) La empresa decide hacer publicidad de su producto mediante obras de teatro en los supermercados.
   c) La empresa patrocina a un equipo de fútbol.
   d) La empresa comienza a vender champú, en pequeñas bolitas que se deshacen al frotarlas en el cabello.
   e) Se decide bajar el precio del producto.
   f) Se contrata un nuevo director de marketing.
   g) Las bodegas X comienzan a vender el vino como limpiador desinfectante.
2. Reflexiona y comenta a continuación cómo pueden los proveedores aportar ideas innovadoras a sus clientes. ¿Cómo podríamos fomentar esta dinámica en la empresa?
3. Explica la diferencia entre *riesgo tecnológico* y *riesgo de mercado* con un ejemplo de cada uno de sus tipos.
4. ¿Qué diferencia y similitudes hay entre una *patente* y un *secreto industrial*?
5. Elabora una tabla en tu cuaderno con las ventajas e inconvenientes que puede tener la internacionalización de una empresa en un mercado culturalmente diferente.
6. Explica las fases de internacionalización empresarial y busca un ejemplo que ilustre cada una de estas etapas.
7. ¿Qué diferencia hay entre *globalización* e *internacionalización*? Haz una tabla intentando exponer las ventajas e inconvenientes que puede tener la globalización para la sociedad, compara tus respuestas con las de tus compañeros y realizad un debate en clase sobre ello.
8. Aclara la diferencia que hay entre una *exportación regular indirecta* y unas filiales de venta. Desde tu punto de vista, ¿qué ventajas tiene cada una de ellas? ¿Y qué inconvenientes?
9. La innovación es importante para la sociedad debido a que gracias a ella el progreso tecnológico mejora nuestra calidad de vida. Entonces, ¿por qué crees que no todas las empresas tienen un departamento de I+D+i? ¿Cuáles son las empresas que sí tienen estos departamentos?
10. Investiga y pon algún ejemplo de empresas españolas que hayan conseguido licitaciones en el exterior. Describe a qué sector pertenecen y de qué productos o servicios están abasteciendo al Estado destinatario.
11. ¿Qué barreras de entrada encontrará una empresa alemana al comercializar sus productos alimenticios en Asia?
12. ¿Por qué una empresa que se internacionaliza puede conseguir economías de escala?
13. ¿Cuál es la similitud entre *internacionalización* e *innovación*? Escribe algún ejemplo.
14. Explica la frase: «Toda la innovación necesita creatividad, pero no toda la creatividad es innovación».
15. Copia en tu cuaderno y completa la siguiente tabla diciendo si son internacionalización con innovación o sin innovación.

	Internacionalización	
	Con innovación	Sin innovación
Empresa francesa vende camisetas en Alemania		
El primer restaurante chino en España		
Los primeros WC en Europa con ducha		
Venta de ordenadores japoneses en América		

CUADERNO

PRÁCTICA PROFESIONAL PROPUESTA 1

Primeros robots automatizados en la industria del automóvil

Audi France: producción del Audi A3 Sedan.

Los primeros automóviles de la historia fueron creados para transportar piezas en la industria. Desde entonces la industria automovilística ha evolucionado de una manera importante. Actualmente se buscan alternativas a los combustibles, que tanto contaminan, y han empezado a comercializarse coches eléctricos, pero aún no han tenido toda la acogida que se esperaba.

Hace años los automóviles eran todos iguales, pero en la actualidad podemos elegir, por ejemplo, entre una gama de colores muy amplia. Esto se debe a la facilidad con que se pintan en la actualidad los coches, a través de robots que desarrollan esta función.

Los primeros robots automatizados aparecieron en el año 1958 gracias a dos inventores, George C. Devol y Joseph F. Engelberger, quienes en su garaje crearon el robot *Unimate*, un dispositivo manejado por ordenador que podía realizar tareas automáticas y que fue incorporado en 1962 en una planta de General Motors para ensamblaje de piezas. Este invento supuso la incorporación de una poderosa herramienta de fabricación y el inicio de la era robótica.

Actualmente este tipo de robots se utilizan en todo el mundo, hay muchas empresas que los fabrican, y existe una gran diversidad de modelos y marcas.

Se pide:

1. Identifica las ventajas que esta innovación ha proporcionado a la industria automovilística.
2. ¿De dónde surgió la idea innovadora de los robots automatizados? ¿A cuál de los orígenes de ideas innovadoras que hemos estudiado en la unidad pertenece?
3. ¿De qué tipo de innovación se trata?
4. ¿Crees que la innovación de este producto está amparada por alguna medida de protección a la innovación? Si la tuviera, ¿de qué tipo sería?

PRÁCTICA PROFESIONAL PROPUESTA 2

Una almohada con despertador

Rocío trabaja en una multinacional al otro lado de la ciudad. Se desplaza al trabajo en transporte público y debe recorrer una gran distancia todos los días. Siempre que va en el tren intenta dormir un rato, pero acaba con dolores de cuello por las posturas y tiene miedo de no despertarse en su parada.

Por ello decide crear una almohada con despertador y muy fácil de transportar, la gente que la ve en el tren le pregunta dónde la ha comprado, así que decide ponerla a la venta por una página web. Después de varios meses comienzan a llegarle pedidos de toda Europa y, en verano, una empresa alemana le propone comprarle todos los meses 2 000 unidades para venderlas en su tienda.

Después de 3 años, Rocío decide dejar la empresa donde trabajaba y poner tiendas por toda España y en Portugal, Alemania y México, con otros productos que ha ido creando en estos años.

Se pide:

1. ¿En qué fase de la internacionalización se encuentra la empresa de Rocío? Justifica cómo ha llegado hasta ahí.
2. ¿De dónde surgió la idea innovadora? ¿A cuál de los orígenes de ideas innovadoras que hemos estudiado en la unidad pertenece?
3. ¿Qué tipo de idea innovadora es?
4. ¿Crees que la internacionalización de este producto ayudará a Rocío a tener economías de escala?
5. ¿Qué barreras de entrada puede encontrar Rocío en los países en los que decide poner tiendas?

PRÁCTICA PROFESIONAL PROPUESTA 3

Música medieval con instrumentos caseros

Avelina es una violinista con mucho talento que, además, compone sus propias melodías. Como hay mucha competencia (un número elevado de violinistas), decide innovar en su música. Para ello en la actualidad ha creado una maqueta de música medieval tocada con instrumentos que se pueden encontrar en el hogar, como cazuelas, platos, cuero, instrumentos de madera, etc.

Sabe que este tipo de música gusta mucho en países de Centroamérica y decide venderla allí. Para conseguirlo su discográfica se pone en contacto con una empresa de la zona y le propone venderle todos los meses 250 discos y, si es necesario, ir aumentando las ventas posteriormente.

Además de esto, comercializará sus discos en España a través de su discográfica y realizará conciertos por todas las ciudades españolas para dar a conocer la originalidad de su música.

Se pide:

1. ¿En qué fase de la internacionalización quiere trabajar Avelina? ¿Qué fases se está saltando? Razona tu respuesta.
2. ¿De dónde surgió la idea innovadora? ¿A cuál de los orígenes de ideas innovadoras que hemos estudiado en la unidad pertenece?
3. ¿Qué tipo de idea innovadora es?
4. ¿Qué medidas de protección a la innovación aconsejarías a Avelina en relación con su disco?
5. ¿Qué razones para la internacionalización puede tener la discográfica?

EN RESUMEN

INNOVACIÓN

Tipos
- En el producto o servicio
- En el proceso
- En el uso

Origen
- Dpto I+D+i
- Empleados
- Clientes
- Proveedores
- Competidores

Problemática
- Riesgo tecnológico
- Riesgo de mercado

Medidas de protección
- Patentes
- Secretos industriales
- Marca registrada
- Derechos de autor

INTERNACIONALIZACIÓN

Razones
- Cuota de mercado
- Diversificación
- Mercado interno en crisis
- Economías de escala
- Vender excedentes del mercado interno

Ventajas
- Economías de escala
- Mayor cuota de mercado
- Mejor imagen de la marca
- Diversificación de riesgos
- Posibilidad de aprovechar al máximo la producción
- Aprendizaje que se puede incorporar en el mercado interno

Inconvenientes
- Barreras a la entrada del nuevo mercado
- Dificultades por cambio cultural y en el idioma
- Costes de transporte elevados
- Dificultades para encontrar proveedores
- Elevados costes de estudios de mercado para conocer a los nuevos clientes

Etapas
- Exportación ocasional
- Exportación regular
- Filiales de venta
- Filiales de producción
- Multinacional

Ayudas
- Económicas
- De asesoramiento
- Premios

3 Iniciativa emprendedora

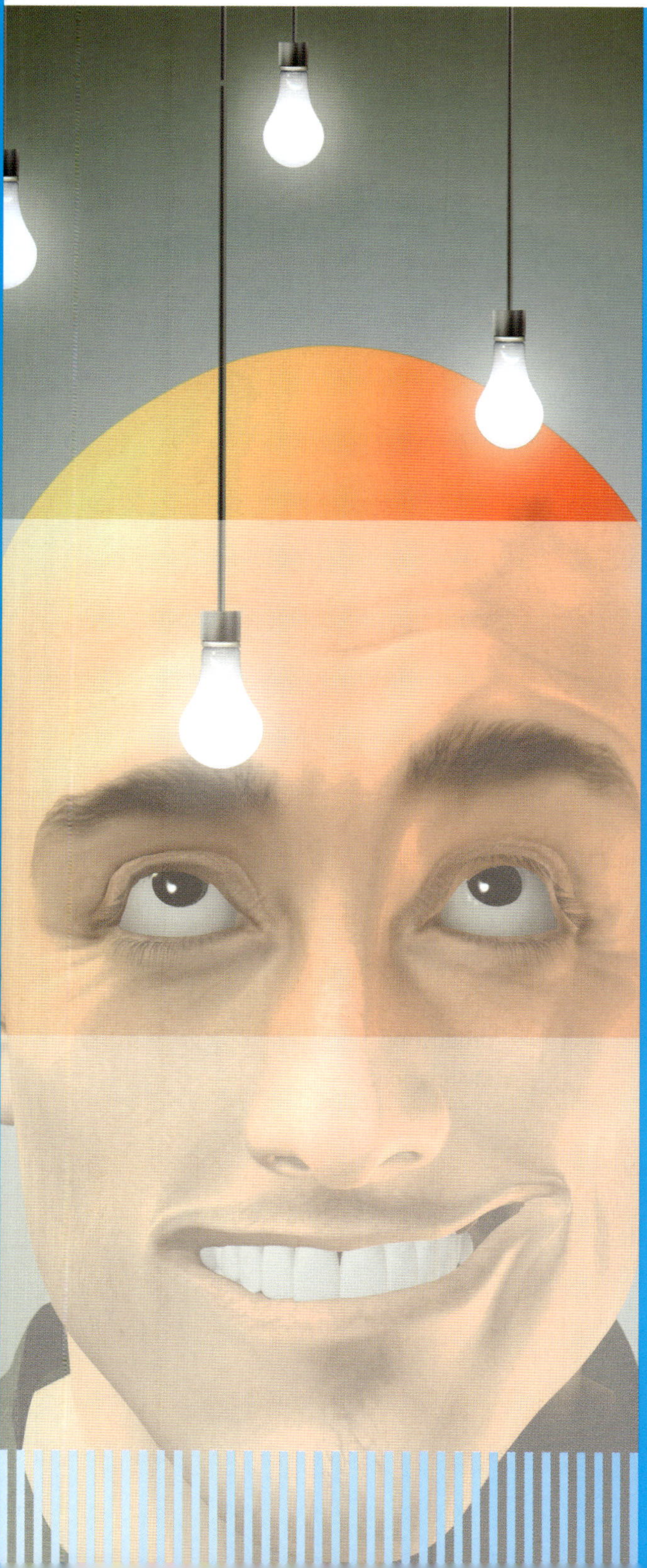

Vamos a conocer...

Y al finalizar esta unidad...

- Conoceremos el proceso innovador, cualidades y tipos de innovadores.
- Aprenderemos distintas herramientas para fomentar la creatividad.
- Sabremos desarrollar las oportunidades de negocio.
- Diferenciaremos el plan de empresa del proyecto empresarial.
- Comprenderemos la importancia de la tecnología en la innovación.

Práctica profesional inicial

Situación de partida

Nicolás fue uno de los primeros viticultores de la cuenca del Duero que comenzó a poner en valor, allá por el año 1975, la calidad de la uva y el enorme potencial de sus vinos. A pesar de que la tradición vitivinícola de este territorio se remonta 2000 años atrás (a la época de la romanización) y que desde la Edad Media ya se controlaba la producción y calidad del vino de esta comarca, la denominación de origen Ribera del Duero (reconocida en 1982) no hubiera sido posible sin la labor de Nicolás y la de otros entusiastas emprendedores de la región.

Su aprendizaje comenzó siendo él muy pequeño mientras ayudaba a su abuelo en el cuidado de sus viñedos. Cuando recuerda aquella época, se da cuenta de todo lo que ha cambiado el negocio: antes debían regar una por una las vides en época de sequía y, en la recogida de la uva, había millares de personas trabajando. Era un trabajo muy duro y totalmente manual, ya que la variedad de uva de la zona, la *tempranillo*, necesita unos cuidados y unas condiciones climáticas específicas para poder desarrollar su pigmentación y grado de acidez en óptimas condiciones: muchas horas de sol durante el día y bajas temperaturas durante la noche.

En el pueblo recuerdan a Nicolás como un niño muy observador y con una enorme curiosidad por todo lo que le rodeaba. Cuando creció y se hizo cargo de sus propios viñedos, su espíritu emprendedor le llevó a plantear nuevas soluciones para estos problemas. Así implantó sensores de humedad, temperatura, viento y nivel de minerales que envían los datos a un ordenador central y este activa el riego automático, el tratamiento fitosanitario y los nutrientes, de forma controlada y precisa, lo que ha facilitado enormemente la tarea a las empresas, les hace ahorrar dinero y les evita muchos disgustos.

Después introdujo la vendimia nocturna y con máquina, una fórmula que otras bodegas están incorporando porque permite la adecuada refrigeración de la uva y reducir costes en mano de obra. Fue el primer viticultor en darse cuenta de esa oportunidad de negocio y, al implantarla, obtuvo una ventaja sobre sus competidores. Esto y otras acciones, como entregar bonos de 200 € a todos los trabajadores que realicen bien su trabajo y tener en cuenta la opinión de cada uno de ellos (por lo que es muy querido y respetado), hacen de la empresa de Nicolás una de las más sólidas en el mundo del vino.

Estudio del caso

1. Identifica las cualidades que como emprendedor y como innovador posee Nicolás.
2. Explica qué tipo de líder es Nicolás.
3. ¿Qué clase de motivación aplica Nicolás en su empresa?
4. ¿Cuál ha sido la oportunidad de negocio a la que hace referencia el texto?
5. ¿Cómo ha influido la tecnología en el negocio? ¿En qué tipo de sector ha afectado esta tecnología?

1. El perfil innovador del emprendedor

Vocabulario

Diferencia entre *empresario* y *emprendedor*

El **empresario** es la persona que pone en marcha y dirige una empresa asumiendo el riesgo económico.

El **emprendedor** es la persona que tiene una idea innovadora y con su iniciativa es capaz de hacerla realidad. Es muy habitual que cuando un emprendedor tiene una idea innovadora, ponga en marcha su propia empresa, pero también existen emprendedores en política, en organizaciones sin ánimo de lucro, en la docencia, en la investigación, en la Administración pública, que promueven la innovación en de sus organizaciones.

Cuando se trabaja por cuenta ajena, el riesgo que se asume es mucho menor y no de tipo económico. El riesgo económico solo lo asumimos cuando somos empresarios.

Una vez que conocemos los conceptos de *empresa* y *empresario*, así como las características y los riesgos de la innovación empresarial, vamos a profundizar en el proceso de **generación de ideas innovadoras** como oportunidad de negocio.

Generar buenas ideas es una práctica que se ha de fomentar, pero aunque una idea sea muy buena, de poco sirve si no somos capaces de llevarla a cabo y hacerla realidad. Ser una persona **proactiva** (con iniciativa) es una cualidad muy importante para la **innovación emprendedora.**

A las personas con creatividad para generar nuevas ideas e iniciativa para hacerlas realidad las llamamos **personas emprendedoras.**

Son muchas las capacidades de un emprendedor. Aquí nos vamos a centrar en aquellas que tienen que ver con el **perfil innovador del emprendedor**: suelen ser personas curiosas, creativas y visionarias, que identifican oportunidades de negocio que el resto de personas no ven. Para que la idea se lleve a cabo, el emprendedor tiene que ser una persona proactiva y perseverante, ya que no siempre las ideas innovadoras triunfan fácilmente; además, ha de tener capacidad para asumir riesgos, flexibilidad y adaptación a los cambios y ser un gran líder.

Actividades

1. Ordena, según consideres, las siete capacidades indicadas en el esquema anterior, de mayor a menor importancia en el perfil innovador del emprendedor y razona tu respuesta. Un emprendedor tiene muchas cualidades, así que puedes añadir otras que, a tu juicio, sean importantes para este perfil.
2. Pablo es una persona con muchas inquietudes. Pregunta a sus empleados cómo realizan su trabajo y si creen que podrían mejorarlo de alguna manera. Además, fomenta con incentivos a todo el que le ayude a mejorar los procesos. Siempre toma la iniciativa y hace un estudio económico muy exhaustivo para asegurarse de que obtendrán beneficios. Si no está seguro, no se lleva a cabo el proyecto y no insiste en ello aunque la idea sea muy buena. Identifica las cualidades emprendedoras de Pablo y aquellas que no tiene.

1.1. Creatividad

El emprendedor es una persona curiosa, con inquietudes, que observa el mundo que le rodea y desea conocer el porqué y el funcionamiento de las cosas. Detecta problemas y necesidades no cubiertas de la sociedad a los que ofrece una solución.

1.2. Visión

Un emprendedor es un visionario porque identifica oportunidades de negocio con proyección de futuro y su pensamiento va por delante al del resto de la sociedad. Crea nuevas soluciones a los problemas de las personas y, a través de la innovación constante, imagina el futuro y cambia el mundo que le rodea.

Saber más

La necesidad de la innovación para sobrevivir

Aunque las empresas son cada vez más conscientes de la necesidad de la innovación para mantenerse en el mercado, muchas de ellas se resisten a los cambios y aún siguen concentrando sus esfuerzos en gestionar y controlar los recursos como han estado haciendo hasta la fecha más que en fomentar la creatividad y la innovación en sus miembros.

1.3. Capacidad para asumir riesgos

Poner en marcha un proyecto innovador siempre implica un riesgo, por ello es fundamental la capacidad para analizar con realismo la situación y los distintos escenarios posibles, así como la entereza para responsabilizarnos de nuestras decisiones y asumir que hemos cometido errores, que debemos cambiar de criterios o que hemos fracasado en el proyecto y lo hemos perdido todo.

Recuerda

Una **persona activa** es aquella que trabaja de forma eficiente, una persona con inquietudes y que toma conciencia de lo que hace, pero una **persona proactiva** implica que, además de lo anterior, toma la iniciativa, es decir, identifica un problema o una necesidad y es capaz de organizar y planificar cómo solucionarlo.

1.4. Flexibilidad y adaptación al cambio

El emprendedor se mueve en un mundo que cambia continuamente: el escenario, la situación política, la sociedad (aparecen nuevas necesidades en el mercado), nuevas empresas competidoras, nuevos avances científicos y tecnológicos, nuevos productos... Por ello será fundamental su flexibilidad y capacidad para adaptarse a los cambios y actuar en función de las exigencias de cada situación.

1.5. Proactividad

El emprendedor no solo reconoce y evalúa las oportunidades de negocio, sino que toma la iniciativa para reunir y organizar los recursos necesarios y para poner en marcha y hacer realidad las ideas innovadoras que son factibles.

1.6. Perseverancia

La innovación empresarial es un proceso complejo y lleno de dificultades. Los resultados no siempre se alcanzan «a la primera»; es necesario realizar numerosas investigaciones, estudios, pruebas... Saber aprender de los errores y tener capacidad para superar los fracasos es muy importante para poder lograr resultados satisfactorios. Solo los perseverantes consiguen el éxito.

1.7. Liderazgo

Un emprendedor no puede hacer realidad él solo un proyecto innovador sin contar con otras personas (socios, colaboradores, proveedores, inversores, personal...) que crean en su idea y en su visión y le ayuden a ponerla en marcha.

A esta capacidad de la persona emprendedora de influir en los demás y hacer que otros crean en ella y le sigan, y que las personas trabajen en equipo de forma cooperativa y con entusiasmo hacia el logro de unos mismos objetivos, es a la que denominamos **liderazgo**.

Para que el proyecto salga adelante, las personas deben estar motivadas, trabajar en equipo de forma cooperativa y realizar un determinado esfuerzo para llegar a la meta fijada. Sin embargo, un buen equipo de trabajo solo conseguirá grandes logros si es dirigido por un buen líder. Una de las cualidades más importantes del líder es la **capacidad para motivar a su equipo**. Hay muchas formas de conseguirlo:

- **Motivación económica:** si las personas, a medida que alcanzan unos objetivos concretos, reciben unos incentivos económicos acordes, se sentirán más motivados para trabajar de forma eficiente y serán más productivos.
- **Motivación personal:** en ocasiones el reconocimiento de un trabajo bien hecho o saber que se puede ascender en la organización es un buen aliciente para llevar a cabo un proyecto.
- **Motivación de tiempo:** cada vez las personas valoran más su tiempo libre, un horario flexible, la conciliación de la vida familiar y laboral, así como trabajar por objetivos y no por horas presenciales en la empresa...

Existen varios tipos de líderes. En la siguiente tabla vamos a analizar los tres más comunes:

Liderazgo laissez-faire	Liderazgo autocrático	Liderazgo democrático
Este tipo de líder solo actúa si es necesario, ya que delega muchas de sus funciones en sus empleados y les otorga capacidad para tomar determinadas decisiones, con lo que aumenta la autoestima de los integrantes del equipo. Suele desarrollarse en procesos con un bajo nivel de supervisión.	No se debaten las ideas, sino que el líder impone su criterio jerárquicamente: se hace solamente lo que dice el jefe. Es frecuente este tipo de líderes en algunas grandes empresas donde no se hace partícipe al personal de la información ni se dan explicaciones a todos los empleados.	Se caracteriza por ser un líder que explica sus motivos, valora y escucha a los demás a la hora de tomar una decisión entre todos. Solo el verdadero líder consigue ser respetado como autoridad. Si esto se consigue, es la forma de liderazgo más segura ya que cohesiona al equipo. En las pymes es la mejor opción.

Caso práctico resuelto

Subraya e identifica las capacidades del emprendedor en este texto:

Carlos es jefe de planta en una empresa que se dedica a la creación de vidrieras y mosaicos. Desea conocer cómo se realiza todo el proceso, aunque no es su trabajo, pero le gusta observar e informarse del funcionamiento de las cosas. Esa curiosidad le lleva en muchas ocasiones a descubrir alguna forma de mejorarlo [es muy **creativo**], como por ejemplo cambiar algunas máquinas de sitio para que el proceso sea más rápido y han conseguido gracias a esa idea innovadora aumentar la productividad al reducir el tiempo de entrega del material y subir las ventas. Además, Carlos tiene visión de futuro y a través de sus ideas innovadoras ve oportunidades de negocio donde otros no las ven [es un **visionario**].

La empresa se dedicaba a vidrieras para iglesias, ayuntamientos y oficinas, pero, gracias a Carlos, ha comenzado a vender a particulares para decorar sus casas. Así, la idea de Carlos de crear nuevas formas para teñir los cristales ahorrando tiempo en el secado ha sido una fórmula ideal para que su empresa sea más competitiva en un mercado que había sufrido grandes cambios en los últimos años [**flexibilidad y adaptación al cambio**].

Al principio tuvieron que realizar infinidad de pruebas, porque no conseguían el resultado óptimo y aprender de los errores [**perseverante**]. En esta ocasión el empresario debió asumir grandes costes económicos, pero gracias a la insistencia de Carlos, aun sabiendo que arriesgaba su prestigio en la empresa e incluso su puesto de trabajo si fracasaba [**capacidad para asumir riesgos**], al fin lo consiguieron.

Y es que cuando a Carlos se le ocurre algo toma la iniciativa para poner en marcha el nuevo proyecto: se pone «manos a la obra», hace presupuestos, pregunta a los proveedores y después de realizar un análisis de viabilidad y un informe detallado [Carlos es **proactivo**], presenta la idea a su jefe, al cual le resulta muy fácil aceptarla, ya que todo el estudio está claro.

Carlos convence con facilidad tanto a su jefe como a su equipo para que le apoyen en sus ideas. Es muy querido por sus empleados, ya que los anima y valora su trabajo. Además, ha implantado un sistema de remuneración, basado en una retribución fija y una variable, con una escala de incentivos según la consecución de objetivos. Carlos sabe motivar a sus empleados [Carlos es un buen **líder**], quienes aún recuerdan al anterior supervisor, un hombre mucho más autoritario al que nadie llevaba la contraria por miedo a sus reprimendas [**líder autocrático**]; mientras que Carlos es todo lo contrario, en ocasiones convoca reuniones para resolver en equipo un problema y realiza votaciones para conocer el punto de vista de los trabajadores [**líder democrático**], y cuando ya está todo el proceso claro, delega en ellos y no interviene si no es necesario [**líder laissez-faire**].

Saber más

Tres tipos de liderazgo

En las empresas son necesarios los tres perfiles de líderes, aunque resulta complejo saber qué tipo de liderazgo es más eficaz en cada situación. Lo ideal sería un líder que sepa actuar de las tres formas diferentes en cada situación.

Actividades

3. Identifica en las siguientes frases las cualidades del emprendedor:

- Se ha dado cuenta de las necesidades de la población, crea un producto que satisfaga esas necesidades y pone en marcha un plan para que esa idea sea viable y hacerla realidad.
- El jefe elige al empleado del mes al cual se le entrega un premio.
- Los empleados le obedecen porque, en caso contrario, la reprimenda es considerable.
- Le gusta conocer los detalles de todos los procesos y de los puestos de trabajo.
- La inversión en investigación y desarrollo es muy importante, pero merece la pena.
- Si no se encuentra la solución, hay que seguir buscando.

2. ¿Qué es la creatividad?

Recuerda

La *innovación* a menudo se confunde con la *creatividad*.

Por creatividad entendemos la 'capacidad' de crear o idear algo.

Cuando desarrollamos y ordenamos esa capacidad creativa o idea novedosa y hacemos realidad un producto viable es cuando aparece la innovación.

Sin creatividad no hay innovación, pero tener creatividad no nos asegura ser innovadores.

La **creatividad** es la capacidad de generar nuevas ideas o conceptos, de crear o idear algo por primera vez. Se trata de un pensamiento 'original', 'diferente', que nace de la imaginación.

Todo el mundo puede ser creativo, pero la creatividad es una capacidad que se desarrolla con la práctica de ciertas habilidades y destrezas.

A todas las empresas les interesa fomentar la creatividad en sus empleados y directivos; para ello hay diferentes métodos, según las necesidades que se puedan plantear en una empresa. No es lo mismo decidir el nombre de un producto que solucionar un problema de forma creativa.

Hay muchas técnicas. Vamos a estudiar algunas de las más utilizadas.

2.1. Lluvia de ideas

Es una de las técnicas más sencillas y útiles a la hora de desarrollar una marca, un nombre o una idea general. La técnica consiste en elegir un tema y que cada individuo dice lo primero que se le ocurre sin analizar el contexto solo una palabra y durante un tiempo determinado.

Al finalizar el tiempo y mediante un debate se van desarrollando las ideas apuntadas y descartando o no las que van a ser útiles para la empresa. El resultado final no tiene por qué estar entre las palabras propuestas en la lluvia de ideas, pero esta lluvia debe servir para generar la idea final.

Ejemplo

Raquel quiere decidir el título para un cuadro que ha pintado, así que le pide a sus amigos que palabras al azar que les sugiera el cuadro: *mar, tranquilidad, verano, sol, pescador, vacaciones, veraneo, playa...* Después de ver los resultados y hablando entre todos, los amigos creen que el nombre más adecuado para el cuadro sería el siguiente: *Veraneo en la playa.*

Vocabulario

A la técnica de **lluvia de ideas** también se la conoce como **tormenta de ideas** o ***brainstorming***.

Actividades

4. Realizad en grupos de 4 o 5 alumnos en una cartulina una exposición sobre lo que es para vosotros la creatividad. Exponed los carteles en clase y decidid entre todos cuál lo ha expresado de una forma más innovadora y creativa.

5. La empresa de Paula ha creado una bebida energética solo a base de componentes naturales, que desea vender a los deportistas. Realizad una lluvia de ideas en clase durante no más de 5 minutos y debatid qué nombre de los propuestos sería más adecuado.

6. Define en qué casos crees que es ventajoso utilizar el *brainstorming* y en qué casos no.

2.2. Enjambre de ideas

Es la evolución de la lluvia de ideas. En este caso, cada individuo escribe en un papel lo primero que le viene a la mente sobre el tema que se va a tratar. Se hace de forma anónima y debe participar todo el mundo. Esta técnica pretende evitar que haya personas que por vergüenza no participen y se pronuncien en público. La segunda fase se realiza como en el caso anterior con un debate, pero en este caso el debate es guiado un coordinador para desarrollar un mapa de ideas visual.

Vocabulario

El enjambre de ideas también se conoce como ***brainswarming.***

Caso práctico resuelto

La empresa quiere motivar a sus trabajadores y realiza un enjambre de ideas para ver cómo hacerlo; en los papeles se leen cosas como por ejemplo «más ingresos», «premios mensuales», «ofrecer días libres», «más vacaciones», «horario más flexible», «regalos como tabletas o móviles si se cumplen objetivos»... El coordinador de esta dinámica elabora un mapa con las ideas propuestas para luego realizar un debate:

2.3. Método Delphi

Se utiliza, sobre todo, para resolver problemas. Se basa en contar el problema a todos los individuos y en realizar una ronda individualizada y de forma anónima a los integrantes, y al finalizar la ronda se hacen públicas las opiniones de todos los participantes, siempre sin identificar a nadie. Se deja un periodo de tiempo para reflexionar y se vuelve a preguntar a todos los integrantes; ahora que saben las ideas del resto y han podido reflexionar sobre las soluciones al problema, suelen hacerse visibles las ideas. La mayoría de las veces tras la tercera ronda ya se atisba la solución.

Ejemplo

Con la crisis, la imprenta EL TALLER DE GUTENBERG no puede mantener a todos los empleados. Al comunicar este problema al personal, cada uno propone de forma individual y anónima una solución: disminuir el sueldo a todos los empleados, despedir a unos cuantos empleados, formar parte de un ERE, hacer un ERTE... Tras dar a conocer a todos los trabajadores estas propuestas y después de la segunda ronda, la mayoría opta por un ERTE de reducción de la jornada laboral durante seis meses antes que la posibilidad de un despedido colectivo.

Vocabulario

Una empresa, «por causas económicas, técnicas, organizativas o de producción», puede realizar ajustes de plantilla mediante un **ERE** (expediente de regulación de empleo):

1. **ERE de extinción o despido colectivo:** extinción definitiva de la relación laboral entre la empresa y parte de los trabajadores.
2. **Suspensión del contrato de trabajo** durante un periodo limitado.
3. **Reducción de la jornada laboral** durante un periodo de tiempo.

Los ERE «temporales» (de suspensión y de reducción) son conocidos como **ERTE:** un expediente de regulación temporal de empleo, en el que la autoridad laboral da permiso a la empresa para suspender los contratos de trabajo o reducir la jornada laboral durante un periodo de tiempo.

2.4. Tabla de propiedades

Este método se utiliza cuando queremos mejorar un producto o bien averiguar por qué se está quedando obsoleto o no es aceptado por el mercado. Para ello se realiza una tabla con tres columnas, en la primera se colocan los componentes del producto; en la segunda, sus propiedades y, en la tercera, las ideas para mejorarlo.

Caso práctico resuelto

Reinventando el bolígrafo

Piensa en renovar un bolígrafo... Parece que no se puede innovar demasiado, pero si hacemos la tabla de propiedades, nos surgirán múltiples ideas. Aquí tienes unas cuantas:

Componentes	Propiedades	Ideas
Carcasa	■ PVC. ■ Otros plásticos. ■ Metal. ■ Contaminan el medioambiente.	■ Bolígrafo biodegradable. ■ Bolígrafo comestible. ■ Un bolígrafo que se puede plantar. ■ Con diseño personalizado. ■ Un bolígrafo elástico, que pueda cambiar de formas.
Carga o depósito	■ Depósito o contenedor de tinta. ■ De plástico o metal. ■ Desechable / recargable.	■ Crear un bolígrafo sin depósito ni tinta. ■ Escribe con punta metálica que no se agota ni se gasta. ■ Escribe con tinta y es puntero para pantallas táctiles. ■ Depósito donde se calienta el plástico: impresión 3D.
Tinta	■ Pigmentos de colores. ■ Se agota. ■ Se seca. ■ Mancha y vierte tinta. ■ Imborrable / Se borra.	■ Bolígrafo sin tinta: escribe con el metal de la punta. ■ No se agota ni se gasta ni mancha ni se vierte. ■ Escribe con tinta y también es puntero para pantallas táctiles. ■ Plástico fundido que sale por la punta para dibujar en relieve (3D). ■ Tinta invisible.
Punta	■ Una en la parte inferior. ■ Bola para distribuir la tinta de acero o wolframio. ■ No permite escribir al revés: necesita la gravedad para que la tinta sea arrastrada sobre la bola. ■ Sirve para escribir a mano. ■ Solo escribe sobre papel.	■ Dos puntas: superior e inferior. ■ Bola estándar para tinta y puntero de goma compatible con pantallas táctiles, tabletas y móviles. ■ Punta de metal que no se gasta. ■ Puede escribir al revés o en cualquier posición (incluso debajo del agua). ■ Escribe en cualquier superficie: papel, madera, metal.... ■ Boquilla por donde sale el plástico fundido para escribir en relieve con el trazo de la mano o construir estructuras y piezas...

Navega

Lee los artículos «Reinventando el bolígrafo» (<http://bit.ly/2iifTzy>) y «Material escolar: ideas ecológicas y originales» (<http://bit.ly/2hfkgPH>). Comprobarás que nunca está todo inventado y que se puede innovar cualquier aspecto de la realidad que nos propongamos.

Actividades

7. Di qué método para incentivar la innovación elegirías en los siguientes casos:
   - Modificar un nuevo envase para hacerlo más cómodo.
   - Elegir el nombre de un nuevo bar.
   - Solucionar un conflicto entre dos departamentos de la empresa.
   - Elegir uno de entre dos nuevos proveedores.
   - Elegir la nueva imagen de la marca.

3. La idea como oportunidad de negocio

Cuando la idea ya está definida, debemos detectar si estamos ante una oportunidad de negocio antes de ponerla en marcha.

Podemos definir **oportunidad de negocio** como aquel momento propicio o circunstancia favorable que el emprendedor es capaz de detectar para iniciar un negocio o introducir nuevos productos, servicios, procesos o formas de organización en el mercado.

Es difícil encontrar oportunidades de negocio, pues cada vez hay más competidores y es más complicado triunfar en los mercados. Pero las oportunidades no se agotan, ya que el entorno cambia continuamente y siempre surgen necesidades nuevas. Para saber si estamos ante una oportunidad de negocio, debemos **conocer muy bien el mercado** (clientes, competencia, proveedores, instituciones...), cuáles son las reglas del sector económico en el que nos encontramos e identificar las necesidades y los gustos de los clientes potenciales, así como las tendencias y los cambios que se están produciendo en la sociedad con el fin de adecuar el producto que satisfaga justo esas carencias.

Para que una idea innovadora se transforme en una empresa, debemos...

- Convertir nuestra idea en una ventaja competitiva.
- Hacer que esa idea sea viable.
- Tener la iniciativa para ponerla en marcha y hacerla realidad.

¿Cómo sabemos si estamos realmente ante una oportunidad de negocio?

Estamos ante un momento propicio para iniciar un negocio cuando podemos...

- Satisfacer necesidades no cubiertas de los clientes.
- Atender a un número adecuado de clientes potenciales con recursos suficientes y dispuestos a pagar por nuestros productos.
- Acceder a los recursos necesarios para poner en marcha el negocio (humanos, financieros, productivos, alianzas estratégicas...)
- Innovar con un modelo de negocio difícil de imitar y rentable.
- Conseguir una ventaja competitiva en calidad o precio sobre la competencia.

Navega

Puedes visitar la siguiente web y conocer las últimas ideas innovadoras que se están poniendo en marcha:

- <www.emprendedores.es/ideas-de-negocio>.

Si quieres simular tu proyecto empresarial, puedes visitar la siguiente web:

- <www.ipyme.org/es-ES/DecisionEmprender/Paginas/Simula.aspx>.

Ejemplo

A Sandra le encanta diseñar y fabricar joyas (collares, pendientes, pulseras, anillos...). Ella sabe que hay muchas tiendas de bisutería y joyería, y que cuando una joya se estropea puede llevarse a la joyería para que la arreglen. Pero ¿qué ocurre cuando lo que se estropea es una pieza de bisutería? ¿Por qué no poner una tienda de bisutería donde además puedan arreglar las piezas que se rompan?

Sandra ha descubierto una necesidad que no está cubierta: arreglar piezas de bisutería, pero aún no sabe si esa idea (ser la primera tienda donde puedas llevar tus piezas de bisutería rotas para que te las arreglen) es realmente una oportunidad de negocio. Para ello, deberá analizar, entre otras cosas:

- Si hay un número suficiente de clientes potenciales con esta necesidad y dispuestos a pagar el precio del arreglo.
- Si el PVP al que Sandra puede cobrar los arreglos para que el negocio sea viable, es suficientemente competitivo como para que a los clientes les resulte más atractivo arreglar una pieza de bisutería que comprar una nueva.
- Si cuenta con los recursos necesarios para poner en marcha este negocio.
- Si su modelo de negocio es rentable y difícil de copiar a largo plazo.

4. El plan de empresa y el proyecto empresarial

En la mayoría de las situaciones utilizaremos estos dos conceptos como sinónimos

Un **proyecto empresarial** son todas las acciones que van desde la identificación de una necesidad hasta la venta del producto que la satisface y el servicio postventa, pasando por la producción. El **plan de empresa** es el documento que recoge el proyecto empresarial y debe contener lo siguiente

Caso práctico resuelto

Marta y su hermano Marcos quieren abrir una cafetería en el instituto de su localidad. Para ello, realizan el proyecto, que plasman en un **plan de empresa,** que presentan a la convocatoria del concurso público. En él incluyen en este orden:

1. La **trayectoria** de los dos socios emprendedores.
2. **Identificación de necesidades y presentación de la idea de negocio.** Realizan una encuesta a los alumnos y profesores del centro en la que detectan que están cansados de la poca variedad de productos para el desayuno y la única presencia de bocadillos o bollería industrial. Las personas que desean cuidarse o son vegetarianas o celiacas apenas pueden probar ninguno de los productos, por lo que proponen elaborar tarrinas de fruta fresca, yogures, batidos, hamburguesas o ensaladas. Y de ahí surge la idea de «desayunos saludables» en el instituto.
3. **Estudio de mercado.** Recogen las encuestas realizadas a los clientes potenciales (alumnos y profesores del instituto) sobre los productos de la cafetería, así como una análisis minucioso de la competencia, el entorno y los proveedores y construyen una matriz DAFO para conocer sus fortalezas y debilidades, así como las amenazas y oportunidades.
4. **Plan de marketing.** A partir de ahí, elaboran una propuesta de **productos** y eligen un **precio** de venta al público adecuado; la **distribución** se hará en la cafetería del centro como el resto de productos y, en cuanto a la **promoción,** bastará con poner carteles por el centro para dar a conocer la nueva oferta.
5. **Plan de producción y operaciones.** Realizan un análisis minucioso del proceso de producción y de las operaciones tanto en sala y barra como en cocina, para mejorar la calidad del servicio, reducir tiempos y ser más competitivos.
6. **Plan de recursos humanos.** Solo trabajarán los dos socios promotores, pero es esencial acordar la distribución de tareas y responsabilidades, los horarios y realizar un completo plan de prevención de riesgos laborales.
7. **Recursos tecnológicos e infraestructura.** En el plan se recogen todas las inversiones en infraestructura y maquinaria necesarias para poner en marcha su negocio: cámaras frigoríficas, cafetera, plancha, cocina, caja registradora, TPV...
8. **Plan económico-financiero.** Marta y Marcos demuestran que su proyecto es viable (genera **beneficios** suficientes y tiene **liquidez**) a través del plan de **financiación** (que recoge todas **inversiones** necesarias), las **cuentas previsionales de resultados** (gastos e ingresos) a 3 o 5 años y el plan de **tesorería** (que muestra la liquidez de su negocio).
9. **Forma jurídica.** Marta y Marcos han decidido constituir una comunidad de bienes para explotar su negocio.

Actividades

8. Explica la diferencia entre *idea* y *oportunidad de negocio*.

9. Haz un breve listado sobre lo que debería incluir un plan de empresa basado en un estudio de mercado que revele la necesidad de un polideportivo en un determinado barrio.

10. ¿Por qué se utilizan como sinónimos los conceptos de *plan de empresa* y *proyecto empresarial*?

5. La tecnología, clave de la innovación

La innovación tecnológica ha sido clave para la evolución de la humanidad desde la invención de las primeras técnicas y herramientas en la Edad de Piedra; si bien en aquellos tiempos remotos la tecnología no tenía un fin económico sino de supervivencia. No fue hasta el Neolítico (10 000 a. C.) cuando el ser humano empezó a utilizar la tecnología con fines económicos y pasó de ser depredador a convertirse en productor y comercializar con los excedentes de alimentos.

A lo largo de la historia las grandes oportunidades de negocio han partido de la tecnología. Si analizamos los distintos sectores económicos, nos daremos cuenta que todos ellos han surgido a partir de la innovación tecnológica.

5.1. La tecnología en los diferentes sectores

5.1.1. La tecnología en el sector primario

La observación permitió a los seres humanos inventar en el Neolítico el dominio de la reproducción de especies vegetales y animales, lo que constituye el cambio tecnológico más decisivo y de mayor impacto de la historia.

- **Ganadería.** Los humanos del Neolítico descubrieron la técnica de capturar animales vivos, domesticarlos y criarlos en cautividad para utilizarlos a voluntad. Ya no dependían de la caza y aumentaban así sus posibilidades de alimentación y sus expectativas de vida. En la actualidad, los avances tecnológicos como robots de ordeño, que permiten ordeñar a miles de vacas en menos tiempo, reducen costes de personal y evitan la contaminación atmosférica, ya que los procesos de control son mucho más exhaustivos.
- **Agricultura.** La necesidad humana de cultivar la tierra y cambiar su dieta surgió cuando las proteínas animales comenzaron a escasear por el cambio climático y por la caza desmedida. Gracias a la revolución neolítica, se pasó de la recolección a la técnica de plantación de las primeras semillas de trigo, cebada, mijo, guisantes, lentejas, garbanzos..., a regarlas, abonarlas y controlar su crecimiento y producción. Para lo que se desarrollaron distintas herramientas como hachas, azadas, hoces..., y más tarde, el arado.

  Las cosechas eran mucho más costosas antes de que aparecieran las primeras cosechadoras y tractores (siglo XIX), el riego automático (siglo XX) y otros avances tecnológicos que han hecho que aumente la producción agrícola.
- **Pesca.** Es una de las actividades más antiguas de la humanidad. La innovación tecnológica introdujo la utilización de troncos para flotar en el agua; después, el remo para avanzar; posteriormente se aprovechó la fuerza del viento para impulsar las naves y se inventó el timón. La sustitución de las barcas por el barco con motor ha hecho que los pescadores puedan recorrer mayores distancias en menos tiempo y capturar mayor cantidad de pescado. Algo tan sencillo como los motores y poleas hacen posible la captura de peces de mayor tamaño y peso en redes, que antes no se podía llevar a cabo.

La agricultura y la ganadería trajeron los cambios más radicales a la vida de los seres humanos: pasamos de ser depredadores a convertirnos en **productores**, es decir, a generar nuestros propios alimentos para reponer los consumidos; por lo que nos volvimos **sedentarios** y creamos los primeros poblados estables, origen de las **ciudades**; surgió el **trabajo** y las **clases sociales**; y el **excedente** de producción permitió la aparición del **comercio**, por medio del trueque.

Vocabulario

Tecnología: conjunto de ideas, conocimientos, estudios que son materializados en un bien o servicio viable y que cubre las expectativas de la sociedad.

Saber más

La tecnología en el origen de la caña de pescar

Cuentan las leyendas japonesas que en el primer siglo de la era actual, la emperatriz Zingo elaboró un anzuelo con una aguja, utilizó granos de arroz como cebo y con un hilo de uno de sus trajes confeccionó la cuerda con la que lo amarró a una larga vara; con estos avíos fue como capturó una trucha en uno de los ríos cercanos.

(*El Heraldo de Concordia*, 7/01/2014)

5.1.2. La tecnología en el sector secundario

El sector secundario transforma, a través de la tecnología, la materia prima en productos de consumo. A él pertenecen:

- La artesanía
- La minería
- La industria
- La construcción
- La generación de energía

El desarrollo de la industria, en detrimento de la artesanía, se debe principalmente a la aparición a finales del siglo XVIII de una nueva tecnología (la máquina de vapor), que fue la desencadenante de la Revolución Industrial. Con la combinación del trabajo de las personas, las máquinas y las nuevas fuentes de energía se pusieron en marcha grandes fábricas donde se elaboraban todo tipo de productos. Surgió así la producción en serie, lo que permitía producir grandes cantidades de productos manufacturados, cada vez más complejos, para atender a las crecientes necesidades de la sociedad, en menor cantidad de tiempo y con menos costes. Las máquinas se han hecho cada vez más sofisticadas y han ido sustituyendo a la mano de obra, que se ha ido reduciendo progresivamente, mientras que el sector industrial no ha parado de crecer y transformarse.

Más tarde, las nuevas tecnologías se han incorporado a los procesos de fabricación, montaje, acabado y a una cadena de montaje más eficiente.

5.1.3. La tecnología en el sector terciario

Del mismo modo, la tecnología ha desempeñado un papel fundamental en el desarrollo del sector terciario, que engloba todas aquellas actividades que no producen bienes materiales sino servicios, es decir, están encaminadas a satisfacer las necesidades inmateriales de las personas: comercio, comunicaciones, sanidad, educación, finanzas, transporte, turismo, hostelería, ocio, cultura, servicios públicos, mantenimiento y limpieza, atención y cuidado de personas...

Ejemplo

Si pensamos en un restaurante, la tecnología nos permite tener mejores utensilios en la cocina, así como lavaplatos, frigoríficos, congeladores y cocinas más eficaces. Los avances informáticos han creado todo tipo de programas para gestionar el stock, los pedidos, la facturación o la contabilidad e, incluso, anotar las comandas de los clientes en una pequeña agenda electrónica que manda la orden directamente a la cocina, evitando así pérdidas de tiempo y confusiones en los pedidos. Asimismo, gracias al desarrollo de aplicaciones para los *smartphones*, los clientes pueden reservar por internet, localizar los restaurantes más cercanos según la especialidad de la cocina y el precio que estén dispuestos a pagar a través de distintas aplicaciones como Google Maps o fotografiar, calificar y mostrar públicamente sus opiniones sobre un restaurante en internet.

La revolución tecnológica de la sociedad de la información y la comunicación, los avances informáticos, pero sobre todo internet, han supuesto una interconexión global de todas las empresas que pueden comunicarse y prestar sus servicios desde cualquier lugar y en cualquier parte del mundo.

5.2. La tecnología en la empresa

En los últimos años se han realizado estudios que demuestran que la tecnología sigue influyendo y cambiando nuestros sistemas de trabajo, los procesos, los productos, la forma de comprar y vender, y cada vez son más las personas que creen que dentro de unos años las cosas ya no se parecerán a como son hoy. La tecnología está modificando la forma de trabajar, cada vez más personas trabajan desde casa. Las ventas por internet también están aumentando cada año, lo que revoluciona la forma de comprar y vender, mejores comunicaciones, formas de pago más cómodas y seguras gracias a estos cambios tecnológicos. Las empresas deben adaptarse a esta evolución para no caer en el olvido.

Vocabulario

Tecnología: conjunto de ideas, conocimientos, estudios que son materializados en un bien o servicio viable y que cubre las expectativas de la sociedad.

Ejemplo

Si los clientes se acostumbran a pagar con tarjetas de crédito o débito y en un establecimiento concreto solo se puede pagar en efectivo, habrá muchas personas que dejen de entrar en el establecimiento, ya que les supondrá un problema la forma de pago.

5.3. La tecnología y las áreas de aplicación

La tecnología está presente en todos los aspectos de nuestras vidas y, por tanto, en todas las áreas de las empresas. No hay ningún ámbito que no se haya visto, se esté viendo o se pueda llegar a verse mejorado por la tecnología. Si intentáramos hacer un listado de todas estas áreas, nos llevaría varias páginas. Por eso las hemos resumido en dos tipos, según expone Tomás Buch en su libro *El Tecnoscopio* (1996):

Tecnología
- **Básica**: Toda aquella tecnología que cambia la base; por ejemplo, cambia los materiales, la energía o crea productos como internet, las ondas de comunicaciones, etc.
- **De aplicación**: Es todo producto o servicio que necesita de la tecnología base para existir.

Ejemplo

Gracias a internet (tecnología básica) se han podido desarrollar herramientas como las videoconferencias (tecnología de aplicación) que mejoran las comunicaciones entre empresas, al poder realizar reuniones entre miembros de diferentes zonas geográficas sin la necesidad de tener unos altos costes en transporte.

Actividades

11. ¿Cómo han influido los progresos tecnológicos en la evolución del sector terciario?

12. ¿En qué sector crees que ha tenido más repercusión el cambio tecnológico, en el primario o en el secundario? Justifica tu respuesta.

13. Nombra cinco cambios tecnológicos que se hayan producido en las empresas en los últimos años.

14. El sector de la decoración se ha visto mejorado por las nuevas técnicas, por ordenadores de diseño de interiores. Identifica cuál es la tecnología base y la de aplicación.

PRÁCTICA PROFESIONAL INICIAL RESUELTA

La innovación en el sector vitivinícola

1. **Identifica las cualidades que como emprendedor y como innovador posee Nicolás.**
   - **Creatividad.** Desde niño, Nicolás siempre fue muy observador y con una enorme curiosidad por todo lo que le rodeaba; trabajando en el campo y observando el periodo de maduración de la uva y los problemas que planteaba su cuidado fue capaz ofrecer nuevas soluciones.
   - **Visión (innovación constante).** A lo largo de su vida ha identificado oportunidades de negocio y ha ido por delante del sector: en 1975 comenzó junto a otros emprendedores a poner en valor el potencial de los vinos de su región hasta que en 1982 se reconoció la D. O. Ribera del Duero; fue el primero en implantar en los viñedos sensores de humedad, temperatura, viento y nutrientes, e introdujo la vendimia nocturna que están incorporando ahora el resto de bodegas de la zona.
   - **Capacidad para asumir riesgos.** Nicolás asume riesgos cada vez que pone en marcha sus ideas innovadoras ya que se enfrenta a la incertidumbre de si tendrán éxito o no y, en consecuencia, desconoce si rentabilizará la inversión o lo perderá todo. Junto a estos éxitos, seguro que Nicolás ha tenido que superar numerosos fracasos de los que ha sabido aprender lo suficiente.
   - **Flexibilidad y adaptación al cambio.** Es consciente de lo que ha cambiado el mundo y cómo ha evolucionado el sector vitivinícola: antes regaban una por una las vides y, en la vendimia, trabajaban miles de personas. Ha elegido actuar con flexibilidad y ser él mismo el motor del cambio.
   - **Proactividad.** En la trayectoria empresarial de Nicolás ha sido una constante tomar la «iniciativa». para organizar los recursos necesarios y poner en marcha y hacer realidad esa idea innovadora.
   - **Perseverancia.** Ser viticultor es un compromiso a largo plazo, ya que los resultados no son inmediatos: las vides tardan de 3 a 6 años en empezar a dar uva y, a medida que envejecen, producen menos cantidad, pero la calidad del vino es mejor. Luego hay que ser paciente porque en elaborar el vino se tarda entre 12 meses y más de 60, según sea su proceso de crianza. Además, Nicolás perseveró hasta conseguir la denominación de origen y, treinta años después, en 2012, Ribera del Duero fue elegida mejor D. O. del mundo por The Wine Star Awards, «los Oscar del mundo del vino».
   - **Liderazgo.** Nicolás es capaz de convencer a los demás para que crean en sus ideas y motivar a sus empleados para que trabajen en equipo y consigan unos objetivos comunes.

2. **Explica qué tipo de líder es Nicolás.**

   Es un líder democrático, ya que pregunta a sus empleados y valora sus opiniones, es decir, no impone su voluntad, sino que antes de tomar una decisión hace partícipes a todos los trabajadores, de ese modo se sienten más comprometidos con la empresa y colaboran de forma más eficaz.

3. **¿Qué clase de motivación aplica Nicolás en su empresa?**

   Motivación personal: tiene en cuenta las opiniones de las personas, que sienten que su contribución es importante. *Motivación económica:* les incentiva con bonos de 200 € por el trabajo bien realizado.

4. **¿Cuál ha sido la oportunidad de negocio a la que hace referencia el texto?**

   Nicolás ha detectado el momento propicio o favorable para que fuera concedida la D.O., así como para introducir con éxito sensores de humedad, temperatura, etc., y la vendimia nocturna.

5. **¿Cómo ha influido la tecnología en el negocio? ¿En qué sector ha afectado esta tecnología?**

   Las nuevas tecnologías han influido en la viticultura (sector primario) y en la producción de vino (sector secundario) ya que ha conseguido evitar pérdidas de las cosechas, ahorrar dinero, reducir costes de personal y mejorar la calidad de la uva y, por consiguiente, del vino. Como las bodegas generalmente también cultivan sus propias viñas, al conjunto se le denomina *sector vitivinícola*.

PRÁCTICA PROFESIONAL RESUELTA

Un táper autocalentable

Desiré ha estado 5 años investigando cómo hacer más cómoda la hora de comer de las personas que deben llevarse un táper con la comida a la oficina. En la mayoría de las empresas hay microondas para calentarla, pero en ocasiones se forman colas y, además, la comida puede coger olores de los alimentos anteriormente calentados.

En primer lugar pensó en un aparato que absorbiera el olor del microondas, pero eso no solucionaba la espera en la cola para poder utilizarlo. Después de varios intentos fallidos tuvo la idea reveladora: fabricar un táper con un líquido en las paredes que, al agitarlo, se caliente y, por tanto, en dos minutos la comida esté en la temperatura ideal para ser consumida.

Este éxito ha sido posible gracias a las capacidades de Desiré, una persona inconformista que se esfuerza y no se da nunca por vencida, que arriesga sus ahorros para investigar y poner en marcha nuevos proyectos y que, en cuanto que tiene una idea, la lleva a cabo con mucho ahínco. Pero esto no es todo: ha conseguido que otras personas crean en su idea y ha sabido rodearse de un equipo muy eficaz y motivarlo para llegar a la meta prevista. El ambiente de trabajo era muy profesional: todos tenían marcados unos objetivos muy claros, se esforzaban al máximo y respetaban las decisiones de Desiré ya que en caso contrario podían ser sancionados. Pero cada vez que uno de ellos hacía un progreso importante, Desiré les recompensaba con dos días libres.

Se pide:

1. ¿Qué tipo de líder es Desiré?
2. ¿Cómo motiva a sus empleados?
3. ¿Qué cualidades tiene Desiré para que la gente considere que es una innovadora?
4. Intenta realizar una lluvia de ideas (al menos 5 nombres diferentes) para la elección del nombre del producto. Realizad un debate en clase con los 5 nombres de cada compañero y elegid el más adecuado.

Soluciones:

1. Después de estudiar los diferentes tipos de líder, podríamos concluir que Desiré es una líder autocrática. En ocasiones es difícil identificar un tipo u otro, ya que el ser humano a veces participa de las características de distintos grupos; sin embargo, el texto nos proporciona una clave importante: los empleados hacen lo que se les ordena porque, en caso contrario, pueden ser sancionados; es decir, obedecen por miedo, y eso es una característica fundamental del líder autocrático.
2. Utiliza la motivación de tiempo, es decir, en las ocasiones en que desea felicitar a un empleado le concede dos días libres, lo que sirve de motivación al resto para intentar conseguir lo mismo.
3. Desiré tiene muchas cualidades: es inconformista, se esfuerza, arriesga sus ahorros. Si tenemos que nombrar las cualidades de un innovador, podríamos decir que Desiré es motivadora, perseverante, líder y capaz de asumir riesgos.
4. Se trata de una actividad de respuesta libre: a través de esta la técnica de la lluvia de ideas, vista en la unidad, desarrollarás tu creatividad y tu capacidad para trabajar en equipo.

TEST DE EVALUACIÓN

RESUELVE EN TU CUADERNO O BLOC DE NOTAS

1. De la creatividad podemos decir que...

a) Nace de la imaginación.

b) Es un pensamiento original.

c) Se puede desarrollar.

d) Todas las respuestas anteriores son correctas.

2. El *brainswarming* es...

a) La evolución de la lluvia de ideas.

b) Una tecnología innovadora.

c) La palabra inglesa que describe la lluvia de ideas.

d) La palabra inglesa que describe el método Delphi.

3. La diferencia fundamental entre la *lluvia de ideas* y el *enjambre de ideas* es que...

a) En el enjambre de ideas se aportan las ideas de forma anónima y en la lluvia, no.

b) En la lluvia de ideas se aportan las ideas de forma anónima y en el enjambre, no.

c) En la lluvia de ideas se realiza un mapa conceptual relacionando las ideas de forma visual.

d) En el enjambre de ideas se coloca una tabla y analizamos los componentes de la idea.

4. Se especifican los componentes, las propiedades y las mejoras en...

a) El método Delphi.

b) La tabla de propiedades.

c) La lluvia de ideas.

d) El enjambre de ideas.

5. «Acción que convierte una idea en un proyecto sólido» es la definición de...

a) Plan de empresa.

b) Proyecto de empresa.

c) Oportunidad de negocio.

d) Tecnología.

6. Las 4P del marketing son...

a) Precio, promoción, distribución y producto.

b) Envase, tamaño, venta y postventa.

c) Definir los clientes potenciales, satisfacer las necesidades, poner precio y servicio postventa.

d) Producto, distribución, publicidad, descuentos.

7. La primera fase en un plan de empresa es...

a) Buscar el producto.

b) Definir la campaña publicitaria.

c) Hacer un estudio de mercado.

d) Fijar los precios.

8. Es característica del sector terciario el siguiente cambio tecnológico:

a) Autómatas en la cadena de montaje.

b) Televisores de pantalla plana.

c) Cosechadoras.

d) Tarjeta abono transporte.

9. El método Delphi es adecuado para...

a) Elegir nombres, marcas...

b) Solucionar problemas.

c) Mejorar un producto.

d) Ninguna de las respuestas anteriores.

10. La definición de *tecnología de aplicación* podría ser...

a) Tecnología creada gracias a la tecnología base.

b) Tecnología en la materia prima, energía y otros elementos básicos.

c) Tecnología diferenciadora.

d) Tecnología con gran repercusión.

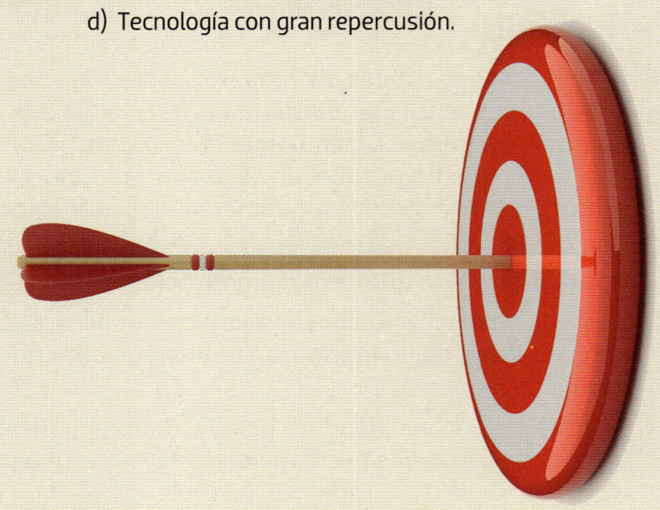

ACTIVIDADES FINALES

1. Identifica las cualidades de un innovador en los siguientes casos:
   a) Sergio se dio cuenta que los alumnos perdían continuamente los bolígrafos, por lo que decidió fabricarlos con un espacio para poner el nombre del dueño.
   b) Sofía investigó el proceso de producción de las orquídeas y observó algunas medidas para mejorarlo.
   c) Cristina lleva investigando durante más de un año un esmalte especial para uñas, de manera que, si al pintarlas, el esmalte sobrepasa el área de la uña, la pintura no se quede en la piel, sino que se elimine fácilmente con agua sin dañar el de la uña; aún no ha encontrado la fórmula adecuada, pero seguirá insistiendo.

2. ¿Cómo es una persona proactiva? Defínelo incluyendo algún ejemplo.

3. Di qué tipo de motivación aparece en los siguientes casos:
   a) Se da un bono de 100 € al mejor empleado del mes.
   b) Se da un día libre al empleado que cumpla determinados objetivos.
   c) Se da una placa al empleado del mes y se expone la foto del empleado por la oficina.
   d) Se dan regalos a final de año a los empleados con más ventas.

4. Juan es el responsable y supervisor de un equipo en una imprenta, no suele dar órdenes, es un compañero más, pero cuando es necesario explica la situación y pide consejo a todos los empleados. En muy pocas ocasiones da órdenes o pone sanciones, aunque en algún caso concreto lo ha tenido que hacer. ¿Crees que es un buen líder? En caso afirmativo, ¿qué tipo de líder es? ¿Puede ser varios tipos de líder a la vez? ¿En qué caso es cada tipo de líder?

5. Vamos a crear un teléfono móvil para niños y queremos elegir un nombre adecuado. ¿Qué método para la selección de ideas tomarías?

6. Una importante empresa de refrescos ha conseguido producir una bebida con sabor a pera y coco. Pero hay que decidir cómo será el envase. Explica qué métodos utilizarías para generar ideas.

7. ¿Qué diferencias existen entre *idea* y *oportunidad de negocio*? Pon un ejemplo.

8. Realiza un breve plan de empresa sobre la viabilidad de la siguiente idea: crear unas botas de agua con tacón.

9. Gracias al riego automático María no tiene que ir todos los días a su invernadero a regar sus plantas. ¿Dónde y cómo ha influido el avance tecnológico en la vida de María?

10. Define qué es la *tecnología* y cómo ha influido en el sector servicios o terciario.

11. ¿Cómo ha influido la tecnología en la empresa?

12. ¿Qué diferencia hay entre la *tecnología básica* y *tecnología de aplicación*? Elabora la siguiente tabla en tu cuaderno y señala de qué tipo de tecnología se trata en cada caso.

Tecnología	Básica	De aplicación
Polea		
Ordenadores		
Motor		
Coche		
Placa solar		

CUADERNO

PRÁCTICA PROFESIONAL PROPUESTA 1

El bitcóin

La crisis financiera de 2008 hizo plantearse a muchas personas la necesidad de inyectar liquidez en los mercados. Así, si las personas tuvieran dinero, lo podrían gastar, y el flujo circular de la renta ayudaría a salir de la crisis; sin embargo, los bancos centrales de cada país, que son los que deciden la cantidad de dinero que ponen a disposición de los ciudadanos, no pueden aumentar la oferta monetaria sin más, ya que aumentaría la inflación (subida continuada de los precios).

Satoshi Nakamoto es el seudónimo de la persona o personas que crearon en el año 2009 el bitcóin, una moneda digital que está revolucionando el mercado. Aún hoy no se conoce con exactitud quiénes fueron los creadores de esta moneda, pero Gavin Andresen es actualmente la persona encargada de la evolución del bitcóin.

Gracias a los avances tecnológicos las compras vía internet han aumentado en los últimos años y las formas de pago han ido cambiando, pero siempre era necesario la intervención de un tercero, ya sea el banco para hacer la transferencia o una empresa de Paypal. Con el bitcóin esto no es necesario: se caracteriza por ser una moneda descentralizada, ya que no cuenta con el respaldo de ningún gobierno ni depende de la confianza de un emisor central.

La elección del nombre para la moneda no fue fácil, debe ser un nombre pegadizo, fácil, en este caso *bit* ('dígito binario', medida de la capacidad de almacenamiento en las memorias digitales) y *coin* ('moneda' en inglés): *bitcoin*.

Además de las unidades monetarias (bitcoines), se ha desarrollado el sistema Bitcoin, que es una innovadora red de pagos, pues usa la tecnología P2P, *peer to peer* ('de usuario a usuario' o entre pares), para operar sin una autoridad central o bancos; la gestión de las transacciones y la emisión de bitcoines es llevada a cabo de forma colectiva por la red. Bitcoin es una red de código abierto; su diseño es público, nadie es dueño o controla Bitcoin y todo el mundo puede participar, ya que permite usos interesantes no contemplados por ningún sistema de pagos anterior.

Existen muchas ventajas: rápidas operaciones entre pares, seguridad y facilidad, pagos en todo el mundo, comisiones muy bajas o inexistentes son las más valoradas por los usuarios; además nadie puede acelerar la producción de dinero ni usarlo de forma abusiva, ya que solo se genera una cantidad limitada de unidades a un ritmo y un valor definido con anterioridad y conocido por todos. Sin embargo, también hay detractores que ven grandes inconvenientes en esta moneda, ya que al ser una moneda creada de forma privada, no está bajo la supervisión de ningún gobierno y los tipos de cambio pueden fluctuar sin tener en cuenta la política monetaria de ninguna economía.

Se pide:

1. ¿Cómo ha influido la tecnología en este producto? ¿A qué sector pertenece?
2. ¿Cómo influye este medio de pago en las empresas? ¿Crees que puede ser una oportunidad de negocio para las empresas? ¿Cómo puede afectarlas?
3. Copia el siguiente esquema en tu cuaderno y complétalo de acuerdo a los tipos de tecnologías empleados:

4. Completa la siguiente tabla y pon los números según el orden del plan de empresa:

N.º de orden	Fase del plan de empresa	Ejemplo
....	....	La distribución es vía internet.
....	....	Se identificó la necesidad de una moneda que inyectara liquidez en época de crisis.
....	....	Se fija el tipo de cambio con el resto de monedas.
1	Estudio de mercado	Se realiza un estudio de la crisis y sus posibles soluciones.
....	....	Se crea el bitcóin.
....	....	Es necesario internet para que sea viable.
....	....	La publicidad se hace en páginas webs.

5. Lo más habitual para decidir el nombre es realizar una lluvia de ideas, propón 3 alternativas al nombre de la moneda, bitcóin.
6. Realiza una tabla en tu cuaderno donde contrastes las ventajas y los inconvenientes del bitcóin.
7. ¿Qué diferencias y similitudes encuentras con las primeras monedas creadas en la historia? ¿Y con el dinero fiduciario?
8. Debate en clase que pasaría si apareciesen otras monedas privadas como el bitcóin? ¿Sería bueno para la sociedad? ¿Qué pasaría con los precios?

PRÁCTICA PROFESIONAL PROPUESTA 2

Se acabó planchar

Con el avance tecnológico se crearon los primeros electrodomésticos que han ido evolucionando y perfeccionándose. La incorporación de la mujer al mercado laboral y la falta de tiempo para realizar las tareas domésticas han dado lugar a robots que facilitan estas labores, como robots de cocina o aspiradores que se pasean solos por la casa.

Jesús es un padre con dos niños pequeños que, un buen día mientras planchaba la colada de toda la familia, se dio cuenta de una importante necesidad de la sociedad actual: a nadie le gusta planchar. Como es una persona visionaria y proactiva, tuvo una idea que ofrecía solución al problema. Después de analizar la situación, vio el momento propicio para dejar de trabajar por cuenta ajena e invertir sus ahorros en esta idea y en emprender su propio negocio. A continuación creó un equipo de trabajo que lleva tres años investigando y probando distintos sistemas de planchado automático.

Sin embargo, algunos no son eficaces y otros resultarían demasiado caros (un armario con vapor de agua donde la ropa se cuelga en perchas con pesos que al secarse quedan sin ninguna arruga), por lo que siguen investigando hasta encontrar la mejor solución posible.

Jesús es muy querido por todo el equipo porque, aunque desde el primer momento ha dejado claro que él es quien dirige el proyecto, valora a sus empleados y cuenta con ellos a la hora de tomar cualquier decisión. Además, les ha ofrecido un 3 % de las ventas del producto si tiene éxito. Jesús es el que asume todos los costes de la investigación.

Se pide:

1. ¿Qué tipo de líder es Jesús?
2. ¿Cómo motiva a sus empleados?
3. ¿Qué cualidades tiene Jesús como emprendedor?
4. Intenta completar la siguiente tabla para mejorar el invento de Jesús.

Componentes	Propiedades	Mejoras
Depósito de agua	Vidrio	....
Calentador	Termostato eléctrico con resistencias de alto consumo	....
Precio	Muy elevado	....

EN RESUMEN

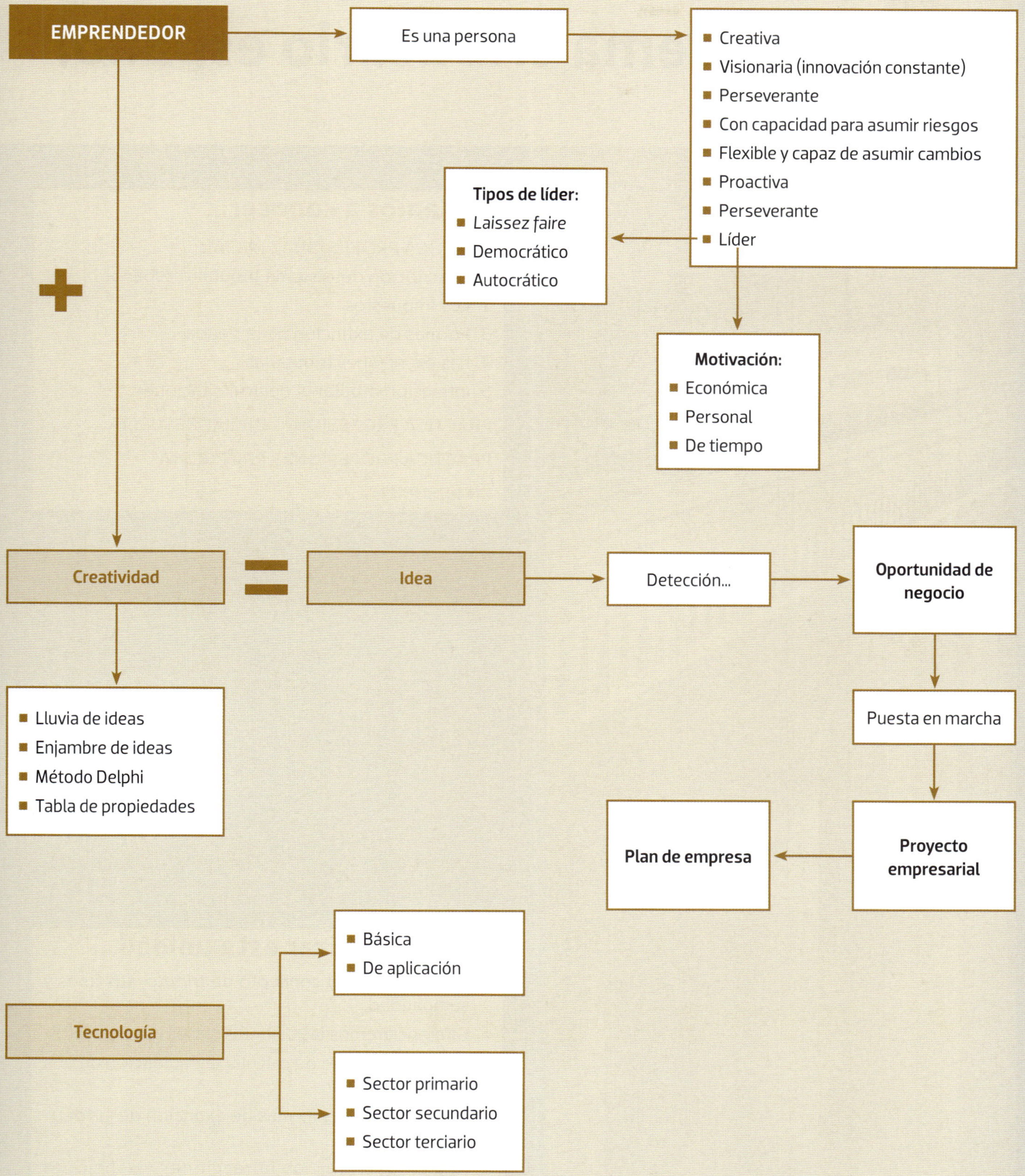
EMPRENDEDOR
Es una persona
Creativa
Visionaria (innovación constante)
Perseverante
Con capacidad para asumir riesgos
Flexible y capaz de asumir cambios
Proactiva
Perseverante
Líder
Tipos de líder:
Laissez faire
Democrático
Autocrático
Motivación:
Económica
Personal
De tiempo
+
Creatividad
=
Idea
Detección...
Oportunidad de negocio
Puesta en marcha
Proyecto empresarial
Plan de empresa
Lluvia de ideas
Enjambre de ideas
Método Delphi
Tabla de propiedades
Tecnología
Básica
De aplicación
Sector primario
Sector secundario
Sector terciario

4 El sistema tributario español

Vamos a conocer...

Y al finalizar esta unidad...

- Conoceremos el concepto de *tributo*, sus tipos y su finalidad.
- Diferenciaremos las distintas clases de impuestos.
- Seremos capaces de calcular la liquidación de una declaración.
- Analizaremos las formas de extinción de las deudas tributarias.
- Relacionaremos las infracciones y sanciones tributarias.

Práctica profesional inicial

Situación de partida

Óscar es el alcalde de una pequeña población de Huesca, en la cual el pleno municipal ha aprobado por unanimidad cambiar las farolas del Barrio Alto de esta localidad. Las nuevas farolas tendrán un sistema de encendido automático con detección de presencia, de ese modo se prevé que disminuirá en un porcentaje muy importante el consumo energético del alumbrado público al no permanecer durante toda la noche la luz de las calles encendida, y de esta manera ahorrarán mucho dinero en la factura de electricidad.

Clara, la teniente de alcalde, cree que lo mejor es imponer una tasa a los vecinos de esa zona, pero Óscar considera que, en este caso, lo que corresponde es una contribución especial.

Por otra parte, el pleno del Ayuntamiento acuerda también por mayoría hacer un examen para contratar a las personas mejor formadas para quitar las antiguas farolas e instalar las nuevas. Para ello Óscar considera que se debe crear un impuesto para todos aquellos que deseen presentarse al examen, pero una vez más Clara no está de acuerdo: cree que lo mejor sería establecer una tasa para el examen.

Por otra parte, algunos vecinos están exentos del pago de este tributo: Rocío es una vecina del barrio donde instalarán las farolas, pero no pagará el tributo por ser familia numerosa, como tampoco pagará el tributo Serafín, ya que vive en otra zona del municipio.

Estudio del caso

1. ¿Quién crees que tiene razón sobre el tributo que se debe aplicar a los vecinos del barrio donde se va a desarrollar el nuevo proyecto?
2. ¿Y sobre el tributo que deben pagar los aspirantes al trabajo?
3. ¿Por qué motivo no pagan el tributo Rocío y Serafín? ¿Qué nombre tienen esas opciones?

1. Descripción del sistema tributario español

Como ya vimos en la unidad 1, el Estado es uno de los tres agentes económicos y desempeña cuatro funciones fundamentales en la economía:

- **Legislativa:** a través de normas jurídicas, el Estado interviene en las variables macroeconómicas (prima de riesgo, inflación, tipos de interés, empleo, balanza de pagos...) y estabiliza así la actividad económica del país.
- **Asignativa:** puesto que destina y asigna los ingresos recaudados para facilitar a los ciudadanos determinados servicios públicos: carreteras, transporte público, energía, Justicia, sistema educativo, etc. Cada año, la relación entre los ingresos y los gastos del Estado constituye los Presupuestos Generales del Estado.
- **Igualitaria:** a través de ayudas y subvenciones busca disminuir las desigualdades sociales y distribuir la riqueza entre regiones y grupos desfavorecidos.
- **Fiscal:** mediante la recaudación de los tributos que pagan los ciudadanos financia gran parte de los gastos públicos.

El **sistema tributario** es la organización administrativa por la cual el Estado obtiene ingresos a través de los tributos que pagan los ciudadanos y las empresas para el sostenimiento del gasto público y, de esta manera, regular la economía del país y alcanzar la estabilidad y el crecimiento.

Agencia Tributaria

Navega

Entra en la web de la Agencia Tributaria para que puedas ver toda la información relativa a los tributos y su historia.

- <http://bit.ly/2j7EbAF>

Doble composición de la serie 730 de Renfe cruzando el viaducto de Martín Gil cerca de Zamora. Fotografía: Kabelleger / David Gubler.

Los **tributos** son el dinero que los contribuyentes deben pagar con carácter obligatorio al Estado y cuya finalidad es contribuir a la mejora de la sociedad.

Esta forma de obtener ingresos por parte del Estado existe desde las antiguas civilizaciones de Grecia y Roma, que subvencionaban las guerras con aranceles. No fue hasta 1845 cuando España unificó su sistema tributario y se eliminaron diferentes tributos, como los diezmos, para fomentar el desarrollo social y el crecimiento.

1.1. Principios del sistema tributario español

La ley que regula el sistema tributario español es la **Ley 58/2003, de 17 de diciembre, General Tributaria,** de aplicación a todas las Administraciones tributarias y que se ha adaptado a los cambios que ha experimentado nuestra sociedad.

Eurocopter AS-365N Dauphin (EC-IGM) despegando del aeropuerto de Vigo, del Servicio de Vigilancia Aduanera (SVA) de la Agencia Tributaria, un cuerpo policial encargado de perseguir el contrabando, el blanqueo de capitales y el fraude fiscal. Fotografía: Contando Estrellas.

Saber más

Aduanas

Las aduanas son las fronteras territoriales donde se declaran aquellos productos que van a salir o entrar en una zona territorial diferente y, por tanto, deben cumplir unas medidas especiales, en ocasiones pagando tasas o impuestos aduaneros específicos.

El 1 de enero de 1992 se crea la **Agencia Tributaria** como una organización dependiente del Ministerio de Economía y Hacienda. Sus funciones principales eran facilitar el pago por parte de los ciudadanos de los diferentes tipos de tributos, así como luchar contra el fraude. Se ponen a disposición de los ciudadanos programas especiales para facilitar el cálculo de impuestos como es el caso del Programa PADRE.

El dinero que se recauda se divide entre la Administración central y las comunidades autónomas para poder pagar servicios públicos (como los hospitales, los colegios, la construcción de carreteras...) y los salarios de funcionarios (como bomberos, policías, médicos o profesores).

El sistema tributario español está basado en cinco principios fundamentales:

Saber más

Infracción tributaria y delito fiscal

Es conveniente saber que la infracción tributaria se convierte en delito fiscal cuando el importe defraudado supera los 120 000 euros, o 50 000 euros si se defrauda a la Seguridad Social, a la Hacienda o presupuestos de la Unión Europea).

Principios del sistema tributario español

- **Equidad**: Todos los españoles son iguales a la hora de pagar tributos.
- **Justicia**: A la hora de determinar el importe de los tributos se tendrá en cuenta la capacidad económica de los ciudadanos.
- **Progresividad**: El importe de los impuestos será progresivo de acuerdo a la renta de los individuos.
- **No confiscatoriedad**: Los tributos no podrán superar a la renta o patrimonio gravados.
- **Legalidad**: El Estado es el único con potestad originaria para establecer tributos mediante leyes, según el artículo 133 de la Constitución española.

1.2. Tipos de tributos

No todos los tributos funcionan de la misma manera; a continuación vamos a diferenciarlos:

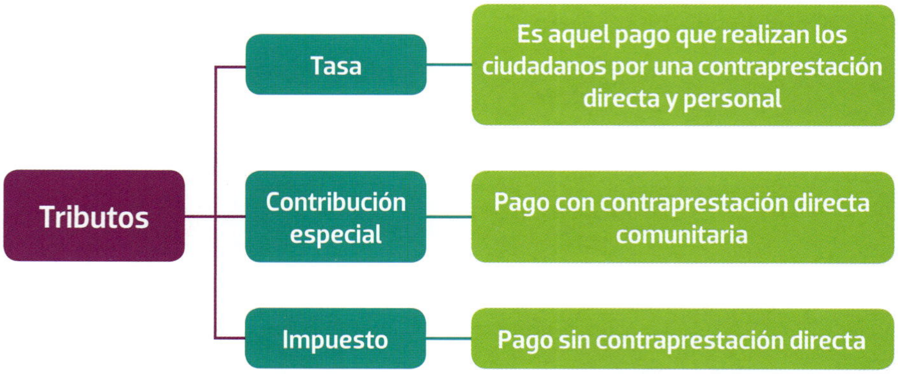

Saber más

La paga extra de los funcionarios

El Estado suprimió hace unos años la paga extra de los funcionarios para ahorrar dinero; sin embargo, contra todo pronóstico la Hacienda Pública perdió 407 millones de euros debido a las retenciones del IRPF que no pudo recaudar por las pagas no entregadas a los funcionarios.

Ejemplo

Estos tres tipos de tributos los comprenderemos mejor con un ejemplo:

- El ciudadano que paga una **tasa** tiene un derecho adquirido de forma personal, es decir, si Paula paga la tasa para presentarse al examen de conducir, puede realizar el examen, pero su vecino Pablo no podrá presentarse si no paga la tasa correspondiente.
- Hace años se pagaba una **contribución especial** por tener alumbrado en las calles. Este tributo solo lo pagaban las personas propietarias de viviendas situadas en las calles en las que había farolas; las calles sin alumbrado no pagaban este tributo. Sin embargo, si Pablo no lo paga, se le reclamará, pero seguirá disfrutando de la luz en su calle. Por ello, aún hay personas que siguen diciendo que deben pagar la «contribución» del piso, aunque actualmente ya es un impuesto y no una contribución especial.
- El **impuesto** es el pago sin contraprestación directa, por ejemplo, pagamos el IVA al comprar el pan, un electrodoméstico, ropa... Esos ingresos se destinan a construir carreteras e infraestructuras, a financiar el Sistema Nacional de Salud, el sistema educativo o la Justicia, a pagar los sueldos de los funcionarios públicos, etc.

Actividades

1. Explica qué clase de tributo aparece en los siguientes casos:

a) Pago por la recogida de basuras.

b) Pago sobre los beneficios de una empresa.

c) Pago para presentarse al examen de conducir.

d) Pago por los beneficios de actividades económicas.

e) Pago para la obtención de un título.

f) Pago por el valor añadido (aumento de riqueza generado por una operación de una empresa o profesional).

g) Pago para conservación de jardines.

h) Pago por rentas del trabajo.

2. Realiza una línea temporal que describa brevemente la vida de los tributos.

3. Define *tributo* y haz una breve redacción de por qué existen los tributos y cómo podría ser una sociedad en la que estos no existieran.

2. Los impuestos

Como ya hemos visto, los impuestos son una parte imprescindible de los ingresos del Estado. Vamos a clasificar los distintos tipos de impuestos en dos grupos.

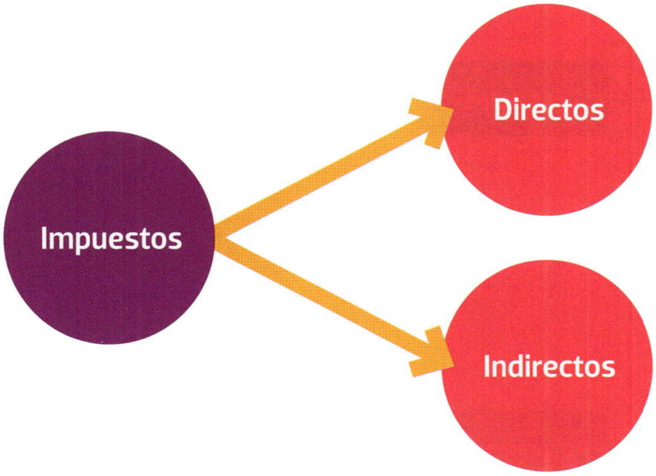

- **Los impuestos directos** son aquellos que gravan la capacidad económica, es decir, el patrimonio y las rentas de una persona o empresa (contribuyentes). Son impuestos que dependen de la riqueza de las personas y de sus circunstancias personales (pagan más quienes más tienen).
- **Los impuestos indirectos** son aquellos que no cambian en función de las características personales, sino que son iguales para todos. Gravan el consumo.

Caso práctico resuelto

Marisa trabaja como supervisora en una fábrica de zapatos, gana 24 000 € al año. Laura trabaja para Marisa y cobra 18 000 €. Ambas amigas salen un día de compras y compran el mismo vestido por 32 €.

Estas chicas pagan en su sueldo un impuesto directo como es el **IRPF** (impuesto sobre la renta de las personas físicas), que analizaremos con más detalle en los siguientes apartados, pero adelantamos que se trata de un impuesto que grava de forma progresiva según las rentas de los individuos y sus circunstancias personales. No podemos olvidar que es un impuesto **directo,** esto es, que depende de las características personales de las dos amigas, por lo que Marisa al cobrar más, paga un porcentaje mayor. Por ejemplo:

- Marisa: 24 000 € (IRPF 18 %) = 24 000 × 0,18 = 4 320 €
- Laura: 18 000 € (IRPF 15 %) = 18 000 × 0,15 = 2 700 €

Como podemos comprobar Marisa paga 4 320 € al año por el IRPF, mientras que Laura paga 2 700 €. Marisa al cobrar un salario mayor también soporta un porcentaje mayor, el 18 % frente al 15 % de su amiga.

También han pagado otro impuesto, el **IVA** (impuesto sobre el valor añadido), esta vez **indirecto.** Han comprado un vestido de 32 € (más IVA).

32 € + 21 % (IVA) = 32 € × 0,21 = 6,72 €.

Ambas han pagado 38,72 € por el vestido, independientemente de la renta de cada una.

Saber más

Los impuestos como incentivo para las personas

Los impuestos son una de las fuentes de ingreso para las Administraciones públicas más importantes, pero algunas veces también sirven para incentivar a las personas a una actuación determinada, como en Finlandia, donde intentaron poner en marcha un impuesto sobre la obesidad para estimular que su población hiciera ejercicio y las personas estuvieran saludables, aunque finalmente no se aprobó debido a que era discriminatorio.

Saber más

Impuestos especiales

Debes saber que hay algunos impuestos especiales: estos son de carácter indirecto y se aplican únicamente en la fase de compra del producto. Son, por ejemplo, el impuesto a las bebidas alcohólicas o al tabaco.

2.1. Clasificación de los impuestos

Navega

La forma más sencilla de realizar la declaración del IRPF es confirmando el borrador o realizando la declaración a través del programa de ayuda que la Agencia Tributaria pone a disposición del contribuyente.

- <www.agenciatributaria.es>.

Tipos de impuestos

- **Directos**
  - **Estatales**
    - IRPF (impuesto sobre la renta de las personas físicas)
    - IRNR (impuesto sobre la renta de no residentes)
    - IS (impuesto sobre sociedades)
  - **Autonómicos**
    - ISD (impuesto sobre sucesiones y donaciones)
    - IP (impuesto sobre patrimonio)
  - **Locales***
    - IAE (impuesto sobre actividades económicas)
    - IBI (impuesto sobre bienes inmuebles)
    - IVTM (impuesto sobre vehículos de tracción mecánica)
- **Indirectos**
  - **Estatales**
    - IVA (impuesto sobre el valor añadido)
    - Impuestos especiales (matriculación de vehículos, bebidas alcohólicas, tabaco, hidrocarburos y electricidad)
    - Renta de aduanas
  - **Autonómicos**
    - ITP y AJD (impuesto sobre transmisiones patrimoniales y actos jurídicos documentados)

* Estos tres impuestos locales son exigibles en todos los ayuntamientos, pero existen otros facultativos, dentro de los cuales el más importante es el IIVTNU (impuesto sobre el incremento de valor de los terrenos de naturaleza urbana), la famosa «plusvalía».

2.2. Partes del impuesto

Para poder entender el funcionamiento de los impuestos, que vamos a estudiar a fondo en las próximas unidades, tenemos que conocer el vocabulario que nos ayuda a diferenciar las personas implicadas y las partes de un impuesto.

Sujeto activo

→ Llamamos así a la oficina recaudadora del impuesto, ya sea la Agencia Tributaria, un determinado ayuntamiento, etc.

Sujeto pasivo

→ Son las personas naturales o jurídicas que tienen la obligación de realizar el pago del impuesto. Por ejemplo: una empresa, un trabajador...

Hecho imponible

→ Es el motivo por el que el impuesto nace. Por ejemplo, el hecho imponible del IVA es realizar una compra.

Ámbito de aplicación

→ Es la zona geográfica donde el impuesto se desarrolla, como un determinado municipio.

Periodo impositivo

→ Tiempo de cómputo del impuesto. En el impuesto del IRPF sería el año natural, por ejemplo.

Devengo

→ Momento temporal en el que aparece la obligación y la exigibilidad del impuesto. En el IRPF sería el 31 de diciembre que es la fecha de referencia para el impuesto.

Tipo impositivo

→ Porcentaje del impuesto, en el caso del IVA general actualmente es el 21 %.

Base imponible

→ Es la cantidad que resulta de la aplicación y medición del hecho imponible.

Base liquidable

→ Es el resultado de aplicar las reducciones a la base imponible.

Cuota íntegra

→ Es el resultado de aplicar a la base liquidable el tipo impositivo.

Cuota líquida

→ Resulta de restar determinadas deducciones o bonificaciones a la cuota íntegra.

Cuota diferencial

→ Es la diferencia entre la cuota líquida y las retenciones y pagos a cuenta.

2.3. Cálculo del impuesto

Es necesario que sepamos la forma general de calcular un impuesto, el siguiente esquema nos lo explica:

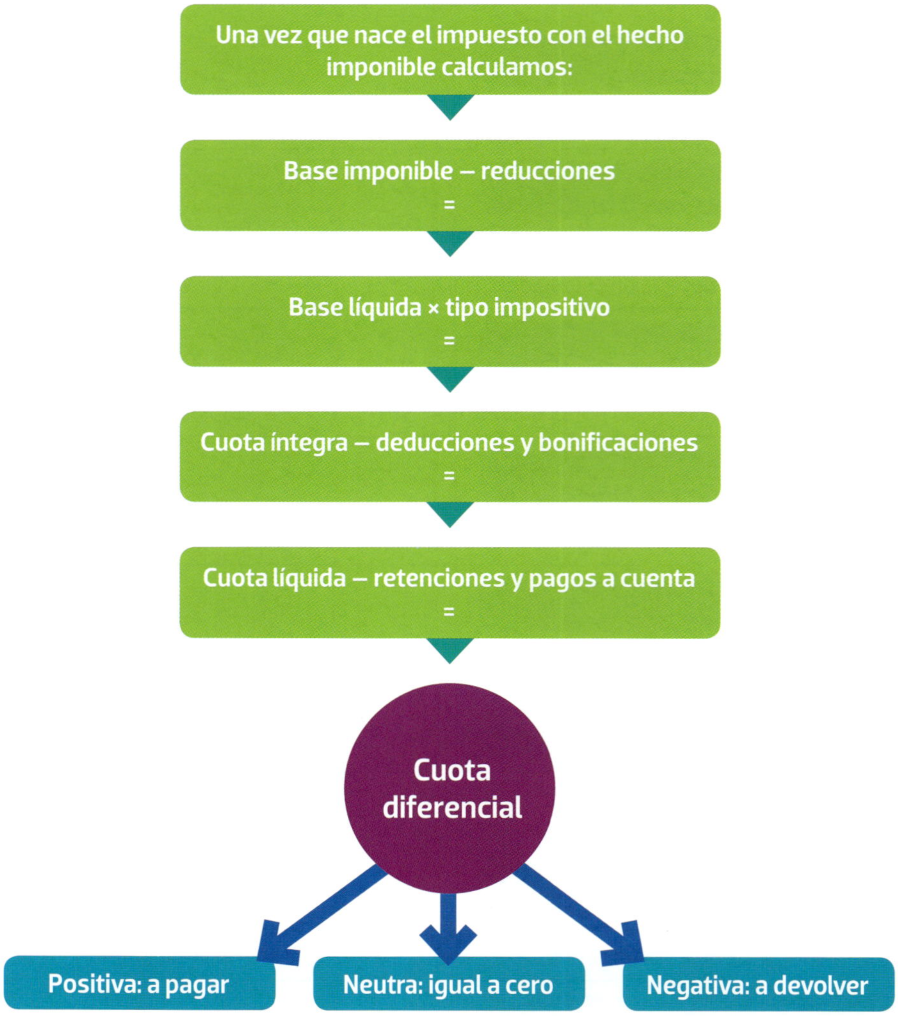

Después de todo este proceso, conocido como **liquidación del impuesto,** si el resultado es a pagar, es decir, un resultado **positivo,** significa que el sujeto pasivo debe ingresar en la Hacienda Pública el importe de la cuota diferencial; pero si, al contrario, el resultado es **negativo,** significa que la liquidación ha salido a devolver, lo que implica que en este caso será la Hacienda Pública la que ingrese el dinero en la cuenta del sujeto pasivo.

Saber más

Cálculo del impuesto

Realizar todo el proceso de **cálculo de un impuesto,** es decir, obtener la liquidación es algo complejo y, en ocasiones, el sujeto pasivo no está preparado para poder resolverlo por él mismo. Por ello, la Agencia Tributaria pone a disposición del contribuyente todas las herramientas para facilitar su cálculo. Por ejemplo, el Programa PADRE fue, hasta el ejercicio 2016 inclusive, una herramienta informática para la declaración de la renta en la que el sujeto pasivo introducía su situación económica y familiar, y el programa calculaba su liquidación.

Actividades

4. Explica la diferencia que hay entre el *sujeto activo* y el *sujeto pasivo* de un impuesto.

5. Laura quiere regalarle a su hija Clara la casa que tienen en el pueblo, para ello debe pagar el impuesto de transmisiones (ITP y AJD). En su caso será de un 1% del valor de la vivienda que son 120 000 € y no tiene ninguna reducción ni deducción. Sabiendo esto, contesta a las siguientes preguntas: ¿Quién es el sujeto activo? ¿Y el sujeto pasivo? ¿Cuál es el hecho imponible? ¿Y el tipo impositivo? ¿Cuál es la base imponible? ¿Y la base liquidable?

6. ¿Qué consecuencia tiene una liquidación con resultado negativo? ¿Qué crees que es mejor para el sujeto pasivo una liquidación negativa o positiva?

3. Formas de extinción de la deuda

¿Cuándo termina la deuda tributaria? La deuda puede terminar de varias maneras:

- **Pago de la deuda:** la más habitual es cuando la deuda tributaria se paga en el plazo y forma convenidos. Las deudas con la Administración puede pagarse de tres formas diferentes:
  - **De forma pecuniaria,** es decir, con dinero.
  - **En especie,** forma muy poco frecuente, pero necesaria en algunos casos en los que el sujeto no pueda pagar de otro modo.
  - **Con efectos timbrados,** esto es, documentos utilizados como medios de pago, como podrían ser las letras de cambio, algo muy poco frecuente.

  Ejemplo: Laura realiza una domiciliación para pagar de forma pecuniaria el impuesto sobre bienes inmuebles de su casa.

- **Prescripción de la deuda:** es lo que coloquialmente se conoce como «caducidad» (aunque son figuras distintas), es decir, las deudas tienen un plazo de tiempo en el que están activas, si en este plazo no se reclama la deuda y no se paga, no se puede reclamar. En la actualidad este plazo es de 4 años.

  Ejemplo: si la empresa de Sofía no paga el impuesto de sociedades y durante 4 años la Agencia Tributaria no se da cuenta por un fallo informático y no lo reclama, aunque al quinto año lo revisaran y se dieran cuenta, ya no podrían exigir a la empresa el pago de ese tributo.

- **Compensación:** algunas veces la deuda no se llega a pagar a la Administración: si esta debe dinero al deudor, se compensan las cantidades.

  Ejemplo: si Marcos debe a la Hacienda Pública por el IRPF 250 €, pero a su esposa la liquidación le ha salido a devolver 300 €, se compensan las cantidades y será la Agencia Tributaria la que ingrese la diferencia a la esposa de Marcos, y la deuda de Marcos queda compensada.

Vocabulario

Pecuniario: palabra formada por *pecunia-*, cuyo significado es 'dinero en efectivo', y *-ario*, que significa 'perteneciente'. Podemos concluir que el significado de *pecuniario* es 'todo aquello que pertenece o es relativo al dinero en efectivo'.

Saber más

Prescripción

En el caso de la prescripción es importante recordar que si el deudor no paga, pero se lleva a trámite el impago, el plazo se interrumpe y, aunque pasen más de 4 años hasta que se resuelva la queja, el deudor estará obligado a realizar el pago.

Vocabulario

Quita: cuando no se perdona toda la deuda, sino solo una parte, hablamos de *quita* en lugar de *condonación*.

Espera: cuando se concede al deudor insolvente un aplazamiento de las fechas de vencimiento de lo adeudado.

Navega

La Agencia Tributaria pone un listado de sus deudores accesible al público para advertir a los proveedores, accionistas o clientes de la situación económica de este tipo de deudores:

- <http://bit.ly/2j8S55v>.

- **Condonación de la deuda:** también se denomina *remisión de la deuda*, lo que todos conocemos como «perdón», es decir, el acreedor, de forma voluntaria y gratuita, exime al deudor de su obligación de pago. Esto es, el acreedor perdona la deuda. Esto suele hacerse para liberar de cargas al deudor y que pueda pagar otras deudas con el mismo acreedor que le pueda interesar más.

  Ejemplo: si Sara debe 200 € al Ayuntamiento de su localidad y el pago de ese impuesto hace que no pueda pagar otro impuesto a la Administración central, puede darse el caso de que el Ayuntamiento perdone a Sara para que esta pueda cumplir con el pago a la Administración central.

- **Insolvencia:** en caso de que se demuestre la insolvencia por parte del deudor, la deuda tributaria se considera incobrable y deja de surtir efecto.

  Ejemplo: una empresa que quiebra por el impago de sus clientes; si no tiene dinero, el local era alquilado y no tiene maquinarias, esa empresa es insolvente y no podrá pagar la deuda.

- **Fallecimiento:** dado el caso de que el deudor fallezca y no haya herederos, la deuda será llevada igual que en el caso anterior a impagos.

  Ejemplo: supongamos que un trabajador fallece antes de pagar el impuesto del IRPF, si no tiene herederos que puedan pagarlo ni dinero en las cuentas bancarias para retenerlo, el impuesto será incobrable.

Actividades

7. Une con flechas los siguientes conceptos y definiciones:

Pago	El deudor ha fallecido y no deja ni herederos ni patrimonio.
Prescripción	El deudor no tiene fondos para pagar.
Compensación	Se cancela la deuda mediante un traspaso monetario.
Condonación	Se cancela la deuda porque la Administración debía dinero al sujeto pasivo.
Insolvencia	La deuda se cancela para liberar al deudor de cargas económicas.
Fallecimiento	Pasados 4 años la deuda no se puede reclamar.

4. Las exenciones tributarias

En ocasiones el hecho imponible nace, pero no la obligación del sujeto pasivo a realizar la declaración.

Ejemplo: Cristina recibe rentas del trabajo, por lo que nace el hecho imponible del IRPF (impuesto de la renta de las personas físicas); sin embargo, si Cristina cobra menos de 22 000 € brutos anuales, cuenta con un solo pagador y no recibe más rentas, no estará obligada a declarar, es decir, Cristina está exenta.

Hay tres tipos de exenciones:

- **Objetivas**: son las que atienden a objetivos socioeconómicos. Ejemplo: en un determinado momento el Estado decide no aplicar el impuesto de sociedades a aquellas nuevas empresas que fomenten la contratación de trabajadores en la zona.
- **Subjetivas**: son aquellas que analizan las condiciones del sujeto pasivo. Ejemplo: un ayuntamiento puede declarar exenta de pagar el IBI (impuesto sobre bienes inmuebles) a una familia que se encuentre en situación de desempleo y a las puertas del umbral de la pobreza.
- **Técnicas**: son aquellas exenciones que evitan la doble imposición. Ejemplo: una persona que obtenga rentas por un trabajo realizado y cobrado en otro país y viva en España, si no existiera esa exención, pagaría impuesto por obtener rentas en el país de origen y luego en España, por lo que pagaría dos veces por la misma ganancia.

Saber más

Exento no es lo mismo que no sujeto

Es muy importante diferenciar *exento* de *no sujeto*.

Como ya hemos visto, la exención se define como 'los supuestos en los cuales, aun realizándose el hecho imponible, no se obliga al sujeto pasivo a cumplir con la obligación tributaria'; mientras que decimos que son supuestos no sujetos al tributo 'cuando no existe el hecho imponible'.

Ejemplo: un trabajador que cobre menos de 22 000 € y cuente con un solo pagador está exento de presentar la declaración del IRPF, pero una persona que no obtenga rentas del trabajo no está sujeta (no nace el hecho imponible).

Actividades

8. Define qué es una *exención* y di a qué tipo de exención hacen referencia los siguientes casos:

a) En un determinado municipio se decide que quedan exentas del pago del impuesto sobre bienes inmuebles aquellas personas que tengan dos hijos menores de 12 años para así incentivar la natalidad en el pueblo.

b) En el mismo pueblo deciden que las personas que tengan vehículos de trabajo agrícola quedan exentas de pago del impuesto sobre vehículos de tracción mecánica, si sus rentas del trabajo son inferiores a 18 000 €.

c) En toda la nación quedan exentas de tributar en el IRPF las rentas obtenidas en otros países y que hayan tributado allí.

5. Infracción tributaria, delito y sanciones

Una **infracción** tributaria es aquella acción u omisión voluntaria (ya sea por desconocimiento, error o intencionadamente) que puede ser cometida por una persona física o jurídica y que está tipificada en las leyes y sancionada administrativamente, generalmente de forma pecuniaria.

Para que la acción de un contribuyente sea considerada una infracción y, por lo tanto, pueda ser sancionada por las leyes es necesario que exista...

- Una **norma** que identifique esa conducta como falta o infracción.
- Una **sanción,** es decir, una multa aplicable a la infracción tipificada.
- La **culpabilidad** manifiesta del infractor, es decir, una intención clara de incumplir la ley.

Hay varios tipos de infracciones que podemos resumir de la siguiente forma:

- **Infracciones por ocultación de datos:** es cuando el sujeto pasivo oculta datos. La ocultación de datos puede hacer que la liquidación no llegue al resultado que debería o, incluso, que no se realice la declaración, y que la falta de datos exima al contribuyente de presentar la declaración.
- **Infracciones por empleo de medios fraudulentos:** se producen cuando se aportan facturas u otro tipo de documentos falsos para realizar la declaración.

Saber más

Infracciones

Pueden producirse infracciones por no presentar la documentación en plazo y forma adecuados, pero estas infracciones son consideradas ocultación de datos ya que no aportan la información del modo correspondiente.

Ejemplo

Si al hacer la declaración de la renta se nos olvida declarar unos ingresos determinados por el alquiler de una vivienda, es una **infracción por ocultación de datos** (puede que lo hayamos hecho intencionadamente, que haya sido un error o que desconozcamos que ese tipo de ingresos haya que declararlo). Pero si lo que hacemos es falsear los datos, es decir, declaramos el ingreso, pero menor cantidad de la que ha sido en realidad (tambien podría ser por equivocación o intencionadamente), en este caso hablaríamos de **infracción por empleo de medios fraudulentos.**

Aun con la clasificación inicial que hemos visto sobre las infracciones tributarias, tenemos que saber cuál es su gravedad para interponer la sanción, por ello, decimos que hay 3 tipos de infracciones: **leves, graves y muy graves.**

Saber más

Sanciones administrativas

Las sanciones administrativas también se gradúan en leves, graves y muy graves según el importe de la infracción.

Según el artículo 305.1 del Código Penal, se considera **delito fiscal** aquella conducta consistente en defraudar a la Hacienda Pública cuando el importe no ingresado de las retenciones o ingresos a cuenta o de las devoluciones o beneficios fiscales indebidamente obtenidos o disfrutados exceda de 120 000 euros.

El castigo por delito fiscal puede ser **prisión de uno a cinco años**, una **multa** de hasta seis veces la cantidad defraudada y la **pérdida del derecho** a obtener beneficios fiscales y optar a subvenciones de tres a seis años.

Las **sanciones** podemos definirlas como la aplicación de una multa económica, la pérdida de algún derecho o pena de prisión que sufre un sujeto por no cumplir sus obligaciones tributarias.

Infracción tributaria → **Sanción administrativa**
- Pecuniaria
- No pecuniaria

Delito fiscal → **Sanción punitiva**

Vocabulario

Sanción punitiva: penalización, multa a discreción del tribunal.

Las **sanciones penales** se castigan con penas de prisión mientras que las **sanciones administrativas** pueden ser de dos tipos:

- **Pecuniaria:** la sanción consiste en ingresar una cuantía dineraria al organismo correspondiente. Ejemplo: una multa de 300 euros por no presentar el impuesto de IVA que tiene que abonar una empresa concreta.
- **No pecuniaria:** es una sanción que no consiste en el pago de dinero. Ejemplo: la pérdida de algún derecho, subvención o ayuda por parte del Estado a una empresa si esta no presenta el impuesto correspondiente en el plazo o forma previsto.

Actividades

9. Realiza un esquema donde expliques cómo son las infracciones tributarias y cómo las sanciones que se pueden poner por dichas infracciones.

10. Define los siguientes conceptos:

a) Pecuniario.

b) Ocultación de datos.

c) Medios fraudulentos.

11. ¿Qué tipos de infracciones serían las siguientes?

a) Sara no declaró en su declaración de la renta los 3 000 € que ganó en un premio porque no sabía que debía hacerlo.

b) Sofía dijo que había ganado 18 000 € en su negocio cuando sabía que realmente habían sido 28 000 €.

c) Rocío no presentó la declaración hasta una semana después de que terminara el plazo por confusión.

12. ¿Qué diferencia hay entre una *sanción pecuniaria* y una *sanción no pecuniaria*?

PRÁCTICA PROFESIONAL INICIAL RESUELTA

Nuevo alumbrado para el barrio

1. ¿Quién tiene razón sobre el tributo que se debe aplicar a los vecinos del barrio donde se va a desarrollar el nuevo proyecto?

   Al tratarse de una mejora que disfrutarán todos los vecinos del barrio y de que el establecimiento y sustitución del alumbrado público por parte del Ayuntamiento ocasionará que las viviendas de dicha zona aumenten su valor, el tributo correcto sería una contribución especial; por lo que tendría razón Óscar. Además, aunque un vecino no pagase el tributo, podría disfrutar de la mejora en el alumbrado.

2. ¿Y sobre el tributo que deben pagar los aspirantes al trabajo?

   En este caso tiene razón Clara: el tributo correcto sería una tasa, ya que se consigue una contraprestación directa y personal, es decir, todas aquellas personas que paguen la tasa podrán presentarse al examen, pero aquellas personas que no paguen no podrán presentarse al examen.

3. ¿Por qué motivo no pagan el tributo Rocío y Serafín? ¿Qué nombre tienen esas opciones?

   Hay varios casos en los que no se pagan los tributos, pero las situaciones de Rocío y Serafín son muy diferentes. Rocío está exenta de pagar el impuesto. Esta exención se debe a que es familia numerosa y el municipio así lo ha considerado, pero en su caso sí nace el hecho imponible, esto es, Rocío vive en el barrio en el que se va a desarrollar la contribución especial. Sin embargo, en el caso de Serafín el hecho imponible no llega a surgir puesto que él no vive en dicho barrio y, por tanto, no está sujeto a ese tributo.

PRÁCTICA PROFESIONAL RESUELTA

Cálculo de la liquidación del impuesto

Con los siguientes datos calcula la liquidación del impuesto y analiza las consecuencias de su resultado:

Base imponible	12 000 €
Reducciones	5 000 €
Tipo impositivo	27 %
Deducciones	300 €
Retenciones	2 950 €

BASE IMPONIBLE	12 000 €
BASE IMPONIBLE – reducciones =	12 000 – 5 000 = 7 000 €
BASE LÍQUIDA × tipo impositivo =	7 000 × 0,27 = 1890 €
CUOTA ÍNTEGRA – deducciones y bonificaciones =	1890 – 300 = 1590 €
CUOTA LÍQUIDA – retenciones y pagos a cuenta =	1590 – 2 950 = –1360 €

CUOTA DIFERENCIAL → **–1360 €. Como es NEGATIVA, indica que el resultado es A DEVOLVER**

Que el resultado sea a devolver implica que el sujeto activo debe devolver la cuota diferencial al sujeto pasivo; si el resultado hubiese sido POSITIVO, la consecuencia sería la contraria, sería el sujeto pasivo el que debería INGRESAR la cuota diferencial al sujeto activo.

TEST DE EVALUACIÓN

RESUELVE EN TU CUADERNO O BLOC DE NOTAS

1. La Agencia Tributaria se creó el...

a) 1 de enero de 1992.
b) 28 de diciembre de 1963.
c) 1 de enero de 1963.
d) 28 de diciembre de 1992.

2. Susana paga un tributo especial al comprar tabaco. Nos estamos refiriendo a...

a) Una tasa.
b) Una contribución especial.
c) Un impuesto.
d) Un arancel.

3. Los impuestos que gravan la capacidad económica son...

a) Los tributos.
b) Los impuestos directos.
c) Los impuestos indirectos.
d) Los impuestos especiales.

4. Para realizar correctamente el IRPF tenemos en cuenta el año natural. Estamos hablando de...

a) El devengo.
b) El hecho imponible.
c) El periodo impositivo.
d) El ámbito de aplicación.

5. Di qué frase es falsa.

a) A la base imponible se le restan las reducciones.
b) El tipo impositivo se aplica a la base líquida.
c) A la cuota íntegra se restan las deducciones.
d) A la cuota líquida se aplican las reducciones.

6. Que el resultado de la declaración sea «a devolver», significa que...

a) El resultado de la liquidación ha sido positivo.
b) El resultado de la liquidación ha sido negativo.
c) El resultado de la declaración ha sido igual a cero.
c) El resultado de la liquidación ha sido compensado.

7. Decimos que una persona está exenta de un impuesto cuando...

a) El hecho imponible no llega a nacer.
b) El hecho imponible nace, pero no está obligada a declarar.
c) Ya ha realizado el pago.
d) La Administración le perdona la deuda.

8. Decimos que es una exención objetiva cuando...

a) Se atiende a objetivos socioeconómicos.
b) Se analizan las condiciones del sujeto pasivo.
c) Se evita la doble imposición.
d) Ninguna de las respuestas anteriores.

9. Leonardo ha presentado facturas falsas por importe de 300 € en su declaración de IVA. Estamos ante...

a) Una infracción por ocultación.
b) Una infracción por medios fraudulentos.
c) Un delito fiscal.
d) Todas las respuestas anteriores son correctas.

10. Si la sanción es pecuniaria, implica...

a) Que se considera delito fiscal.
b) Que el pago debe realizarse mediante un ingreso dinerario.
c) Que se pierde alguna ventaja fiscal.
d) Todas las respuestas anteriores son correctas.

ACTIVIDADES FINALES

1. Copia en tu cuaderno y une con flechas los conceptos y con sus definiciones correspondientes.

Sistema tributario	Fronteras territoriales donde se declaran los productos que entran o salen del país.
Aduanas	Pago que realiza el ciudadano por una contraprestación directa y personal.
Tasa	Pago que realiza el ciudadano con contraprestación comunitaria.
Contribución especial	Forma en la que el Estado obtiene ingresos a través de los tributos.
Impuesto	Pago sin contraprestación directa.

2. Justifica con tus palabras a qué tipo de tributo se refieren los siguientes ejemplos:

a) Pablo ha terminado sus estudios de Grado Medio en Gestión Administrativa y debe pagar 20 € para que expidan su título.

b) Sofía se ha comprado un coche nuevo y debe pagar 300 € debido a las emisiones de CO2 que emite el vehículo.

c) Cristina ha obtenido unas ganancias en su empresa de 20 000 €, pero debe pagar un12 % a la Hacienda Pública por sus beneficios.

d) Laura y sus vecinos pagan 80 € cada 3 meses a su Ayuntamiento para que este ponga un servicio de seguridad extra en su barrio debido al alto índice de robos.

3. Coloca en la columna que corresponda los siguientes impuestos: IVA (impuesto sobre el valor añadido), IS (impuesto de sociedades), IRPF (impuesto sobre la renta de las personas físicas) e IAE (impuesto de actividades económicas)

Impuestos directos	Impuestos indirectos

4. Busca un impuesto de tu municipio y analiza todos sus aspectos desde su hecho imponible, el sujeto pasivo, ámbito de aplicación, etc.

5. Con los datos que se muestran a continuación en un determinado impuesto, ¿cuál sería su resultado? ¿A ingresar o a devolver?

a) Base imponible = 20 000 €

b) Deducción = 250 €

c) Reducción = 3 000 €

d) Tipo impositivo = 20 %

e) Retenciones = 3 050 €

6. ¿Qué diferencia hay entre la prescripción de la deuda y la condonación?

7. «Marta no está sujeta al impuesto, e Inmaculada está exenta» ¿Qué implica la frase anterior? ¿Cuáles son las diferencias entre ellas dos?

8. Pon un ejemplo de cada tipo de exención donde quede demostrada las diferencias entre ambos conceptos.

9. Luis y Sergio han sido multados por realizar mal sus declaraciones de la renta. Luis no declaró los ingresos que obtuvo durante su trabajo de verano y Sergio sí que lo declaró, pero se confundió y en lugar de 2 000 € escribió 200 €. ¿Qué diferencias hay entre sus infracciones? Justifica tu respuesta.

10. ¿Qué significa que una sanción sea pecuniaria? ¿Y no pecuniaria? Pon varios ejemplos.

11. ¿Qué se entiende por quita?

PRÁCTICA PROFESIONAL PROPUESTA

Trabajando en el departamento fiscal de una gestoría

Juanjo ha comenzado a trabajar como administrativo en el departamento fiscal de una gestoría. Ayúdale a resolver las primeras cuestiones que se le presentan.

1. Con los siguientes datos calcula la liquidación del impuesto completando el esquema inferior y analiza las consecuencias de su resultado:

Base imponible	18 000 €
Reducciones	2 784 €
Tipo impositivo	7 %
Deducciones	1 000 €
Retenciones	320 €

BASE IMPONIBLE	18 000 €
BASE IMPONIBLE – reducciones =	....
BASE LÍQUIDA × tipo impositivo =	....
CUOTA ÍNTEGRA – deducciones y bonificaciones =	....
CUOTA LÍQUIDA – retenciones y pagos a cuenta =	....
CUOTA DIFERENCIAL	....

2. Martina se ha comprado un coche nuevo, pero para no pagar el impuesto sobre vehículos lo ha puesto a nombre de su padre que tiene una minusvalía y, por tanto, no tiene por qué pagarlo. Además, Martina ha presentado facturas falsas en su declaración de IVA. ¿Qué infracciones ha realizado Martina? ¿Qué tipos de sanciones puede tener?

3. Analiza la siguiente frase: «Todos los impuestos son tributos, pero no todos los tributos son impuestos».

4. Jorge es el gerente de una empresa automovilística. En la actualidad pagan un tributo por los beneficios que gana la empresa y otro para poder presentar un proyecto en el Ayuntamiento, ya que quieren ganar un concurso que les ofrecería la posibilidad de mostrar sus nuevos vehículos en la exposición anual del municipio.

   En la última auditoría se dieron cuenta que en la declaración de IVA del año 2016 cometieron un error, pero la Agencia Tributaria aún no se ha dado cuenta. Además, el abogado de la empresa está en trámites por un error en el modo de presentación del impuesto sobre sociedades en el primer trimestre del año 2017.

   Se pide:

   a) Explica qué dos tipos de tributos debe realizar la empresa de Jorge.

   b) ¿Qué infracciones ha cometido la empresa? ¿Qué pasará si la Agencia Tributaria no se da cuenta del error cometido en la declaración de IVA de 2016? ¿Y si se dan cuenta?

5. El municipio donde vive Juan está valorando la posibilidad de crear un nuevo impuesto que consistiría en pagar el 5 % del valor de construcción a todas aquellas viviendas en las que no haya nadie empadronado a fecha 31 de diciembre, de ese modo el Ayuntamiento obtendría unos ingresos extras para poder mantener la escuela del pueblo debido a la falta de niños empadronados. El impuesto se pagaría en el mes de febrero, pero contemplaría desde el 1 de enero al 31 de diciembre del ejercicio anterior.

   Los datos de Juan y su vecina Julia, que al contrario que él no vive ni está empadronada en el pueblo, son los siguientes:

Juan		Julia	
Base imponible (valor de construcción de la vivienda)	80 000 €	Base imponible (valor de construcción de la vivienda)	72 000 €
Reducciones	50 000 €	Reducciones	50 000 €
Deducciones	1000 €	Deducciones	1000 €
Retenciones	0 €	Retenciones	0 €

PRÁCTICA PROFESIONAL PROPUESTA
continuación

6. Completa la siguiente tabla con los datos que propone el ejercicio:

Sujeto activo	....
Sujeto pasivo	....
Hecho imponible	....
Ámbito de aplicación	....
Periodo impositivo	....
Devengo	....
Tipo impositivo	....
Base imponible	....
Base liquidable	....
Cuota íntegra	....
Cuota líquida	....
Cuota diferencial	....

EN RESUMEN

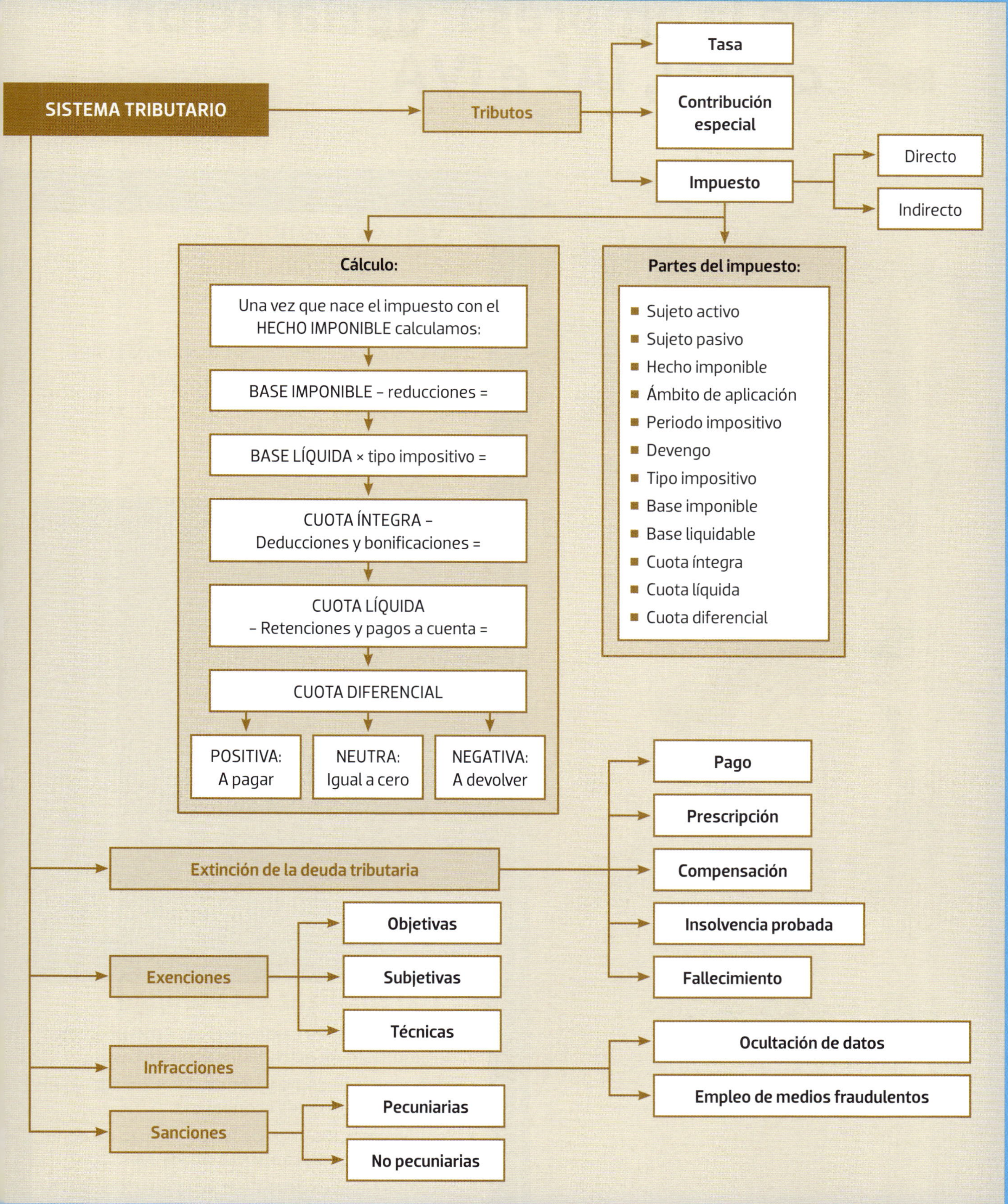
SISTEMA TRIBUTARIO
Tributos
Tasa
Contribución especial
Impuesto
Directo
Indirecto
Cálculo:
Una vez que nace el impuesto con el HECHO IMPONIBLE calculamos:
BASE IMPONIBLE – reducciones =
BASE LÍQUIDA × tipo impositivo =
CUOTA ÍNTEGRA – Deducciones y bonificaciones =
CUOTA LÍQUIDA – Retenciones y pagos a cuenta =
CUOTA DIFERENCIAL
POSITIVA: A pagar
NEUTRA: Igual a cero
NEGATIVA: A devolver
Partes del impuesto:
Sujeto activo
Sujeto pasivo
Hecho imponible
Ámbito de aplicación
Periodo impositivo
Devengo
Tipo impositivo
Base imponible
Base liquidable
Cuota íntegra
Cuota líquida
Cuota diferencial
Extinción de la deuda tributaria
Pago
Prescripción
Compensación
Insolvencia probada
Fallecimiento
Exenciones
Objetivas
Subjetivas
Técnicas
Infracciones
Ocultación de datos
Empleo de medios fraudulentos
Sanciones
Pecuniarias
No pecuniarias

5 Obligaciones fiscales de la empresa: declaración censal, IAE e IVA

Vamos a conocer...

Y al finalizar esta unidad...

- Conoceremos las características fundamentales del impuesto de actividades económicas.
- Aprenderemos cómo y dónde darse de alta en el censo de actividades económicas.
- Estudiaremos los tipos de IVA, el recargo de equivalencia y sus características principales.
- Seremos capaces de realizar la liquidación de IVA.

Práctica profesional inicial

Situación de partida

Cayetana necesita tu ayuda. Ella acaba de abrir una consultoría y tiene como clientes a muchas empresas de la zona.

Además va a llevar la fiscalidad de cinco nuevos negocios que comenzarán su actividad durante este año:

- Clara ha decidido establecerse por su cuenta y está a punto de abrir Óptica Barrial, SL.
- Ángel va abrir una peluquería como empresario individual que llevará su nombre: Peluquería Ángel Guzmán.
- Nuria constituirá una SL para abrir una tienda de electrónica que se llamará Electrónica Hogar.
- Rafa está realizando el plan de negocios para abrir su restaurante, El Rincón de Rafa, SL.
- Laura y Alberto son un matrimonio que van a abrir su primer negocio. Se llamará Floristería El Bosque, y la forma jurídica que adoptarán será una comunidad de bienes.

Ayuda a Cayetana a buscar cuáles son los epígrafes por los que tributarían este tipo de empresas y cuáles serían los tipos de IVA correspondientes y los recargos de equivalencia.

Estudio del caso

1. ¿Qué obligaciones fiscales tienen estos negocios según sean personas físicas o jurídicas antes de iniciar su actividad económica? ¿Y durante la actividad?

2. ¿Cuáles son los epígrafes por los que tributarían este tipo de empresas? ¿Cuáles serían los tipos de IVA correspondientes y los recargos de equivalencia?

	Epígrafe IAE	IVA	Recargo de equivalencia
Óptica Barrial, SL			
Peluquería Ángel Guzmán			
Electrónica Hogar, SL			
Floristería El Bosque, CB			
El Rincón de Rafa, SL			

1. Obligaciones fiscales de la empresa

Como ya vimos en la unidad 1, existen distintos tipos de empresas. La actividad empresarial puede ser realizada por personas físicas (empresario individual), personas jurídicas (entidades mercantiles) o por entidades sin personalidad jurídica (sociedades civiles y comunidades de bienes). El inicio de la actividad empresarial origina un conjunto de obligaciones fiscales de carácter estatal, que variarán dependiendo de la modalidad jurídica de la empresa: unas deben cumplirse antes del inicio de la actividad; otras, durante su desarrollo; y otras al finalizar la actividad.

Resumen de obligaciones fiscales por realizar actividades económicas

Modelos	Personas físicas	Personas jurídicas	Entidades sin personalidad jurídica
Antes de iniciar la actividad			
Declaración censal (alta, solicitud NIF): modelo 036/037	X	X	X
Durante la actividad			
Declaración censal (modificación): modelo 036/037	X	X	X
IAE: modelo 840, 848	—	X	X
IRPF: modelo D-100, 130, 131	X	—	X (Régimen de atribución de rentas)
Retenciones: modelo 111, 190	X	X	X
IS: modelo 202, 222, 200, 220	—	X	X
IVA: modelo 303, 390	X	X	X
Declaración anual de operaciones con terceros: modelo 347	X	X	X
Al finalizar la actividad			
Declaración censal (baja): modelo 036/037	X	X	X
IAE (baja): modelo 840	—	X	X

X Deber de presentar el modelo tributario. — Exención de esta obligación.

2. La declaración censal

La Agencia Tributaria dispone de un censo de obligados tributarios, al que pertenece el **Censo de empresarios, profesionales y retenedores,** donde deben darse de alta todas las personas físicas, jurídicas o entidades sin personalidad jurídica cuando realicen en España:

- Actividades empresariales o profesionales.
- Abono de rentas sujetas a retención o ingreso a cuenta, o adquisiciones intracomunitarias de bienes sujetos a IVA, por quienes no actúen como empresarios o profesionales.

Utilizaremos el **modelo 036 o 37** para el **alta inicial,** así como para comunicar **modificaciones** posteriores y para **darse de baja.**

2.1. Declaración censal de alta

Antes de iniciar la actividad económica debe presentarse la declaración censal. Recogerá los **datos identificativos** del obligado tributario: nombre y apellidos o razón social; NIF (excepto si se está solicitando); domicilio fiscal; domicilio social (si es distinto al fiscal) y, en su caso, domicilio en el extranjero.

En **causas de presentación,** se marcan las casillas 200, «solicitud de NIF» (excepto para empresario individual), y 201, «comunicación de inicio de actividad».

Causas presentación declaración censal 036053885749 0 Pág. 2

N.I.F. Apellidos y nombre o razón o denominación social

A) Alta

200 ☒ Solicitud de Número de Identificación Fiscal (N.I.F.).
201 ☒ Comunicación de inicio de actividad. Entregas de bienes o prestaciones de servicios previa o simultánea a adquisición de bienes o servicios.
202 ☐ Comunicación de inicio de actividad. Entregas de bienes o prestaciones de servicios posterior a adquisición de bienes o servicios.
203 ☐ Solicitud de alta en el Registro de operadores intracomunitarios.

Además del alta en el Censo, este modelo sirve para...

- Solicitar el **número de identificación fiscal (NIF) provisional o definitivo** (solo para personas jurídicas).
- **Identificar las actividades que se van realizar:** casillas 400-404.

Declaración de actividades y locales (actividad principal) 036053885749 0 Pág. 4A

N.I.F. Apellidos y nombre o razón o denominación social

A) Actividad principal

400 Descripción de la actividad | 402 Grupo o epígrafe/sección I.A.E. | 403 Tipo de actividad | 404 Cód. Actividad

- Comunicar el régimen aplicable en el IVA y de IRPF.
- Solicitar la inclusión en los registros de operadores intracomunitarios (si se realizan operaciones con países de la UE) o de devolución mensual del IVA.

Plazo de presentación: con anterioridad al comienzo de la actividad empresarial.

2.2. Declaración censal de modificación y de baja

Cuando se produzca cualquier **modificación** de los datos de la declaración de alta o el **cese en la actividad,** el obligado tributario lo comunicará a la Agencia Tributaria, mediante la declaración censal.

Recuerda

Antes de iniciar la actividad económica se debe presentar la declaración censal.

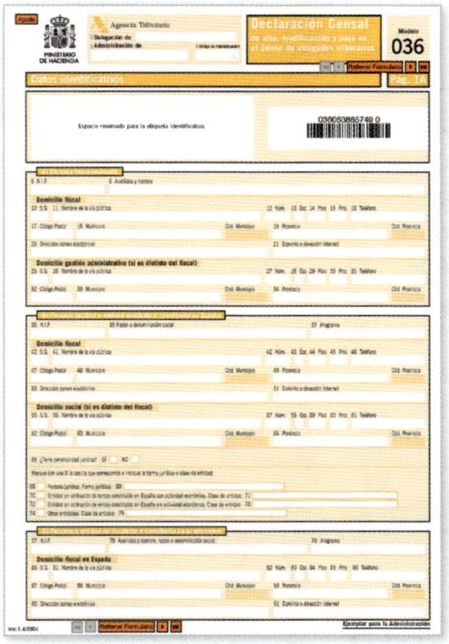

Saber más

Sociedad limitada nueva empresa

Las sociedades en constitución que presenten el **documento único electrónico (DUE)** para realizar telemáticamente sus trámites de constitución, quedarán exoneradas de la obligación de presentar la declaración censal de alta, sin perjuicio de la presentación posterior de las declaraciones de modificación y baja que correspondan en la medida en que varíe o deba ampliarse la información y circunstancias reflejadas en dicho documento único electrónico.

3. Impuesto sobre actividades económicas (IAE)

El **impuesto de actividades económicas** (IAE) es un impuesto municipal personalista y directo que grava el mero ejercicio de actividades económicas en territorio español.

Está regulado por el Real Decreto Legislativo 2/2004, de 5 de marzo, por el que se aprueba el texto refundido de la Ley Reguladora de las Haciendas locales.

Solo aquellos que no estén exentos del pago del impuesto sobre actividades económicas, presentarán el modelo 840 antes de que transcurra 1 mes desde el inicio de la actividad. Existen tres tipos de cuotas:

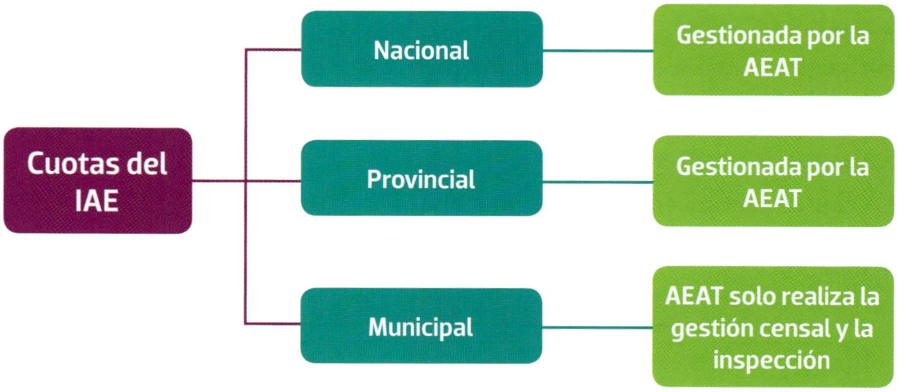

Navega

Consulta las «Obligaciones fiscales de empresarios y profesionales residentes en territorio español», publicadas por la Agencia Tributaria, en

- <http://bit.ly/2k3kkim>.

3.1. Sujeto activo

El sujeto activo, encargado de proporcionar la información correspondiente a las empresas individuales y profesionales y de realizar la recaudación del impuesto y la comprobación de que todo se lleva a cabo según la ley, es la **Agencia Tributaria,** salvo como ya hemos comentado anteriormente, en el caso de las cuotas municipales la Agencia Tributaria solo realiza la gestión censal, es decir, recibir la declaración y elaborar la matrícula, y la inspección.

3.2. Sujeto pasivo

El sujeto pasivo son las **personas físicas** (en régimen de autónomos), las **personas jurídicas** (por ejemplo, una sociedad anónima o limitada) y las entidades sin personalidad jurídica (como las sociedades civiles y comunidad de bienes) que realicen una actividad económica en territorio nacional.

3.3. Hecho imponible

Al definir el impuesto ya hemos adelantado cuál es su hecho imponible: el mero ejercicio de actividades económicas en territorio nacional en territorio español, independientemente de la habitualidad o no de dichas actividades.

Están exentos de este impuesto, entre otros:

- Las personas físicas.
- Las sociedades y entidades con una cifra de negocio inferior a 1000000 € el penúltimo año anterior al del devengo.
- El Estado y resto de organismos públicos.
- Aquellos sujetos pasivos que han iniciado su actividad económica durante los dos primeros periodos impositivos.

Agencia Tributaria

Vocabulario

AEAT: son las siglas de la Agencia Estatal de la Administración Tributaria, aunque es más conocida como Agencia Tributaria.

3.4. Ámbito de aplicación

El ámbito de aplicación es todo el territorio nacional, si bien es verdad que alguna comunidad autónoma o ciudades autónomas tienen acuerdos económicos específicos y, en algún caso, puede verse modificado el impuesto.

3.5. Periodo impositivo

El impuesto sobre actividades económicas coincide con el **año natural,** excepto cuando comienza la actividad económica, en cuyo caso el periodo impositivo será inferior a 12 meses: coincidirá con la fecha de inicio de la actividad económica y finalizará el día 31 de diciembre de forma general, pero si la empresa cesa su actividad antes de esa fecha, el periodo impositivo será el último trimestre en el que haya ejercido su actividad al menos durante 1 día.

Caso práctico resuelto

Si Susana crea una sociedad limitada sujeta al impuesto sobre actividades económicas el 15 de mayo de 2017 y cesa su actividad el 25 de agosto de 2020, deberá tributar del siguiente modo:

- **Desde el 15 de mayo de 2017 hasta el 31 de diciembre de 2018,** estará exenta de presentar el impuesto, ya que se encuentra dentro de los dos primeros periodos impositivos después del inicio de la actividad.
- **Alta por dejar de disfrutar de exención:** durante mes de diciembre de 2018, el inmediato anterior al año en que está obligada a pagar el impuesto.
- **Año 2019:** realizará la declaración del 1.ER, 2.°, 3.ER y 4.° trimestres. Los pagará completos, ya que ha ejercido su actividad durante todo el año.
- **Año 2020:** 1.ER, 2.° y 3.ER trimestre completo; aunque su actividad cese el 25 de agosto y el 3.ER trimestre compute desde el 1 de julio hasta el 30 de septiembre, debe pagar el impuesto del 3.ER trimestre completo.

Saber más

IAE

A partir de la Ley 51/2002 el impuesto sobre actividades económicas tiene más carácter estadístico que recaudatorio.

3.6. Devengo

El devengo del IAE es el último día del periodo impositivo, es decir, el 31 de diciembre, excepto cuando la empresa cese su actividad en otra fecha diferente al 31 de diciembre, en cuyo caso el devengo será el último día del trimestre en el que haya cesado su actividad.

Actividades

1. Explica en qué consiste el impuesto sobre actividades económicas y cuáles son sus diferentes cuotas.
2. Di si las siguientes personas están sujetas o no al impuesto sobre actividades económicas y si alguna está exenta.
   a) Un empresario que acaba de abrir su negocio.
   b) Un autónomo.
   c) Una empresa cuya cifra de negocio es inferior a 1 000 000 €.
   d) Un ayuntamiento.
3. Mercedes ha abierto un negocio sujeto al impuesto sobre actividades económicas el 25 de septiembre del año pasado, pero no ha ido como esperaba y ha tenido que cerrarlo el 7 de mayo de este año. ¿Qué trimestres tendrá que presentar la declaración del impuesto este año? ¿Y el año pasado?
4. ¿De qué depende la presentación del impuesto sobre actividades económicas?
5. Busca en la web o consulta en tu ayuntamiento cuáles son los plazos para presentar el impuesto sobre actividades económicas en tu localidad.

3.7. Plazo de presentación del impuesto

El plazo del impuesto sobre actividades económicas es diferente según el ayuntamiento que lo gestione, ya que cada uno fija unos plazos diferentes.

3.8. Tipo impositivo

En el impuesto sobre actividades económicas, la tributación no realiza a través de un tipo impositivo, sino que se tributa en función de unos coeficientes que vamos a explicar más adelante.

En este caso partimos de la cuota tarifa, ya que se establecen unas cuotas mínimas en función del tipo de actividad que desarrolla cada empresa y profesional. Además, estos coeficientes nos ayudan a simplificar los datos para poder realizar el cálculo del impuesto sin complicaciones.

- **Coeficiente de ponderación,** en función del importe neto de la cifra de negocio se aplica a la cuota del impuesto el coeficiente correspondiente, como los que muestra la tabla:

Coeficiente de ponderación	
Importe neto de la cifra de negocios	**Coeficiente**
De 1 000 000,00 hasta 5 000 000,00	1,29
De 5 000 000,01 hasta 10 000 000,00	1,30
De 10 000 000,01 hasta 50 000 000,00	1,32
De 50 000 000,01 hasta 100 000 000,00	1,33
Más de 100 000 000,00	1,35
Sin cifra neta de negocio	1,31

- **Coeficiente de situación,** cada ayuntamiento establece un coeficiente en función de la calle o lugar donde se sitúe el establecimiento: no es lo mismo tener un bar en una calle muy transitada que en una calle con escasa afluencia de personas, por ello se establecen estos coeficientes.

3.9. Modelos

Las declaraciones de este impuesto hay que presentarlas mediante los siguientes documentos:

- **Modelo 840:** declaración de todas las actividades económicas que presenten los sujetos pasivos exentos.
- **Modelo 848:** declaración de todas las actividades económicas que presenten los sujetos pasivos no exentos.

Recuerda

Cada actividad está descrita en un epígrafe del IAE, en él podemos encontrar toda la información relativa al impuesto según su actividad económica, así como los datos necesarios para la presentación de este impuesto.

Navega

En la web del Ayuntamiento de Oviedo podemos encontrar los plazos de presentación del impuesto, así como otra información relativa de interés:

- <http://bit.ly/2k4alUM>.

Navega

En la web de la Cámara de Comercio de Córdoba puedes encontrar información relativa a los epígrafes del IAE:

- <http://bit.ly/2jPWyr0>.

MINISTERIO DE HACIENDA

Agencia Tributaria

Teléfono: 901 33 55 33
www.agenciatributaria.es

Impuesto sobre Actividades Económicas

COMUNICACIÓN DEL IMPORTE NETO DE LA CIFRA DE NEGOCIOS.

Modelo **848**

1. Solicitante

Espacio reservado para la etiqueta identificativa

Ejercicio IAE:

Consigne el ejercicio correspondiente al Impuesto sobre Actividades Económicas

2. Entidad de crédito o aseguradora sujeto pasivo del Impuesto sobre Sociedades o contribuyente del Impuesto sobre la Renta de no Residentes que actúe mediante establecimiento permanente.

Importe neto de la cifra de negocios (INCN).. (1)

(Consigne INCN referido al período cuya declaración debió presentarse en el año anterior. Por ejemplo, para la comunicación a presentar en 2003, consígnese el INCN correspondiente a la declaración por el Impuesto sobre Sociedades o el Impuesto sobre la Renta de no Residentes presentada en 2002, el cual, normalmente, será el referido al ejercicio fiscal iniciado en 2001).

3. Sociedad civil o entidad a que se refiere el artículo 33 de la Ley General Tributaria

Importe neto de la cifra de negocios:

- Correspondiente al antepenúltimo ejercicio .... (1)
  (Por ejemplo, en 2003 consigne el INCN de 2001)
- Correspondientes al ejercicio anterior.. (1)
  (Por ejemplo, en 2003 consigne el INCN de 2002

4. Grupo de sociedades, art. 42 Código de Comercio, incluidas entidades de crédito y aseguradoras

- Importe neto de la cifra de negocios del conjunto de las entidades del grupo .... (1)
  (Consigne INCN referido al período cuya declaración debió presentarse en el año anterior. Por ejemplo, para la comunicación a presentar en 2003, consígnese el INCN correspondiente a la declaración por el Impuesto sobre Sociedades o el Impuesto sobre la Renta de no Residentes presentada en 2002, el cual, normalmente, será el referido al ejercicio fiscal iniciado en 2001).
- NIF de las entidades del grupo (2)...........................
  (Excepto de la entidad dominante)

1	6
2	7
3	8
4	9
5	10

5. No residente con más de un establecimiento permanente en España.

- Importe neto de la cifra de negocios en territorio español del conjunto de establecimientos permanentes .... (1)
  (Consigne INCN referido al período cuya declaración debió presentarse en el año anterior. Por ejemplo, para la comunicación a presentar en 2003, consígnese el INCN correspondiente a la declaración por el Impuesto sobre la Renta de no Residentes presentada en 2002, el cual, normalmente, será el referido al ejercicio fiscal iniciado en 2001).
- NIF de los establecimientos permanentes (2)..........
  (Excepto el que aparece en la etiqueta identificativa adherida al modelo)

1
2
3
4
5

(1) Consígnese el importe íntegro sin decimales. En el caso de que el período impositivo haya tenido una duración inferior al año, el importe neto de la cifra de negocios se elevará al año.

(2) En el supuesto de tener que consignar más entidades de las previstas en el documento, adjunte cuantas copias del mismo sean necesarias.

7. Representante.

N.I.F.:

Apellidos y nombre o razón social

Domicilio

Vía pública | Núm.

Municipio | Provincia | C. Postal

8. Fecha y firma

Declaro/declaramos que son ciertos los datos consignados en la presente comunicación.

Lugar y fecha ______________

Firma del/de la interesado/a o de su representante

Fdo.: ______________

Ejemplar para la Administración.

4. Impuesto sobre el valor añadido (IVA)

El **impuesto sobre el valor añadido (IVA)** es un tributo indirecto que grava el consumo.

Tenemos que diferenciar dos tipos de IVA básicos a la hora de realizar la declaración de este impuesto.

Para realizar la liquidación del IVA solo debemos hacer una sencilla fórmula:

IVA repercutido − IVA soportado

El resultado de esta fórmula nos indica la cuantía que se debe pagar y quién la debe pagar.

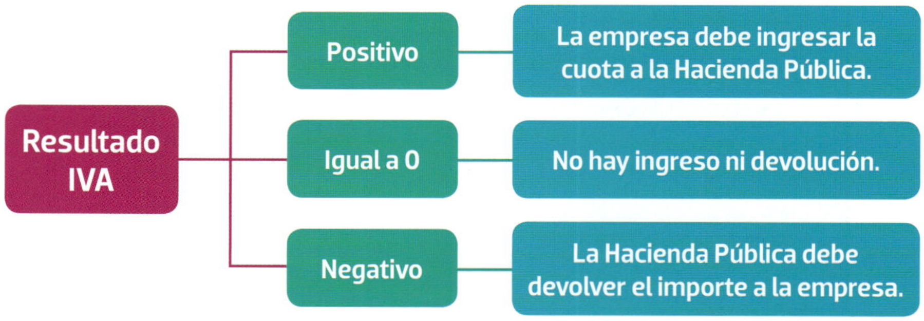

Saber más

¿IVA a devolver o a compensar?

Si en un determinado periodo de liquidación el IVA repercutido es menor que el soportado, el sujeto pasivo puede solicitar la devolución, pero también compensar el saldo con la liquidación siguiente.

Caso práctico resuelto

La empresa de Juan ha tenido durante este trimestre un IVA repercutido de 3 000 € y un IVA soportado de 2 000 €, por lo tanto, la liquidación del trimestre será:

IVA repercutido − IVA soportado = 3 000 € − 2 000 € = 1 000 €

Juan debe ingresar la cuota de 1 000 € en la Hacienda Pública.

Sin embargo, su amigo Manuel que ha obtenido en el mismo trimestre un IVA repercutido de 2 500 € y un IVA soportado de 3 000 € tendrá la liquidación del impuesto como se muestra a continuación:

IVA repercutido − IVA soportado = 2 500 € − 3 000 € = −500 €

En este caso, la liquidación es negativa lo que implica que la Hacienda Pública debe devolver a Manuel la cuota de 500 €.

Ángel en el mismo trimestre ha obtenido un IVA repercutido de 1 000 € y un IVA soportado también de 1 000 €, por lo que su liquidación será la siguiente:

IVA repercutido − IVA soportado = 1 000 € − 1 000 € = 0 €

La declaración de Ángel es neutra o igual a cero, por lo que ni Ángel ni la Hacienda Pública deben ingresar ni devolver ninguna cuota.

Vocabulario

VAT: en muchos documentos intracomunitarios podemos ver la palabra VAT. Son las siglas del inglés *value added tax* ('impuesto sobre el valor añadido').

4.1. Sujeto activo

El sujeto activo encargado de proporcionar la información correspondiente a los contribuyentes es la Agencia Tributaria, aunque para la recaudación del impuesto se necesita el apoyo de las empresas que son los agentes recaudatorios de este impuesto.

4.2. Sujeto pasivo

En la unidad 4 vimos la diferencia entre *sujeto pasivo* y *contribuyente*. Al abordar este impuesto tenemos que volver a recordar estos conceptos, ya que el **sujeto pasivo** son las personas físicas o jurídicas encargadas de elaborar las declaraciones pertinentes y las que deben realizar el ingreso del tributo en la Administración pública. Los **contribuyentes,** es decir, los que soportan el impuesto son los consumidores finales, ya que no pueden deducírselo.

En el IVA,al igual que en otros impuestos existen algunas operaciones que están exentas, pero en este caso debemos diferenciar 2 tipos de exenciones.

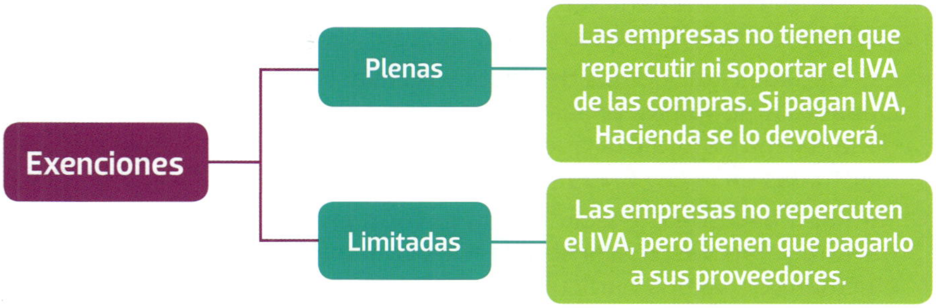

- **Exenciones plenas:** son aquellas en las que el IVA no se traslada al consumidor final y la empresa puede deducírselo en sus adquisiciones de bienes y servicios. **Ejemplo:** comercialización de la Unión Europea o en los puertos francos.
- **Exenciones limitadas:** son aquellas en las que el IVA no se traslada al consumidor final, pero la empresa ha de pagarlo a sus proveedores y acreedores. **Ejemplo:** la educación, la sanidad, etc.

Caso práctico resuelto

Lucía es la responsable de las ventas intracomunitarias de su empresa, en las cuales no se cobra IVA, pero su empresa puede deducirse el IVA de las compras que hayan realizado, es decir, si han pagado IVA por las compras, la Hacienda Pública deberá devolvérselo. A este tipo de exención las denominamos *plena*.

Álvaro tiene una clínica dental, en la que él, al comprar sus productos y maquinaria, debe pagar el IVA correspondiente, pero no puede repercutirlo a sus clientes. Álvaro paga el IVA, pero sus clientes no. Decimos que este tipo de exención es *limitada*.

Panorámica de la zona franca de Bouzas, que goza de las prestaciones y ventajas fiscales del régimen franco para el almacenaje y distribución de mercancías, lo que convierte dicha área industrial en la puerta atlántica del sur de Europa. Fotografía: Consorcio de la Zona Franca de Vigo.

Saber más

Zonas francas

Las zonas francas, o puertos francos son determinadas zonas geográficas en las que se goza de un régimen especial en cuanto a algunos impuestos.

Saber más

Exenciones limitadas

- Enseñanza en centros públicos o privados autorizados y clases particulares sobre materias incluidas en los planes de estudios del sistema educativo.
- Servicios de atención a niños en el centro docente.
- Asistencia a personas por profesionales médicos y servicios sanitarios.
- Servicios profesionales prestados por artistas plásticos, escritores, colaboradores literarios y gráficos.
- Servicios relativos a seguros, reaseguros, capitalización y operaciones financieras.
- Arrendamiento de viviendas y entrega de terrenos rústicos y no edificables.
- Sellos de correos y efectos timbrados de curso legal.

4.3. Hecho imponible

El impuesto sobre el valor añadido grava las **entregas de bienes y prestaciones de servicios** efectuadas por empresarios y profesionales, **las adquisiciones intracomunitarias** y las **importaciones de bienes,** es decir, es un impuesto que recae sobre el consumo.

El hecho imponible se delimita de forma positiva mediante supuestos de sujeción (operaciones «sujetas», como las rentas del trabajo, del capital, de actividades económicas, etc.), y de forma negativa con casos de no sujeción (operaciones «no sujetas», como ingresos recibidos de herencias y donaciones, por ejemplo). No deben confundirse los supuestos de *sujeción* y los de *exención,* antes estudiados.

4.4. Ámbito de aplicación

El ámbito de aplicación es todo el territorio español, excepto en las siguientes zonas:

- **Canarias:** se sustituye el IVA por el IGIC, que es el impuesto indirecto canario. Tiene la misma naturaleza que el IVA, pero con ciertas particularidades especiales especificadas en la Ley 20/1991, de 7 de junio.
- Las **ciudades autónomas de Ceuta y Melilla:** lo mismo pasa con las dos ciudades autónomas, en las cuales sustituimos el IVA por el IPSI, que es de la misma naturaleza que el IVA, pero con algunas particularidades registradas en la Ley 8/1991, de 25 de marzo.
- También hay que destacar que la gestión en los territorios forales de **Navarra** y **País Vasco** está cedida a las comunidades autónomas, que la efectúan con alguna particularidad diferente.

4.5. Periodo impositivo

El periodo impositivo coincide habitualmente con el ejercicio de la empresa, que suele ser el ejercicio natural, del 1 de enero al 31 de diciembre. Pero si la empresa tiene otro ejercicio diferente al natural, será este el periodo impositivo.

4.6. Devengo

El devengo es el último día del periodo impositivo, que en la mayoría de los casos será el 31 de diciembre.

Actividades

6. Define la diferencia que hay entre el IVA soportado y repercutido.

7. Calcula cómo será el resultado de la declaración en los siguientes casos:

a) La empresa A ha obtenido un IVA soportado de 45 879 € y un IVA repercutido de 78 954 €.

b) La empresa B ha obtenido un IVA soportado de 215 487 € y un IVA repercutido de 187 953 €.

c) La empresa C ha obtenido un IVA soportado de 15 487 € y un IVA repercutido de 15 487 €.

8. ¿Qué diferencias hay entre una exención plena y una limitada?

9. ¿Qué son las zonas francas?

10. Di si hay algún tipo de exención y de qué tipo son en los siguientes casos:

a) Comercialización de cerveza con Francia.

b) Compra de un abrigo.

c) Pago de mensualidad a una academia de matemáticas.

d) Compra de una vivienda nueva.

4.7. Plazo de presentación del impuesto

El plazo de presentación del impuesto depende del tipo de declaración.

Declaración anual

Del 1 al 30 de enero del año siguiente.

Declaración trimestral

Del 1 al 20 del mes siguiente al trimestre que se liquida.

Excepto si es el 4.º trimestre, cuyo plazo será del 1 al 30 de enero del año siguiente.

Declaración mensual

Del 1 al 20 del mes siguiente al que se liquida, incluido el mes de diciembre.

Navega

Entra en la siguiente página web para ver el listado de todos los productos y su correspondiente IVA:

- <http://bit.ly/2jcRrjD>.

4.8. Tipo impositivo

Existen tres tipos impositivos de IVA en función de los artículos que se consuman:

- El **tipo general (21 %)** se aplica a la mayor parte de los bienes que consumimos y afecta a todos los productos que no se regulan por el IVA reducido y el IVA superreducido. Ejemplo: suministros como gas, electricidad, gasolina, teléfono o internet; bienes de consumo como la ropa, artículos de decoración o entradas a teatros y espectáculos.
- El **tipo reducido (10%)** se aplica a aquellos bienes considerados básicos. Ejemplo: productos alimenticios; viviendas, garajes y anexos, obras de renovación y reparación de viviendas; la factura del agua, bebidas (excepto las alcohólicas, que llevan el IVA general); bienes de uso agrícola, forestal o ganadero; medicamentos para animales; productos farmacéuticos de uso directo por el consumidor final; prótesis, **órtesis**, implantes internos, gafas graduadas y lentes de contacto; flores y plantas vivas; objetos de arte; los servicios de transportes de viajeros; hostelería y restaurantes; actividades agrícolas, forestales y ganaderas, y servicios deportivos de carácter aficionado; asistencia social; ferias y exposiciones comerciales, etc.
- El **tipo superreducido (4 %)** se aplica a los artículos de primera necesidad. Ejemplo: alimentos básicos; medicamentos para uso humano; libros —excepto libros electrónicos—, periódicos y revistas; y para personas con discapacidad, prótesis, **órtesis**, implantes internos y vehículos....

Saber más

IVA de prensa y libros digitales

En diciembre de 2016, el Gobierno anunció que bajará el IVA de revistas, periódicos y libros digitales para igualarlo con los de formato en papel, de esta manera pasarán de pagar el 21 % a un tipo reducido del 4 %. Aún no se ha fijado la fecha de su entrada en vigor.

4.9. Modelos

Las declaraciones de IVA se engloban en el grupo 3, si bien los modelos más importantes son los siguientes:

- **Modelo 303**: Autoliquidación.
- **Modelo 390**: Declaración resumen anual.

Agencia Tributaria
Teléfono: 901 33 55 33
www.agenciatributaria.es

Impuesto sobre el Valor Añadido

Autoliquidación

Modelo **303**

Identificación (1)

Devengo (2) Ejercicio | Período

NIF | Apellidos y Nombre o Razón social

Espacio reservado para numeración por código de barras

	SI	NO
¿Está inscrito en el Registro de devolución mensual (Art. 30 RIVA)?		
¿Tributa exclusivamente en régimen simplificado?		
¿Es autoliquidación conjunta?		
¿Ha sido declarado en concurso de acreedores en el presente período de liquidación?		
¿Ha optado por el régimen especial del criterio de Caja (art. 163 undecies LIVA)?		
¿Es destinatario de operaciones a las que se aplique el régimen especial del criterio de caja?		
Opción por la aplicación de la prorrata especial (artículo 103.Dos.1° LIVA)		
Revocación de la opción por la aplicación de la prorrata especial (artículo 103.Dos.1° LIVA)		

Fecha en que se dictó el auto de declaración de concurso: Día | Mes | Año

Si se ha dictado auto de declaración de concurso en este período indique el tipo de autoliquidación: Preconcursal / Postconcursal

Liquidación (3)

Régimen general

IVA devengado

	Base imponible	Tipo %	Cuota
Régimen general	01	02	03
	04	05	06
	07	08	09
Adquisiciones intracomunitarias de bienes y servicios	10		11
Otras operaciones con inversión del sujeto pasivo (excepto. adq. intracom)	12		13
Modificación bases y cuotas	14		15
Recargo equivalencia	16	17	18
	19	20	21
	22	23	24
Modificaciones bases y cuotas del recargo de equivalencia	25		26

Total cuota devengada ([03] + [06] + [09] + [11] + [13] + [15] + [18] + [21] + [24] + [26])... 27

IVA deducible

	Base	Cuota
Por cuotas soportadas en operaciones interiores corrientes	28	29
Por cuotas soportadas en operaciones interiores con bienes de inversión	30	31
Por cuotas soportadas en las importaciones de bienes corrientes	32	33
Por cuotas soportadas en las importaciones de bienes de inversión	34	35
En adquisiciones intracomunitarias de bienes y servicios corrientes	36	37
En adquisiciones intracomunitarias de bienes de inversión	38	39
Rectificación de deducciones	40	41
Compensaciones Régimen Especial A.G. y P.		42
Regularización bienes de inversión		43
Regularización por aplicación del porcentaje definitivo de prorrata		44

Total a deducir ([29] + [31] + [33] + [35] + [37] + [39] + [41] + [42] + [43] + [44])............. 45

Resultado régimen general ([27] - [45])............. 46

4.10. Recargo de equivalencia

El **recargo de equivalencia** es un régimen especial dentro del impuesto sobre el valor añadido, de aplicación obligatoria a los comerciantes minoristas que venden los productos al consumidor final sin realizar ningún tipo de transformación en dichos productos, exclusivamente si son personas físicas o entidades en régimen de atribución de rentas en el IRPF, en ningún caso si se trata de personas jurídicas.

¿En qué consiste el recargo de equivalencia?

Este régimen especial se basa en que el minorista pague un IVA más alto de lo normal a cambio de no tener que presentar las declaraciones de IVA, lo que supone en muchos casos no tener que contratar a consultorías y gestorías especializadas para que les realicen estas declaraciones.

Se aplica únicamente en el caso de adquisiciones intracomunitarias, cuando sea sujeto pasivo por inversión y por las ventas de inmuebles sujetas y no exentas salvo que sean efectuadas en ejecución de garantía.

- El recargo es abonado por el minorista al proveedor. Los proveedores repercuten al comerciante en la factura, el IVA correspondiente más el recargo de equivalencia, por separado y a los siguientes tipos:
  - Artículos al tipo general del 21%: recargo del 5,2%
  - Artículos al tipo reducido del 10%: recargo del 1,4%
  - Artículos al tipo superreducido del 4%: recargo del 0,5%
- El proveedor liquida el IVA en su declaración trimestral de IVA.
- El minorista tiene que informar por adelantado al proveedor que está sujeto al recargo de equivalencia.

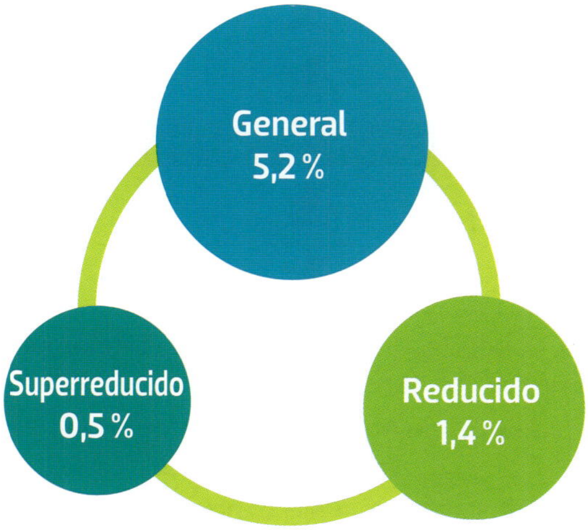

Saber más

Exclusiones del régimen especial del recargo de equivalencia

Los minoristas que comercialicen:

- Vehículos y remolques.
- Embarcaciones y buques.
- Aviones, veleros y aeronaves.
- Accesorios y piezas de recambio de los medios de transporte.
- Joyas, alhajas, piedras preciosas, perlas naturales o cultivadas.
- Prendas de vestir o de adorno personal confeccionadas con pieles de carácter suntuario.
- Objetos de arte originales, antigüedades y objetos de colección.
- Bienes de segunda mano.
- Aparatos y accesorios para la avicultura y apicultura.
- Productos petrolíferos.
- Maquinaria de uso industrial.
- Materiales y artículos para la construcción de edificaciones o urbanizaciones.
- Minerales, excepto el carbón.
- Hierros, aceros y otros metales no manufacturados.
- Oro de inversión definido en el artículo 140 de la Ley del IVA.

Actividades

11. Explica cuál es el periodo impositivo, el devengo y el plazo de presentación del impuesto sobre el valor añadido.

12. Di qué tipo de IVA llevarán los siguientes productos:

a) Unas gafas
b) Refresco
c) Jarrón
d) Ordenador
e) Sanidad
f) Pan
g) Bebidas alcohólicas
h) Educación
i) Legumbres
j) Medicamentos

PRÁCTICA PROFESIONAL INICIAL RESUELTA

La consultoría de Cayetana

1. ¿Qué obligaciones fiscales tienen estos negocios según sean personas físicas o jurídicas antes de iniciar su actividad económica? ¿Y durante la actividad? ¿Y al finalizar?

   Las obligaciones que tienen antes y durante la actividad empresarial son las siguientes:

Resumen de obligaciones fiscales por realizar actividades económicas			
Modelos	**Personas físicas**	**Personas jurídicas**	**Entidades sin personalidad jurídica**
Antes de iniciar la actividad			
Declaración censal (alta, solicitud NIF): modelo 036/037	✓	✓	✓
Durante la actividad			
Declaración censal (modificación): modelo 036/037	✓	✓	✓
IAE: modelo 840, 848	—	✓	✓
IRPF: modelo D-100, 130, 131	✓	—	✓ (Régimen de atribución de rentas)
Retenciones: modelo 111, 190	✓	✓	✓
IS: modelo 202, 222, 200, 220	—	✓	✓
IVA: modelo 303, 390	✓	✓	✓
Declaración anual de operaciones con terceros: modelo 347	✓	✓	✓
Al finalizar la actividad			
Declaración censal (baja): modelo 036/037	✓	✓	✓
IAE (baja): modelo 840	—	✓	✓

   Las declaraciones que debe presentar cada negocio, dependerán de su actividad. Por ejemplo, las personas físicas que no realicen operaciones con la Unión Europea no tendrán que realizar el modelo 349.

2. ¿Cuáles son los epígrafes por los que tributarían este tipo de empresas? ¿Cuáles serían los tipos de IVA correspondientes y los recargos de equivalencia?

   Para conocer el epígrafe, consultaremos: <www.epigrafesiae.com>. Para conocer los tipos de IVA: <http://bit.ly/2jcRrjD>. Siempre que conozcamos el tipo de IVA al que cada producto está sujeto, sabremos el recargo de equivalencia, basta con conocer el siguiente esquema:

	Epígrafe IAE	IVA	Recargo de equivalencia
Óptica Barrial, SL	659.3	10 %	1,4 %
Peluquería Ángel Guzmán	972.1	21 %	5,2 %
Electrónica Hogar, SL	653.2	21 %	5,2 %
Floristería El Bosque, CB	659.7	10 %	1,4 %
El Rincón de Rafa, SL	671.1 a 671.5 (según la calificación del restaurante de 1 a 5 tenedores)	10 %	1,4 %

PRÁCTICA PROFESIONAL RESUELTA

Las liquidaciones de IVA de la empresa de María Jesús

La empresa de M.ª Jesús ha realizado durante el primer trimestre compras (sin IVA) del tipo general por valor de 25 000 € y del tipo superreducido por 5 000 €; también ha realizado ventas (sin IVA): general 20 000 €. En el segundo trimestre las cantidades son para las compras (IVA incluido): general 50 820 € y para las ventas (IVA incluido): 60 500 €. En el tercer trimestre las cuotas de IVA son compras (cuota de IVA): 3 000 € y ventas (cuota de IVA): 3 000 €.

Se pide:

Realizar las liquidaciones de los 3 primeros trimestres.

Tenemos que tener especial cuidado con la forma en que nos dan los datos, ya que en el primer trimestre los datos son las cantidades que han comprado, pero sin IVA, y como necesitamos la cuota, tenemos que calcularla.

1.er Trimestre:

- Cuota de IVA general soportado = 25 000 × 0,21 = 5 250
- Cuota de IVA superreducido soportado = 5 000 × 0,04 = 200
- Cuota de IVA general repercutido = 20 000 × 0,21 = 4 200

Por lo tanto, la liquidación de IVA del primer trimestre queda de la siguiente manera:

Liquidación = IVA repercutido – IVA soportado = 4200 – 5450 = –1250. El resultado es negativo, esto implica que al ser mayor el IVA soportado será la Agencia Tributaría la que deba devolver la cuota de la declaración a la empresa.

2.º Trimestre:

- Cuota de IVA general soportado = $\dfrac{50\,820}{1{,}21} \times 0{,}21 = 8\,820$
- Cuota de IVA general repercutido = $\dfrac{60\,500}{1{,}21} \times 0{,}21 = 10\,500$

Por lo tanto, la liquidación de IVA del segundo trimestre queda de la siguiente manera:

Liquidación = IVA repercutido – IVA soportado = 10 500 – 8 820 = 1 680 €. El resultado es positivo, esto implica que al ser menor el IVA soportado será la empresa la que debe ingresar la cuota a la Agencia Tributaria.

3.er Trimestre:

En este caso nos dan las cuotas ya calculadas, por lo tanto, solo tenemos que realizar la liquidación: IVA repercutido – IVA soportado = 3 000 – 3 000 = 0 €. El resultado es cero por lo que no se debe realizar ningún ingreso ni devolución.

TEST DE EVALUACIÓN

RESUELVE EN TU CUADERNO O BLOC DE NOTAS

1. Un tributo indirecto es...

a) El impuesto de actividades económicas.
b) El impuesto sobre el valor añadido.
c) Las dos anteriores son correctas.
d) Ninguna de las respuestas anteriores es correcta.

2. Las exenciones limitadas son...

a) Aquellas en las que el IVA no se traslada al consumidor final y la empresa no puede deducírselo.
b) Aquellas en las que el IVA no se traslada al consumidor final y la empresa puede deducírselo.
c) Las dos respuestas anteriores son correctas.
d) Ninguna de las respuestas anteriores es correcta.

3. El impuesto que grava el consumo es el...

a) IS.
b) IAE.
c) IVA.
d) Ninguna de las anteriores.

4. El tipo impositivo superreducido de IVA es el...

a) 21 %.
b) 10 %.
c) 5,2 %.
d) 4 %.

5. El recargo de equivalencia general es el...

a) 10 %.
b) 5,2 %.
c) 1,4 %.
d) 0,5 %.

6. La declaración de todas las actividades económicas que presenten los sujetos pasivos exentos se realiza mediante el modelo...

a) 303.
b) 390.
c) 840.
d) 848.

7. En Ceuta y Melilla el IVA se sustituye por el...

a) IPSI.
b) IGIC.
c) El IVA no se sustituye en Ceuta y Melilla.
d) Ceuta y Melilla están exentas de impuestos.

8. La cuota de IVA soportado es menor que la de IVA repercutido, lo que implica que el resultado de la declaración sale...

a) A ingresar.
b) A devolver.
c) Igual a cero.
d) No podemos saberlo sin más datos.

9. La AEAT solo realiza la gestión censal y la inspección del IAE en la cuota...

a) Nacional.
b) Provincial.
c) Municipal.
d) En ningún caso.

10. En el IAE se aplica a la cuota del impuesto el coeficiente correspondiente en función del importe neto de la cifra de negocio, dicho coeficiente es...

a) El coeficiente de ponderación.
b) El coeficiente de situación.
c) EL coeficiente local.
d) El coeficiente de beneficios.

ACTIVIDADES FINALES

1. Define qué es el impuesto de actividades económicas y el impuesto sobre el valor añadido. Explica las diferencias entre los dos impuestos.

2. Copia esta tabla en tu cuaderno y complétala:

	IAE	IVA
Sujeto activo		
Sujeto pasivo		
Hecho imponible		

3. Teniendo en cuenta el impuesto sobre actividades económicas, ¿cómo serán los periodos impositivos en los siguientes casos?
   a) La empresa A comenzó su actividad el 8 de abril del año 20XX.
   b) La empresa B terminó su actividad el 16 de enero de 20XX.
   c) La empresa C comenzó su actividad el 18 de enero del 20XX.
   d) La empresa D comenzó su actividad el 9 de septiembre de 20XX.
   e) La empresa E terminó su actividad el 29 de junio de 20XX.

4. copia la siguiente tabla en tu cuaderno y realiza la liquidación de IVA y su resultado.

Empresa	Cuota de IVA repercutido	Cuota de IVA soportado	Liquidación	Resultado
A	20 000 €	40 000 €	....	....
B	50 000 €	10 000 €	....	....
C	60 000 €	60 000 €	....	....
D	30 000 €	70 000 €	....	....
E	80 000 €	10 000 €	....	....

5. Di si los siguientes conceptos son exenciones plenas o limitadas en función del impuesto sobre el valor añadido:
   a) Sanidad
   b) Puertos francos
   c) Educación
   d) Comercialización de la Unión Europea

6. Di qué tipo impositivo se aplicaría si compráramos los siguientes productos y servicios:
   a) Un jarrón
   b) Unos medicamentos
   c) Un pantalón
   d) Unas gafas
   e) Una sesión de peluquería
   f) Una clase de matemáticas en una academia
   g) Una bebida alcohólica
   h) Una bebida sin alcohol
   i) Un kilo de legumbres
   j) Un paquete de semillas
   k) Una entrada de teatro
   l) Un kilo de harina

7. Di si las siguientes afirmaciones son correctas, en caso contrario explica por qué.
   a) El IVA es un impuesto directo igual que el IAE.
   b) En las islas Canarias en lugar de IVA se aplica el IPSI.
   c) Si la liquidación de IVA es negativa, quiere decir que la Hacienda Pública debe devolver la cuota resultante a la empresa.
   d) El IVA soportado siempre lo paga la empresa.
   e) El coeficiente de situación pondera más a aquellos establecimientos cuyas zonas de ubicación son mejores para su negocio.
   f) Las cuotas del IAE pueden ser municipales, provinciales o nacionales.

PRÁCTICA PROFESIONAL PROPUESTA 1

Revisando las declaraciones de IVA e IAE

Javier trabaja para la AEAT revisando las declaraciones de IVA de las diferentes empresas y su amigo Jesús revisa los epígrafes de las actividades económicas. Javier tiene un problema con algunas declaraciones por lo que pide ayuda a Jesús. Los datos que posee son en miles de euros.

Empresa A:
Compras sin IVA general: 591 000 €
Ventas IVA incluido general: 758 000 €

Empresa B:
Compras sin IVA reducido: 342 000 €
Ventas IVA incluido reducido: 156 000 €

Empresa C:
Compras sin IVA superreducido: 800 000 €
Ventas IVA incluido superreducido: 832 000 €

Copia en tu cuaderno los siguientes cuadros y esquemas y complétalos para ayudar a Javier y Jesús a revisar las declaraciones de IVA:

Empresa	IVA repercutido	IVA soportado	Cuota liquidación	Ingreso o devolución en AEAT
Empresa A				
Empresa B				
Empresa C				

Ayuda a Jesús a completar este esquema recordatorio sobre el IAE que está realizando y que le facilitará su trabajo. Cópialo en tu cuaderno y escribe lo que falta.

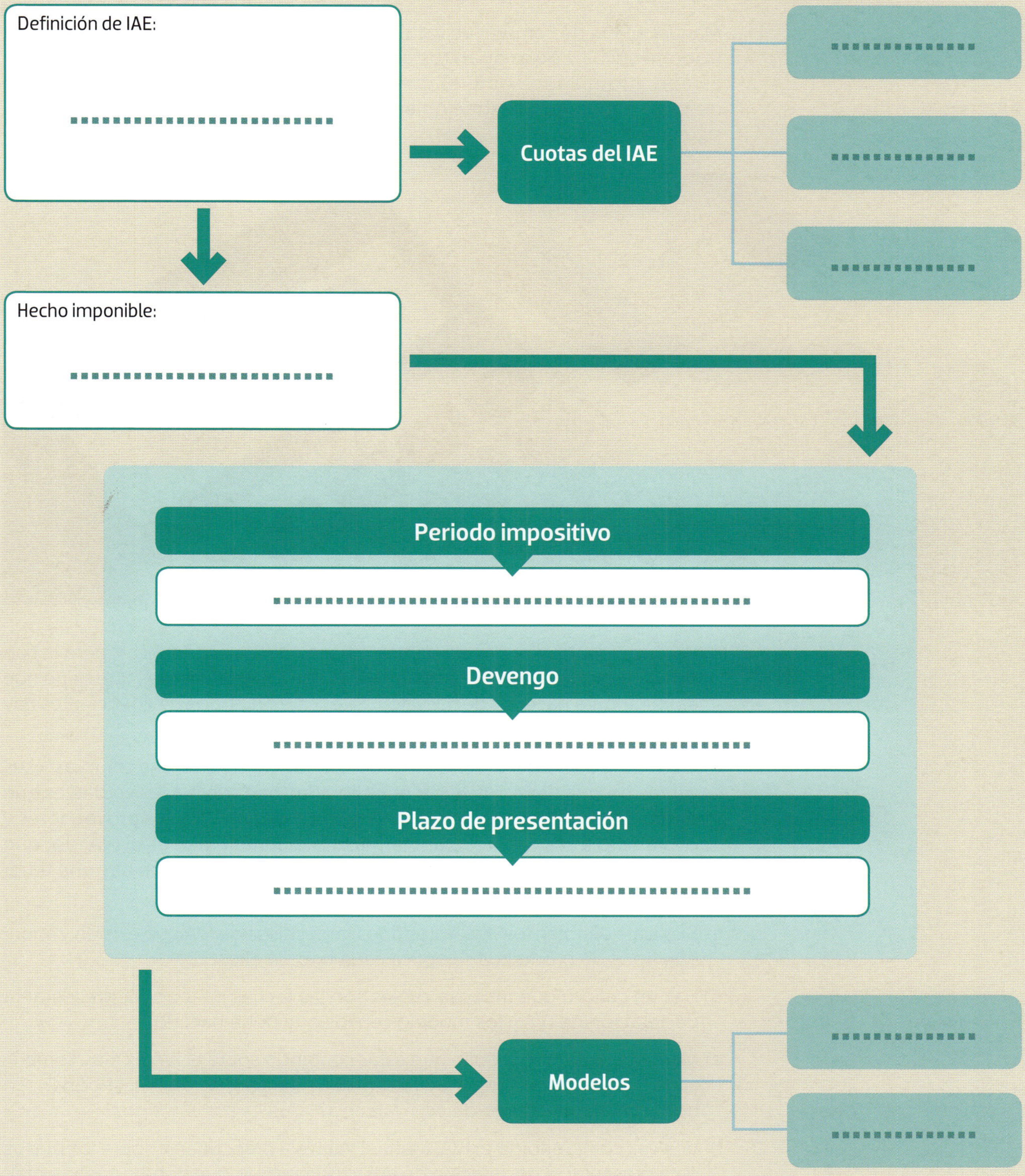

PRÁCTICA PROFESIONAL PROPUESTA 2

Un negocio de reparación de electrodomésticos

Manuel acaba de comprar un local para comenzar a trabajar arreglando electrodomésticos y otros aparatos electrónicos el próximo 29 de junio. Se ha estado informando sobre lo que tiene que hacer para estar al corriente de pago con la Administración tributaria, pero necesitará tu ayuda en los siguientes casos:

a) Ha decidido tributar por el régimen de actividades económicas, pero le han dicho sus amigos que debe mirar cuáles son los coeficientes que tiene que emplear para hacer su declaración. Explícale qué tipos de coeficientes hay y para qué se utilizan.

b) Además, debe tener mucho cuidado con las cuentas de sus compras y sus ventas porque tiene que hacer unas liquidaciones de IVA. La verdad es que siempre había pensado que él solo debía pagar el IVA a sus proveedores y cobrárselo a sus clientes y ahí terminaba. Cuéntale qué es el IVA, por qué debe hacer la declaración y los diferentes tipos de IVA que hay que tener en cuenta para realizar la declaración.

c) Explícale también los diferentes tipos impositivos de IVA que existen y sobre qué tipos de productos se aplica cada uno de ellos.

d) Haz un cuadro que muestre cuáles son las fechas para poder presentar la declaración de IVA y los modelos en los que debe hacerlo.

e) Manuel piensa que todo lo que estás contando sobre el IVA es muy complicado y desearía no tener que hacer las declaraciones de IVA. ¿Podría? ¿En qué consiste el recargo de equivalencia? ¿Cuáles son sus tipos?

f) Una vez comprendido el IVA, Manuel vuelve a preocuparse sobre los plazos para presentar la declaración de IAE y los modelos que debe cumplimentar. Proporciónale dicha información.

EN RESUMEN

	Impuesto sobre actividades económicas IAE	Impuesto sobre el valor añadido IVA
Sujeto activo	Agencia Tributaria	Agencia Tributaria
Sujeto pasivo	Personas físicas y jurídicas, y entidades sin personalidad jurídica que realicen actividades económicas.	Personas o entidades que adquieran productos o servicios para su consumo.
Hecho imponible	Realizar una actividad económica.	Consumo.
Ámbito de aplicación	Territorio nacional, sin perjuicio de los regímenes forales (País Vasco y Navarra) y las particularidades de Ceuta y Melilla.	Territorio nacional, excepto islas Canarias, Ceuta y Melilla, y con particularidades en los territorios forales.
Periodo impositivo	Generalmente coincide con el ejercicio natural, es decir, del 1 de enero al 31 de diciembre.	Ejercicio natural del 1 de enero al 31 de diciembre, con carácter general.
Devengo	En términos generales el 31 de diciembre.	31 de diciembre.
Plazo de presentación	Depende de cada municipio.	La declaración anual: 1 al 30 de enero del año siguiente al ejercicio. Hay también declaraciones mensuales y trimestrales.
Tipo impositivo	Según los coeficientes de ponderación y situación.	21 %, 10 % y 4 % dependiendo del producto.
Modelos	840 y 848.	303 y 390.

6 El impuesto sobre sociedades (IS) y el impuesto sobre la renta de las personas físicas (IRPF)

Vamos a conocer...

PRÁCTICA PROFESIONAL INICIAL

1. El impuesto sobre sociedades (IS)
2. El impuesto sobre la renta de las personas físicas (IRPF)

PRÁCTICA PROFESIONAL INICIAL RESUELTA

PRÁCTICA PROFESIONAL PROPUESTA

EN RESUMEN

Y al finalizar esta unidad...

- Conoceremos la naturaleza y elementos del impuesto sobre sociedades.
- Diferenciaremos los modelos y plazos de la liquidación del impuesto sobre sociedades.
- Conoceremos la naturaleza y ámbito de aplicación del IRPF.
- Analizaremos las formas de estimación de la renta.
- Sabremos las diferentes retenciones del IRPF.

Práctica profesional inicial

Situación de partida

Alberto ha abierto una tienda de mermeladas caseras en su pueblo. Es una tienda muy pequeña y a él no se le dan bien las cuentas, por lo que le han dicho que forme una empresa individual, ya que es más sencillo: lo único que debe hacer es la declaración de la renta correspondiente.

Al lado de su local, Lola ha abierto una pyme de informática. Diseña *software* para diferentes empresas de la zona, arregla ordenadores y vende equipos electrónicos. No es una empresa muy grande, pero ha decidido crear una sociedad de responsabilidad limitada para limitar su responsabilidad personal en caso de que su proyecto empresarial fracase.

Después del primer año de ejercicio de la empresa llega el momento de presentar sus respectivos impuestos. La información que poseemos de ellos es la siguiente:

- La empresa de Alberto se creó el 25 de mayo de 2016 y, hasta finales de ese mismo año, obtuvo un rendimiento neto de actividades económicas de 25 000 €.
- La empresa de Lola también se creó el 25 de mayo de 2016 y ha obtenido una renta durante el periodo impositivo de 79 000 €. El año fiscal de esta empresa se extiende del 01/05 al 30/04.

Estudio del caso

1. ¿Qué impuesto pagará Lola? ¿Y Alberto? ¿Por qué?
2. ¿Alguno de los dos está exento del pago de impuestos? Justifica tu respuesta.
3. ¿Cuál es el periodo impositivo, el devengo y el plazo de presentación en cada uno de los casos?
4. ¿Podrías calcular cuál es la cuota a pagar en cada uno de los supuestos del caso?
5. ¿Qué modelos deben presentar?

Recuerda

Impuesto personal: se trata de un impuesto que recae sobre una persona (física o jurídica) teniendo en cuenta la situación personal del contribuyente.

Ejemplo: si una empresa tiene más beneficios, deberá pagar mayores cuotas; del mismo modo, los tipos impositivos del País Vasco y Navarra difieren del régimen aplicable al resto del territorio nacional.

Saber más

Asociaciones y fondos sujetos pasivos del IS

Entre otros contribuyentes, la Ley contempla los siguientes:

- Fondos de inversión regulados en la Ley de Instituciones de Inversión Colectiva.
- Uniones temporales de empresas.
- Fondos de capital riesgo y fondos de inversión colectiva de tipo cerrado.
- Fondos de pensiones.
- Fondos de regulación del mercado hipotecario.
- Fondos de titulización hipotecaria.
- Fondos de titulización de activos.
- Fondos de garantía de inversiones.
- Comunidades titulares de montes vecinales en mano común.
- Fondos de activos bancarios.

1. Impuesto sobre sociedades (IS)

El estado del bienestar en el que vivimos necesita que todos los agentes económicos contribuyan a ese desarrollo y, para ello, el Estado debe recibir ingresos. Estos ingresos se pueden conseguir de diferentes modos, el más habitual de ellos son los impuestos. Las empresas, como agentes económicos que son, también deben pagar los impuestos correspondientes. En esta unidad vamos a aprender cómo funciona el impuesto sobre sociedades (IS).

El **impuesto sobre sociedades (IS)** es un tributo de carácter personalista y directo que grava la obtención de rentas por parte de las empresas y otras entidades jurídicas (incluso de algunas no jurídicas) que residan en territorio español.

1.1. Sujeto activo

El sujeto activo encargado de proporcionar la información correspondiente a las empresas, de realizar la recaudación del impuesto y la comprobación de que todo se lleva a cabo según la ley es la **Agencia Tributaria**.

1.2. Sujeto pasivo

El sujeto pasivo de este impuesto son todas aquellas **personas jurídicas** que obtengan rentas residiendo en territorio español, así como las asociaciones y fondos que, aun no teniendo personalidad jurídica propia, están contemplados en la ley.

Consideramos que la empresa reside en territorio español siempre que se den una de estas tres situaciones:

Residencia en territorio español

- Que la empresa se haya constituido de acuerdo a las leyes españolas
- Que su domicilio social sea el territorio español
- Que su sede principal resida en territorio español

Aun cumpliendo estas características, hay entidades que están exentas del impuesto, según el artículo 9.1 de la Ley 27/2014, de 27 de noviembre, del Impuesto sobre Sociedades.

Totalmente exentos del impuesto

- El Estado, las comunidades autónomas y las entidades locales.
- Los organismos autónomos del Estado y entidades de derecho público de análogo carácter de las comunidades autónomas y de las entidades locales.
- El Banco de España, el Fondo de Garantía de Depósitos de entidades de crédito y los fondos de garantía de inversiones.
- Las entidades gestoras y servicios comunes de la Seguridad Social.
- El Instituto de España y las reales academias oficiales integradas en aquel y las instituciones de las comunidades autónomas con lengua oficial propia que tengan fines análogos a los de la Real Academia Española.
- Los organismos públicos mencionados en las disposiciones adicionales novena y décima, apartado 1, de la actualmente derogada Ley 6/1997, de 14 de abril, de Organización y Funcionamiento de la Administración General del Estado (es decir, la Agencia Estatal de Administración Tributaria, el Consejo Económico y Social, etc.), así como las entidades de derecho público de análogo carácter de las comunidades autónomas y de las entidades locales.
- Las agencias estatales a que se refieren las disposiciones adicionales primera, segunda y tercera de la actualmente derogada Ley 28/2006, de 18 de julio, de las agencias estatales para la mejora de los servicios públicos (es decir, el BOE y otras agencias estatales), así como aquellos organismos públicos que estuvieran totalmente exentos de este impuesto y se transformen en agencias estatales.
- El Consejo Internacional de Supervisión Pública en estándares de auditoría, ética profesional y materias relacionadas.

Navega

Visita la web de la Agencia Tributaria, donde podrás conocer todas las novedades sobre el impuesto de sociedades:

- <www.agenciatributaria.es>.

Parcialmente exentos del impuesto

- Las entidades e instituciones sin ánimo de lucro no exentas.
- Las uniones, federaciones y confederaciones de cooperativas.
- Los colegios profesionales, las asociaciones empresariales, las cámaras oficiales y los sindicatos de trabajadores.
- Los fondos de promoción de empleo constituidos al amparo del artículo veintidós de la Ley 27/1984, de 26 de julio, sobre reconversión y reindustrialización.
- Las mutuas colaboradoras de la Seguridad Social, reguladas en el texto refundido de la Ley General de la Seguridad Social, aprobado por el Real Decreto Legislativo 8/2015, de 30 de octubre.
- Las entidades de derecho público Puertos del Estado y las respectivas de las comunidades autónomas, así como las autoridades portuarias.
- Los partidos políticos, en los términos de la Ley Orgánica 8/2007, de 4 de julio, sobre financiación de los partidos políticos.

Vocabulario

Es importante distinguir el *domicilio social* del *domicilio fiscal*, si bien es cierto que en muchos casos coinciden.

El **domicilio social** es aquel que consta en la escritura de constitución de la sociedad y es público, de manera que cualquier interesado pueda localizar la situación de la empresa.

El **domicilio fiscal** es el lugar en el que podemos localizar al obligado tributario.

Actividades

1. Explica qué significa que el impuesto sobre sociedades sea *personalista* y *directo*. ¿Qué diferencias hay entre estas dos características?
2. Di si las siguientes organizaciones están sujetas o no al impuesto o si están exentas:
   a) Empresa con residencia en territorio español cuya cifra de negocios no supera los 75 000 €.
   b) Uniones temporales de empresas.
   c) Agencias estatales.
   d) Empresa con residencia en territorio español cuya cifra de negocios supera los 75 000 €.

Saber más

¿Quiénes están obligados a presentar la declaración del IS?

Están obligados a presentar la declaración del IS todos los sujetos pasivos del mismo, con independencia de que hayan desarrollado o no actividades durante el período impositivo y de que se hayan obtenido o no rentas sujetas al impuesto.

Como únicas excepciones a la obligación general de declarar, la normativa vigente contempla:

- Las entidades declaradas totalmente exentas por el artículo 9.1 de la Ley del Impuesto sobre Sociedades o que les sea aplicable el régimen de este artículo.
- Las comunidades titulares de montes vecinales en mano común respecto de aquellos períodos impositivos en que no tengan ingresos sometidos al IS, ni incurran en gasto alguno, ni realicen las inversiones que dan derecho a la reducción en la base imponible específicamente aplicable a estos sujetos pasivos.
- Las entidades parcialmente exentas a que se refiere el artículo 9.3 de la Ley del impuesto sobre sociedades que cumplan tres requisitos:
  - Que sus ingresos totales no superen 100 000 € anuales.
  - Que los ingresos correspondientes a rentas no exentas sometidas a retención no superen 2 000 € anuales.
  - Que todas las rentas no exentas que obtengan estén sometidas a retención.
- Los partidos políticos, en relación a las rentas exentas.

1.3. Hecho imponible

Como ya hemos definido el impuesto, podemos hacernos una idea de cuál es el hecho imponible: la obtención de rentas de las empresas y entidades. El objetivo de toda empresa es la obtención de beneficios y, por ello, deben contribuir a la sociedad. Tal y como muestra la Agencia Tributaria, el impuesto sobre sociedades es un impuesto que grava los beneficios de las distintas entidades.

1.4. Ámbito de aplicación

El ámbito de aplicación es todo el territorio español, aunque hay que matizar que no en todo el territorio nacional el impuesto tiene la misma exigibilidad. El País Vasco, la Comunidad Foral de Navarra, Canarias y las ciudades autónomas de Ceuta y Melilla han suscrito determinados acuerdos económicos diferentes.

1.5. Periodo impositivo

Podemos decir en términos generales que el periodo impositivo será el mismo que el ejercicio económico de cada empresa (salvo excepciones). Vamos a entenderlo con el siguiente esquema:

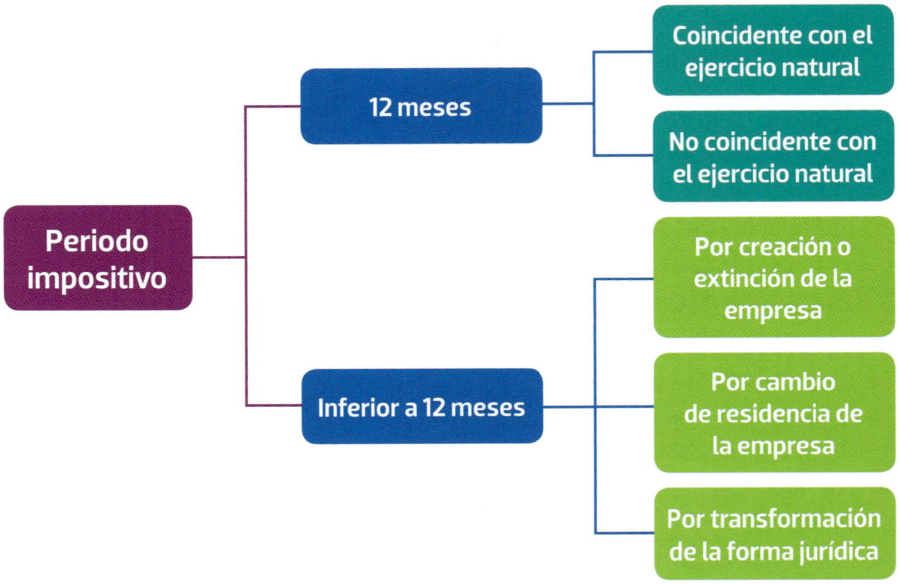

Caso práctico resuelto

Marta crea una empresa el 1 de marzo del año 2014 y su ejercicio económico será el año natural; por lo tanto, el primer impuesto sobre sociedades tendrá un periodo impositivo inferior a 12 meses. Pero al año siguiente su periodo impositivo será del 1 de enero al 31 de diciembre de 2015.

Sin embargo, la empresa en la que trabaja su primo Pablo tiene su actividad empresarial del 1 de octubre al 30 de septiembre, por lo que su periodo impositivo también será del 1 de octubre de 2014 al 30 de septiembre de 2015.

Si ambas empresas cierran, cambian de residencia o de forma jurídica, el 25 de febrero de 2018, el periodo impositivo de ese ejercicio para la empresa de Marta será del 1 de enero de 2018 al 25 de febrero de 2018. Pero el periodo impositivo de la empresa de Pablo será del 1 de octubre de 2017 al 25 de febrero de 2018. En cualquier caso nunca se podrá superar los 12 meses.

1.6. Devengo

El devengo del impuesto sobre sociedades tiene lugar en todos los casos anteriores el último día del periodo impositivo.

Siguiendo con el caso práctico anterior, los devengos serán en las siguientes fechas:

Devengo	Empresa de Marta Periodo impositivo: 1 de enero al 31 de diciembre	Empresa de Pablo Periodo impositivo: 1 de octubre al 30 de septiembre
Año 2014	31 de diciembre	30 de septiembre
Año 2015	31 de diciembre	30 de septiembre
Año 2016	31 de diciembre	30 de septiembre
Año 2017	31 de diciembre	30 de septiembre
Año 2018	25 de febrero	25 de febrero

Recuerda

Modelos

Las declaraciones de este impuesto hay que presentarlas mediante los siguientes documentos:

- **Modelo 200:** declaración anual del impuesto sobre sociedades.
- **Modelo 202:** pagos fraccionados del impuesto sobre sociedades (régimen general).
- **Modelo 220:** declaración-liquidación aplicable a los grupos de sociedades.

Actividades

3. La empresa de Cristina obedece a un periodo impositivo igual al año natural. ¿Cuál es su periodo impositivo en el año 2018? ¿Y el devengo?
4. La empresa de Rubén tiene un periodo impositivo diferente al año natural del 1 de noviembre al 31 de octubre ¿Cuál es su periodo impositivo en el año 2018? ¿Y el devengo?
5. ¿Qué lugares de la geografía española tienen acuerdos económicos diferentes de cara al ámbito de aplicación del impuesto sobre sociedades?
6. ¿Cuál es el hecho imponible del impuesto sobre sociedades?

Actividades

7. Explica si las siguientes afirmaciones son verdaderas o falsas y justifica su porqué.

a) El plazo de presentación del impuesto sobre sociedades son los 6 meses posteriores al devengo.

b) El devengo es el último día del plazo de presentación del impuesto.

c) El periodo impositivo siempre coincide con el año natural.

8. Explica cuáles son los diferentes tipos de declaraciones en el impuesto sobre sociedades.

9. Entra en la página web de la Agencia Tributaria (<www.agenciatributaria.es>) y busca programas de ayudas para realizar la declaración del impuesto sobre sociedades.

1.7. Plazo de presentación del impuesto

Al contrario de lo que ocurre en otros impuestos cuyo plazo de presentación del impuesto es el mismo para todos los contribuyentes, en el impuesto sobre sociedades el plazo de presentación dependerá de la fecha del fin del periodo impositivo de cada empresa.

El plazo de presentación serán los 25 días naturales siguientes a los 6 meses de que haya finalizado el periodo impositivo.

Si seguimos con nuestro ejemplo anterior, la empresa de Marta finaliza su periodo impositivo el día 31 de diciembre, por lo tanto, el plazo de presentación del impuesto será del 1 al 25 de julio del siguiente año.

1.8. Cálculo del impuesto

- Base imponible

  Está constituida por el importe de la renta obtenida en el periodo impositivo, a la que se resta, en su caso, la compensación de bases imponibles negativas de periodos impositivos anteriores. En ocasiones, la base puede reducirse en ciertos porcentajes (por ejemplo, por rentas por cesión de uso o explotación de patentes, dibujos y modelos, etc.), con determinados límites.

- Tipo impositivo

  El tipo impositivo cambia en función de diferentes opciones. En términos generales es de un 25 %, si bien hay un tipo reducido del 15 % para emprendedores, del 25 % para pymes, del 20 % para cooperativas y entre el 20 % y el 25 % para microempresas.

- Cuota íntegra

  Es la cantidad resultante de aplicar el tipo de gravamen a la base imponible. En determinados casos (rentas obtenidas en Ceuta y Melilla, en el extranjero, etc.) es posible la aplicación de bonificaciones y deducciones para ajustar definitivamente esta cuota.

  Base imponible × tipo impositivo = cuota íntegra

- Cuota líquida

  En algunos casos previstos por la ley, el contribuyente tiene derecho a deducciones para estimular la inversión y fomentar el empleo (por ejemplo, por actividades de investigación y desarrollo, por crear empleo para trabajadores con discapacidad, etc.) sobre la cuota íntegra. La cantidad resultante es la cuota líquida.

  Cuota íntegra − deducciones por inversiones y para incentivar ciertas actividades = cuota líquida

- Cuota diferencial

  Es el resultado de la deducción de las **retenciones e ingresos a cuenta** (cantidades que se retienen o ingresan en el Tesoro Público, respectivamente, a modo de anticipos, por el pago de determinadas rentas) y los **pagos fraccionados** (abonos a cuenta de la liquidación correspondiente al periodo impositivo en curso, que deberán ser descontados). La cuota diferencial, tras unos ajustes finales, podrá ser positiva (a ingresar), cero, o negativa (a devolver).

  Cuota líquida − retenciones a cuenta − ingresos a cuenta − pagos fraccionados = cuota diferencial

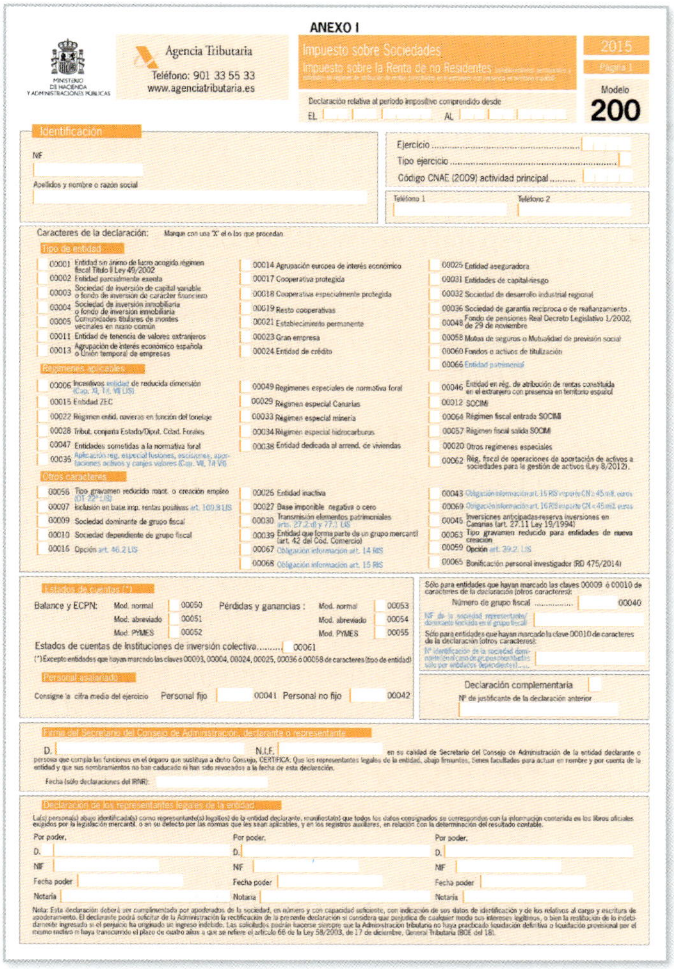
ANEXO I

Agencia Tributaria
Teléfono: 901 33 55 33
www.agenciatributaria.es

Impuesto sobre Sociedades
Impuesto sobre la Renta de no Residentes

2015
Página 1
Modelo
200

Declaración relativa al período impositivo comprendido desde EL ... AL ...

Identificación
NIF
Apellidos y nombre o razón social
Ejercicio
Tipo ejercicio
Código CNAE (2009) actividad principal
Teléfono 1
Teléfono 2

Caracteres de la declaración:
Tipo de entidad
Regímenes aplicables
Otros caracteres
Estados de cuentas
Balance y ECPN:
Pérdidas y ganancias:
Personal asalariado
Personal fijo
Personal no fijo
Declaración complementaria
Firma del Secretario del Consejo de Administración, declarante o representante
Declaración de los representantes legales de la entidad

Recuerda

El plazo de presentación del impuesto sobre sociedades no es el mismo para todos los contribuyentes. La fecha puede variar en función de si el periodo impositivo de la empresa coincide con el ejercicio natural o no.

Caso práctico resuelto

ALFA es una empresa, domiciliada en Cádiz, dedicada a la reparación de automóviles, que cuenta en el último ejercicio con un resultado contable de 150 000 euros. Debido a la crisis en el sector, ha dotado contablemente una provisión por 50 000 euros para responder al pago de las posibles indemnizaciones que pudieran fijarse tras el despido de 7 de sus empleados. La empresa presenta una base imponible negativa pendiente de compensar, procedente del ejercicio anterior, de 10 000 euros.

ALFA tiene derecho a una deducción de 9 000 euros por la contratación de un trabajador con una discapacidad del 45 %.

Por último, las retenciones a cuenta practicadas a la sociedad ascienden a 1 900 euros, y los pagos fraccionados en el ejercicio suman 22 000 euros.

Con los citados datos, calcula la base imponible, el tipo impositivo, la cuota íntegra, la cuota líquida y la cuota diferencial en el ejercicio en cuestión.

Solución:

Realizaremos en primer lugar un ajuste extracontable, añadiendo la provisión de fondos al resultado contable del ejercicio: 150 000 + 50 000 = 200 000, que es la base imponible previa.

A esa cantidad restaremos la base imponible compensable del ejercicio anterior, de modo que 200 000 – 10 000 = 190 000, que sería la base imponible.

Aplicaremos a esa base el tipo impositivo del 25 %: 47 500, que será la cuota íntegra.

A la cuota íntegra restaremos las posibles deducciones. En este caso, la cuantía es fija, de 9 000 euros (aplicable a trabajadores con una discapacidad igual o superior al 33 % e inferior al 65 %) 47 500 – 9 000 euros = 38 500, que es la cuota líquida.

Para calcular la cuota diferencial del ejercicio, restaremos los pagos a cuenta (retenciones y pagos fraccionados), de modo que 38 500 – (1 900 + 22 000) = 14 600 euros (a ingresar).

2. Impuesto sobre la renta de las personas físicas (IRPF)

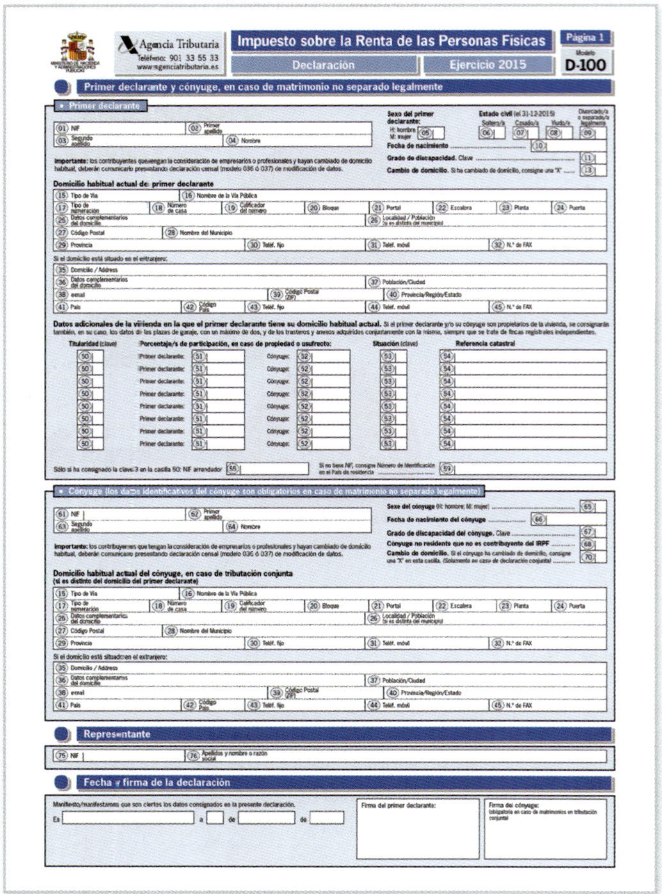
Agencia Tributaria
Impuesto sobre la Renta de las Personas Físicas
Página 1
Declaración
Ejercicio 2015
Modelo D-100
Primer declarante y cónyuge, en caso de matrimonio no separado legalmente
Primer declarante
Domicilio habitual actual del primer declarante
Cónyuge (los datos identificativos del cónyuge son obligatorios en caso de matrimonio no separado legalmente)
Domicilio habitual actual del cónyuge, en caso de tributación conjunta
Representante
Fecha y firma de la declaración

Al igual que las empresas pagan impuestos por la obtención de rentas, las personas físicas también. Cuando una persona trabaja y obtiene rentas debe pagar el correspondiente impuesto sobre la renta de las personas físicas.

El impuesto sobre la renta de las personas físicas es un impuesto personalista y directo que grava la obtención de rentas por parte de las personas físicas.

2.1. Sujeto activo

El sujeto activo encargado de proporcionar la información correspondiente a las empresas, de realizar la recaudación del impuesto y la comprobación de que todo se lleva a cabo según la ley es la Agencia Tributaria, al igual que ocurre con el impuesto sobre sociedades, y es que la Agencia Tributaria es la encargada del desarrollo y supervisión del sistema tributario español, bajo la normativa del Ministerio de Hacienda.

2.2. Sujeto pasivo

Son sujetos pasivos todos los contribuyentes que hayan obtenido rentas en el ejercicio del impuesto y residan en territorio español. No están obligados a realizar la declaración del impuesto sobre la renta de las personas físicas aquellos contribuyentes que cumplan los requisitos que simplificamos en el siguiente esquema:

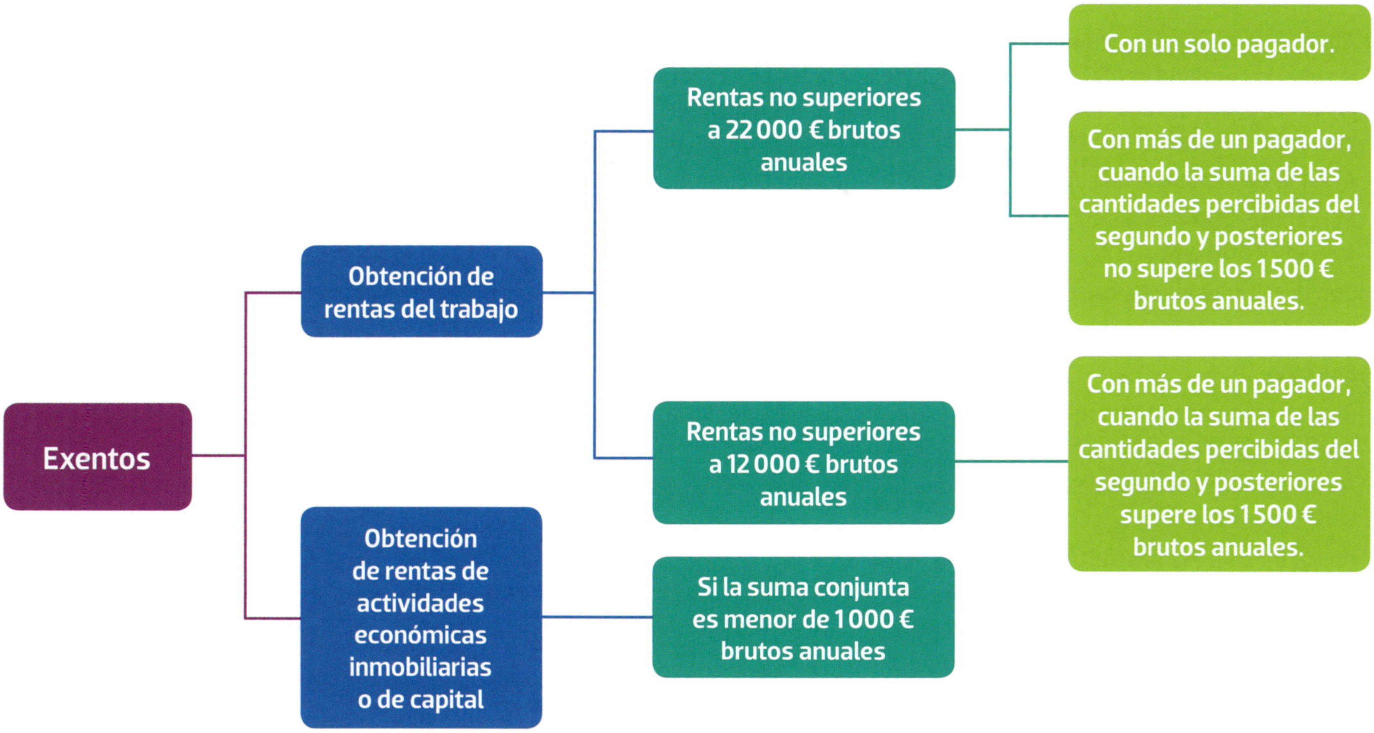

Caso práctico resuelto

José, Ricardo y Pedro son tres amigos. José trabajó durante 2017 en una única empresa en la cual cobró 24 000 € brutos anuales. Su amigo Ricardo trabajó en la misma empresa hasta el mes de abril en la que cobró 4 500 € brutos, pero luego le despidieron y del paro obtuvo 3 000 € hasta agosto que encontró otro trabajo y cobró 12 000 € brutos. Pedro no trabaja, pero tiene un local alquilado por el que recibe 6 000 € brutos anuales y unos intereses por el dinero que tiene en diferentes tipos de depósitos en el banco de 1 450 € brutos. ¿Cuál de ellos está exento de presentar el impuesto sobre la renta de las personas físicas?

Solución:

- José obtuvo más de 22 000 € como rentas del trabajo en una única empresa: por lo tanto, sí está obligado a realizar la declaración.
- Ricardo ha tenido tres pagadores: dos empresas y el SEPE (prestación por desempleo); si ordenamos sus rentas de mayor a menor, serían 12 000 €, 4 500 € y 3 000 €. Como ha tenido más de un pagador, tenemos que comprobar que la suma del segundo y posteriores supere los 1 500 €.

4 500 + 3 000 = 7 500 €. Como supera los 1 500 €, el límite baja de los 22 000 € a los 12 000 €, por lo tanto, hay que comprobar si supera ese límite. Si no superara los 1 500 €, su límite serían los 22 000 €.

12 000 + 4 500 + 3 000 = 19 500 €. Sí supera los 12 000 €, por lo que Ricardo sí está obligado a declarar.

- Pedro obtiene como rentas inmobiliarias 6 000 € por el alquiler de un inmueble (local) y 1 450 € como rentas de capital mobiliario, es decir, intereses del banco. Por lo tanto, su renta total es la siguiente:

6 000 + 1 450 = 7 450 €. Como supera los 1 000 €, Pedro está obligado a realizar la declaración.

En este ejemplo los tres amigos deben realizar la declaración.

Saber más

Constitución de la Agencia Tributaria

La Agencia Tributaria fue creada por el artículo 103 de la Ley 31/1990, de 27 de diciembre, de Presupuestos Generales del Estado para 1991. Se constituyó de manera efectiva el 1 de enero de 1992.

Navega

La regulación del impuesto sobre la renta de las personas físicas se contiene fundamentalmente en la Ley 35/2006, de 28 de noviembre, del Impuesto sobre la Renta de las Personas Físicas. Puedes ver toda la información en la siguiente página:

- <www.boe.es/buscar/act.php?id=BOE-A-2006-20764>.

Además cada año se aprueban los modelos de declaración del impuesto sobre la renta de las personas físicas y se determinan el lugar, forma y plazos de presentación, así como los procedimientos para la presentación de los mismos.

2.3. Hecho imponible

Como en el caso del impuesto de sociedades, el hecho imponible del impuesto sobre la renta de las personas físicas es la obtención de rentas por parte de las personas físicas residentes en territorio español.

Existen diferentes tipos de rentas:

Rendimientos del trabajo	Son aquellos ingresos que se obtienen por una relación laboral.
Rendimientos de actividades económicas	Son las rentas del trabajo personal y/o del capital, cuando el sujeto pasivo ordena por cuenta propia medios de producción y/o de recursos humanos, para la producción o distribución de bienes o servicios.
Rendimientos de capital inmobiliario	Son las rentas que se obtienen gracias al alquiler de algún bien inmobiliario (viviendas, locales, etc.).
Rendimientos de capital mobiliario	Son aquellos ingresos procedentes de intereses derivados de los productos financieros (cuentas bancarias, bonos, obligaciones, etc.).
Ganancias y pérdidas patrimoniales	Son variaciones en el valor del patrimonio del contribuyente (ventas de objetos, premios, pérdidas que no obedezcan al consumo o al juego, etc.).

2.4. Ámbito de aplicación

El ámbito de aplicación es todo el territorio español, sin perjuicio de los convenios económicos dispuestos en la ley para el País Vasco, Comunidad Foral de Navarra, Canarias y las ciudades autónomas de Ceuta y Melilla.

2.5. Periodo impositivo

El periodo impositivo coincide siempre con el año natural, excepto en caso de muerte, en el cual el periodo impositivo concluye el día del fallecimiento.

2.6. Devengo

El devengo es el último día del periodo impositivo, el cual será el 31 de diciembre en todos los casos, menos en el fallecimiento del sujeto pasivo, en el cual la fecha de devengo será el día en que se produzca la defunción.

2.7. Plazo de presentación del impuesto

En términos generales el plazo de presentación del impuesto es de los 2 meses siguientes al plazo de 4 meses tras la fecha de devengo.

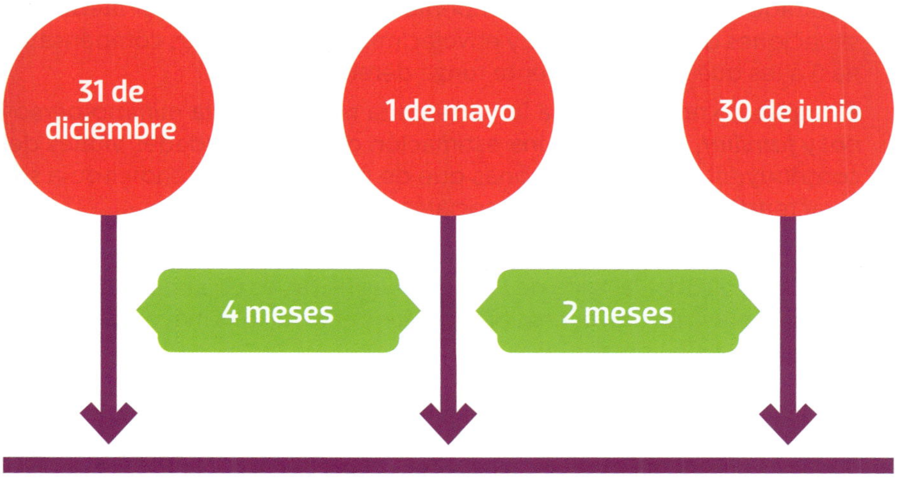

El periodo impositivo es coincidente con el año natural, del 1 de enero al 31 de diciembre. El devengo, por tanto, se produce el 31 de diciembre. Y el plazo de presentación del impuesto abarca del 1 de mayo al 30 de junio en términos generales, si bien es verdad que hay que revisar estas fechas cada año, ya que en función del resultado de la declaración o la forma de presentarla (por ejemplo, si el resultado es a ingresar con pago domiciliado), el plazo puede verse reducido levemente (en pocos días).

En caso de fallecimiento del sujeto pasivo, el periodo impositivo es desde el 1 de enero hasta la fecha de fallecimiento, y ese día coincidirá con el devengo del impuesto, pero el plazo de presentación es el mismo para todos los contribuyentes, es decir, del 1 de mayo al 30 de junio (aunque en esta circunstancia desde la fecha del devengo hasta que comienza el plazo de presentación pasan más de 4 meses).

Para recordar el cumplimiento de las obligaciones tributarias estatales a lo largo del año, la Agencia Tributaria publica en su web el calendario del contribuyente.

Saber más

Plazo de presentación

El plazo de presentación del impuesto sobre la renta de las personas físicas es el mismo para todos los contribuyentes, la fecha puede variar en unos días de un año a otro según el calendario del contribuyente que facilita la Agencia Tributaria en su página web.

Actividades

10. Di qué tipo de renta son las siguientes situaciones:

a) Rafaela gana 1000 € mensuales trabajando como camarera.

b) Isabel ha ganado 12 000 € al vender su antigua vivienda.

c) Ángel obtiene anualmente 250 € en términos de intereses por los depósitos bancarios de los que es titular.

d) Carlos gana 600 € al mes al tener un piso alquilado.

e) Álvaro ha obtenido unos ingresos de 12 500 € anuales por desempleo.

f) Rubén ha vendido las acciones que tenía de una empresa obteniendo 500 € por ellas.

2.8. Cálculo del impuesto

- Base imponible y base liquidable

La **base imponible** del impuesto está constituida por el importe de la renta del contribuyente (remitimos al epígrafe del hecho imponible), que se calculará exactamente conforme a los criterios fijados por la Ley de IRPF.

La **base liquidable** (en realidad son dos: una *general* y otra del *ahorro*, relativa a rendimientos de capital mobiliario y ganancias y pérdidas por transmisiones patrimoniales) es la cantidad final sometida al gravamen, resultado de aplicar a la base imponible las reducciones (por atención a situaciones de dependencia y envejecimiento y pensiones compensatorias) a las que el contribuyente tenga derecho.

El impuesto no se aplica a la parte de la renta llamada *mínimo personal y familiar*, basada en una estimación de las necesidades vitales del contribuyente y de las personas que de él dependen atendiendo a sus características demográficas y sociales.

- Tipo impositivo

El impuesto sobre la renta de las personas físicas es un impuesto progresivo, que grava en mayor proporción a las personas con mayores ingresos, aplicando la siguiente tabla.

Base liquidable	Tipo estatal	Tipo autonómico	Tipo total
Hasta 12 450 €	9,50 %	9,50 %	19 %
Los siguientes 7750 €	12 %	12 %	24 %
Los siguientes 15 000 €	15 %	15 %	30 %
Los siguientes 24 800 €	18,50 %	18,50 %	37 %
En adelante (a partir de 60 000 €)	22,50 %	22,50 %	45 %

Por su parte, los tipos de gravamen del ahorro obedecen a otra escala.

Saber más

Como puedes observar, en la declaración sobre la renta de las personas físicas existen reducciones y deducciones que hacen minorar las cantidades a pagar, como por ejemplo las pérdidas patrimoniales o determinadas cantidades si el contribuyente tiene hijos o ascendentes a su cuidado. Además, existen retenciones, ingresos a cuenta y pagos fraccionados que hacen que estas cantidades se paguen poco a poco.

Caso práctico resuelto

Supongamos una persona que obtiene una base liquidable general de 60 000 €, por lo que la cuota íntegra será de 17 902 €. Dicho importe se calcula del siguiente modo:

- Los primeros 12 450 € × 19 % = 2366,50 €
- Los siguientes 7750 € × 24 % = 1860 €
- Los siguientes 15 000 € × 30 % = 4500 €
- Los siguientes 24 800 € × 37 % = 9176 €

12 450 €	2366 €
7750 €	1860 €
15 000 €	4500 €
24 800 €	9176 €
60 000 €	17 902 €

- **Cuota íntegra**

  Como hemos visto, la cuota íntegra (estatal y autonómica) será la suma de las cantidades resultantes de aplicar los tipos de gravamen a las bases liquidables correspondientes.

Base liquidable × tipo impositivo = cuota íntegra

- **Cuota líquida**

  La cuota líquida del impuesto (estatal y autonómica) será el resultado de restar de la cuota íntegra estatal las deducciones previstas en la Ley del IRPF (por ejemplo, la deducción por inversión en empresas de nueva creación o las relativas a la adquisición de acciones o participaciones) y en la normativa autonómica de aplicación.

Cuota íntegra – deducciones = cuota líquida

- **Cuota diferencial**

  Es el resultado de minorar la cuota líquida total del impuesto (suma de las cuotas líquidas, estatal y autonómica), en el importe de las deducciones fijadas en la Ley (por doble imposición internacional por rendimientos en el extranjero, por impuestos satisfechos fuera de España, etc.), así como por los pagos fraccionados y por las retenciones e ingresos a cuenta. Recordemos en qué consisten estas últimas figuras:

¿Qué son las retenciones?

> Cantidades que el pagador de determinadas rentas debe detraer al contribuyente para ingresarlas en la Administración tributaria como «anticipo» de la cuota del impuesto que el contribuyente ha de pagar.

¿Qué son los ingresos a cuenta?

> Cantidades que el pagador de determinadas rentas debe ingresar en la Administración tributaria, como anticipo de la cuota del impuesto que ha de pagar el perceptor de las mismas.

Hay retenciones de diferentes tipos, las más importantes son:

- **Retenciones del trabajo**: la empresa paga una parte del IRPF en nombre del trabajador a la Hacienda Pública en el momento de realizar la nómina.
- **Retenciones del capital mobiliario:** los bancos retienen una cantidad de dinero (porcentaje de los intereses) y se lo pagan en nombre del cliente a la Hacienda Pública.
- **Rendimientos de capital inmobiliario** (sobre bienes inmuebles urbanos).
- **Actividades profesionales.**
- **Actividades económicas** (agrícolas y ganaderas, forestales, etc.).
- **Ganancias patrimoniales** (premios de juegos, concursos, etc., sujetos a retención).

Recuerda

Modelos

Las declaraciones de este impuesto se realizan mediante los modelos comprendidos entre el 100 y el 199. Los más usuales son los siguientes:

- **Modelo D-100:** Declaración anual del IRPF.
- **Modelo 100:** Documento de ingreso o devolución de la declaración del IRPF.
- **Modelo 102:** Documento de ingreso del segundo pago (en el supuesto de pago fraccionado, sin domiciliación) del IRPF.
- **Modelo 111:** Retenciones e ingresos a cuenta. Rendimientos del trabajo y de actividades económicas, premios y determinadas ganancias patrimoniales e imputaciones de renta.

Navega

Estas retenciones a que obedece el modelo 111 de la Agencia Tributaria se pueden ver desglosadas en la siguiente página web:

- <http://http://bit.ly/2manVNW>.

Los contribuyentes pueden presentar su declaración de forma sencilla a través del sistema Renta WEB de la Agencia Tributaria; asimismo, pueden hacer uso de un simulador de la renta, muy útil para realizar los cálculos de su declaración:

- <www.agenciatributaria.es>.

Actividades

11. Calcula la cuota íntegra de las siguientes personas por el impuesto sobre la renta de las personas físicas:

a) Mirian tiene una base liquidable de 35 000 €.

b) Miguel Ángel tiene una base liquidable de 72 000 €.

c) Daniela tiene una base liquidable de 12 000 €.

12. Explica la diferencia entre *periodo impositivo*, *devengo* y *plazo de presentación* del impuesto sobre la renta de las personas físicas.

PRÁCTICA PROFESIONAL INICIAL RESUELTA

Los impuestos de Alberto y Lola

1. ¿Qué impuesto pagará Lola? ¿Y Alberto? ¿Por qué?

   Alberto tendrá que pagar el impuesto sobre la renta de las personas físicas, ya que ha decidido constituirse como empresario individual y, por tanto, no tiene que presentar el impuesto sobre sociedades.

   Sin embargo, Lola deberá pagar el impuesto sobre sociedades, ya que su empresa es una sociedad de responsabilidad limitada.

2. ¿Alguno de los dos está exento del pago de impuestos? Justifica tu respuesta.

   Alberto no está exento ya que es empresario individual. Todos los autónomos que hayan obtenido rentas sujetas a IRPF están obligados a presentar la declaración de la renta, excepto aquellos cuyos rendimientos íntegros por todos los conceptos a lo largo del año no superen los 1000 euros (sumando rendimientos del trabajo, del capital, de actividades económicas y ganancias patrimoniales).

   Lola tampoco está exenta, ya que no cumple los requisitos. Además, tampoco cumple la condición para estar parcialmente exenta, ya que su facturación supera los 75 000 €.

3. ¿Cuál es el periodo impositivo, el devengo y el plazo de presentación en cada uno de los casos?

	Alberto	Lola
Periodo impositivo	25/05/2016 al 31/12/2016	25/05/2016 al 30/04/2017
Devengo	31/12/2016	30/04/2017
Plazo de presentación	Mayo-junio de 2017	del 1 al 25/11/2017

4. ¿Podrías calcular cuál es la cuota a pagar en cada uno de los supuestos del caso?

   - **Alberto:** por los 25 000 € de rendimiento neto pagará en el IRPF la cantidad de 5 665,50 € (2 365,50 + 1860 + 1440).
     - Los primeros 12 450 € × 19 % = 2 365,50 €.
     - Los siguientes 7750 € × 24 % = 1860,00 €.
     - Los siguientes 4800 € × 30 % = 1440,00 €.

     Tras la aprobación de la Reforma Fiscal de 2015, que entró en vigor el 1 de enero de dicho año y cuyos cambios se aplicaron en la renta 2015 (desarrollada en el ejercicio siguiente), los tramos de IRPF quedaron reducidos de 7 a 5.
   - En el caso de Lola, al tratarse de una sociedad de nueva creación, disfrutará dos años con una escala reducida en el impuesto sobre sociedades. Se aplicará el 15% al primer ejercicio (25/05/2016 al 30/04/2017), ya que tiene una base imponible positiva, así como al siguiente (01/05/2017 al 30/04/2018). Al tratarse del primer año de actividad la base imponible para el cálculo del impuesto coincide con la renta del periodo. Por tanto: **79 000 × 15 % = 11 850 €.**

5. ¿Qué modelos deben presentar?

   Alberto debe presentar el modelo 100 de la declaración sobre la renta, y Lola, el modelo 200 del impuesto sobre sociedades.

PRÁCTICA PROFESIONAL RESUELTA

Cálculo de la liquidación del impuesto

La empresa de Julián, una microempresa dedicada a los sistemas informáticos, tiene a 9 empleados contratados con diferentes categorías y salarios, en función del tipo de contrato y del puesto de trabajo que desarrollan.

- Miriam cobra 13500 €.
- Aarón cobra 18000 €.
- Alonso cobra 21000 €.
- Sara cobra 28800 €.
- Lucas cobra 32580 €.
- Candela cobra 41000 €.
- Silvia cobra 52000 €.
- Iván cobra 60000 €.
- Raúl cobra 65000 €.

Todos ellos tributan en el IRPF. Completa la siguiente tabla en Excel para saber el impuesto que debe pagar cada uno de ellos y la cantidad total que los empleados de esta empresa ingresan en concepto de impuestos al Estado y a la comunidad autónoma.

Empleados	Parte estatal (€)	Parte autonómica (€)	Pago total (€)
Miriam	1309,00	1309,00	218,00
Aarón	1849,00	1849,00	3698,00
Alonso	2233,00	2233,00	4466,00
Sara	3403,00	3403,00	6806,00
Lucas	3970,00	3970,00	7940,00
Candela	5436,00	5436,00	10872,00
Silvia	7471,00	7471,00	14942,00
Iván	8951,00	8951,00	17902,00
Raúl	10076,00	10076,00	20152,00

El Estado recibe en suma la cantidad de 44698 €, y la comunidad autónoma en la que se encuentra la empresa de don Julián también recibirá la misma cantidad. En total los empleados de esta empresa aportan al sistema de ingresos de la Hacienda Pública 89396 €.

TEST DE EVALUACIÓN

RESUELVE EN TU CUADERNO O BLOC DE NOTAS

1. La Agencia Tributaria se creó de manera efectiva el...

a) 1 de enero de 1990
b) 27 de diciembre de 1990
c) 1 de enero de 1992
d) 27 de diciembre de 1992

2. Los organismos parcialmente exentos del impuesto sobre sociedades son...

a) Los ayuntamientos.
b) Las empresas con menos de 75 000 € de ingresos anuales.
c) Las personas que ingresen menos de 22 000 € con un solo pagador.
d) Las personas que con dos pagadores no superen unos ingresos de 12 000 €.

3. Una empresa se considera que está en territorio español si...

a) La mayoría de sus ventas se hacen en España.
b) Sus socios son españoles.
c) Su fundador ha nacido en España.
d) Su domicilio social está en territorio español.

4. El lugar en el que se puede encontrar al obligado tributario es...

a) El domicilio social.
b) El domicilio territorial.
c) El domicilio fiscal.
d) El domicilio personal.

5. En términos generales el tipo impositivo del impuesto sobre la renta de las personas físicas es...

a) 19 %.
b) 24 %.
c) 30 %.
d) Ninguna de las respuestas anteriores.

6. El plazo de presentación del impuesto sobre la renta de las personas físicas...

a) Depende de la persona en cuestión.
b) Es siempre el mismo para todos los contribuyentes.
c) Es igual para todos, excepto para los fallecidos.
d) Ninguna de las respuestas anteriores es correcta.

7. El ámbito de aplicación del IS es...

a) Todo el territorio nacional.
b) Todo el territorio nacional, menos algunas zonas que están totalmente exentas como Ceuta o Melilla.
c) Todo el territorio nacional, aunque algunas zonas tienen unas diferencias como Ceuta o Melilla.
d) Todo el territorio nacional, exceptuando las islas.

8. Una persona con una base liquidable general de 62 000 € tendrá una cuota íntegra en el IRPF de...

a) 18 802 €.
b) 12 300 €.
c) 17 902 €.
d) 900 €.

9. Los modelos de declaración del IRPF están en el grupo...

a) 100.
b) 200.
c) 300.
d) 400.

10. El servicio Renta WEB sirve para...

a) Realizar la declaración sobre la renta de las personas físicas.
b) La declaración del impuesto sobre sociedades.
c) Las declaraciones de creación de empresas.
d) Es un sistema informático que usa en exclusiva la Agencia Tributaria para supervisar el sistema tributario.

ACTIVIDADES FINALES

1. Explica cuáles son los sujetos que intervienen en el impuesto sobre sociedades. ¿Y en el IRPF?
2. ¿Cuándo consideramos que una empresa está situada en territorio español?
3. ¿Qué conocemos con el nombre de borrador?
4. Di en las siguientes afirmaciones si el contribuyente está sujeto o exento y en cuál de los dos impuestos:
   a) Un empresario individual cobra 11 980 € al año.
   b) Una sociedad anónima obtiene de beneficios anuales 120 000 €.
   c) Ángeles cobra anualmente un sueldo de 15 000 € trabajando en el ayuntamiento.
   d) Luisa gana 23 000 € trabajando en una tintorería.
   e) Una empresa ha obtenido unos beneficios durante su ejercicio económico de 70 000 €.
   f) Julián este año ha obtenido unos ingresos de 20 000 € trabajando como transportista y 1 000 € dando clases en una autoescuela.
   g) Teresa ha trabajado este año en una panadería y ha obtenido unos ingresos de 10 000 €, y 1 200 € más trabajando en un comedor infantil. Además, ha cobrado durante un par de meses un subsidio por desempleo de 1 350 €.
   h) El Ayuntamiento de Selaya obtiene unos ingresos de 22 000 €.
5. Compara las similitudes y diferencias que podemos encontrar entre el hecho imponible del impuesto sobre sociedades y del impuesto sobre la renta de las personas físicas.
6. Dibuja en una línea temporal el periodo impositivo, devengo y plazo de recuperación del impuesto correspondiente en cada caso.
   a) Empresa con ejercicio económico igual al año natural.
   b) Declaración de un trabajador por cuenta ajena.
   c) Declaración de una persona fallecida el 5 de octubre.
   d) Empresa con ejercicio natural del 1 de noviembre al 31 de octubre.
7. Copia en tu cuaderno y une con flechas cada modelo tributario con su descripción.

Modelo 200	Documento de ingreso del segundo pago del IRPF
Modelo 202	Declaración anual del impuesto sobre la renta de las personas físicas
Modelo 220	Formulario del impuesto aplicable a los grupos de sociedades
Modelo 100D	Declaración anual del impuesto sobre sociedades
Modelo 100	Pagos fraccionados del impuesto sobre sociedades
Modelo 102	Retenciones e ingresos a cuenta
Modelo 111	Documento de ingreso o devolución de la declaración del IRPF

8. Calcula la cuota íntegra en la declaración sobre la renta del IRPF de una persona que obtiene una base liquidable de todas sus rentas de 31 254 €.
9. ¿Cómo se llaman los programas de ayuda o servicios electrónicos, en su caso, que la Agencia Tributaria tiene para cada uno de los dos impuestos estudiados en esta unidad?
10. Di qué tipo de renta constituyen los siguientes casos:
    a) 200 € de intereses bancarios.
    b) 6 000 € de alquiler de una vivienda.
    c) 25 000 € de ingresos por nómina.
    d) 300 € de beneficio por la venta de acciones.

PRÁCTICA PROFESIONAL PROPUESTA 1

Una pyme de cortinas

Berta ha creado una pyme de cortinas, que obtiene unos beneficios (después de descontar los gastos) de 78 500 €. Berta ha contratado a dos empleadas: Amanda, que estará en la tienda de cara al público y que cobrará 12 500 €, y Úrsula, que confeccionará las cortinas y cobrará 23 000 €. La empresa de Berta tiene su ejercicio económico coincidente con el ejercicio natural.

Se pide:

1. Calcular qué cuota íntegra y qué impuestos deben pagar tanto Berta como sus dos empleadas.
2. ¿Cuál es el periodo impositivo, el devengo y el plazo de presentación de cada impuesto?
3. ¿Qué modelos deben presentar cada una de ellas?

Pasados dos años, los clientes y la facturación de Berta crecen, por lo que ha tenido que contratar a más personal para poder atender a todos los pedidos que le llegan a la tienda.

4. Calcula la cuota íntegra de cada uno de los siguientes trabajadores en el IRPF.
   - Luis obtiene unos ingresos anuales de 15 000 €.
   - Carmen obtiene unos ingresos anuales de 83 000 €.
   - Omar obtiene unos ingresos anuales de 74 598 €.
   - Ángela obtiene unos ingresos anuales de 28 000 €.
   - Víctor obtiene unos ingresos anuales de 49 500 €.
5. Copia en tu cuaderno y completa la siguiente tabla:

	Parte estatal	Parte autonómica	Pago total
Carmen			
Omar			
Luis			
Ángela			
Víctor			

CUADERNO

PRÁCTICA PROFESIONAL PROPUESTA 2

La declaración de la renta de la familia Gómez Pérez

Imagina que estás trabajando en una gestoría y llega el mes de mayo: vas a tener que realizar muchas declaraciones de la renta, es decir, el IRPF. Para comenzar, realiza la declaración de la familia Gómez Pérez.

Los datos son:

Sonia Pérez García, con DNI 31987377N y nacida el 08/04/1980 en Barcelona, está casada con Rafael Gómez Sánchez, con DNI 45521577T y nacido el 08/08/1978 en Huelva. Son residentes en la Comunidad de Madrid debido a motivos laborales. El 04/12/2014 nació su primera hija, Teresa. La familia vive en Humanes de Madrid, en la calle de la Paz número 25, portal 3, 1.º A. C.P. 28900, un piso de cuatro habitaciones, con dos plazas de garaje y piscina, además de estar situado frente a un parque que dispone de zonas recreativas infantiles y grandes explanadas de césped.

Sonia trabaja como abogada en un bufete en la calle Gran Vía de Madrid y tiene unos rendimientos íntegros (salario bruto) de 32 000 €. Le han practicado una retención de 7766 €, 1440 € de cuota de Seguridad Social y ha pagado 100 € al mes al colegio de abogados de la capital y 10,38 € mensuales a un sindicato.

Su marido trabaja como técnico de limpieza en un hospital de Móstoles, municipio cercano a su residencia, y tiene unos ingresos de 18 000 €. Le han practicado una retención de 3 698 € y 810 € de Seguridad social. Aparte, Rafael es propietario de una casa en un pueblecito de Huelva, herencia de sus padres, con un valor catastral de 78 000 €. Esta casa se encuentra cerrada todo el año, menos en semana santa y verano, pues la familia suele ocuparla para disfrutar de sus vacaciones. La vivienda está revisada catastralmente, pero sin número.

Rafael tiene unos rendimientos de capital mobiliario, intereses generados por depósitos a plazos invertidos en un banco por 250 €, y 100 € más en otro producto financiero que le gestiona el banco y por el que paga unos gastos de administración de 6 €. Entre los dos productos financieros le han practicado una retención de 73,50 €.

Por su parte, Sonia, que es muy conservadora, invierte sus ahorros en un depósito a plazo fijo con un tipo de interés muy bajo, pero con el cual no asume ningún tipo de riesgo. Su depósito le ha generado unos beneficios de 320 € y le han practicado una retención de 67,20 €.

Antes de vivir en Humanes de Madrid, la familia tenía un pequeño apartamento en el centro de la capital donde vivían. Era un estudio muy soleado, con una única habitación.

PRÁCTICA PROFESIONAL PROPUESTA 2 continuación

Cuando decidieron ser padres vieron la necesidad de comprarse otra casa más grande y en una zona más tranquila, en las afueras. Pero no se desprendieron de su antiguo apartamento, y decidieron alquilarlo a un compañero de trabajo de Rafael, por 850 € al mes. El apartamento tiene un valor catastral de 124 000 €. El compañero de Rafa se mudó al apartamento el 1 de enero, por lo que ha estado alquilado todo el año. Los gastos de comunidad, así como otros gastos deducibles para el matrimonio ascienden a 1200 € anuales. Suponemos la amortización de la vivienda cero.

Se pide:

1. ¿Qué les interesa más: realizar la declaración conjunta o de forma individual?
2. ¿Cuáles son los resultados?
3. ¿Por qué habrá diferencias si deciden realizar la declaración de forma conjunta o bien individualmente?
4. Analiza la situación de la familia y aconséjales.

Simulador de renta

Si te resulta complicada la resolución del supuesto, puedes apoyarte en el simulador de renta que publique la Agencia Tributaria para el último ejercicio o, en su defecto, el programa PADRE (utilizado oficialmente hasta la declaración de 2015: si bien no está vigente en la actualidad y el resultado que obtengas no resulte exacto debido a las modificaciones normativas del impuesto, sí puede convertirse en una herramienta enormemente útil para practicar):

<www.agenciatributaria.es/AEAT.internet/renta/padre.shtml>

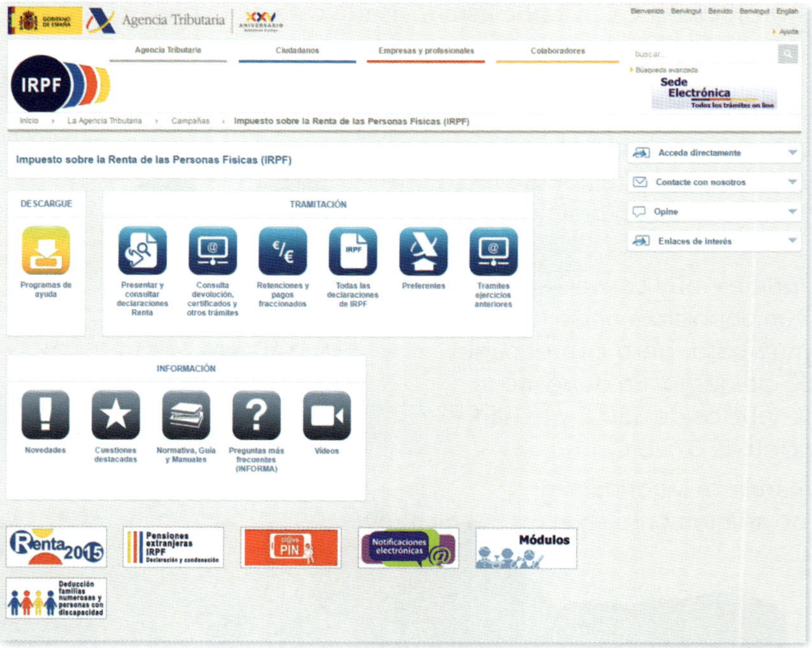

EN RESUMEN

	Impuesto sobre sociedades (IS)	Impuesto sobre la renta de las personas físicas (IRPF)
Sujeto activo	Agencia Tributaria	Agencia Tributaria
Sujeto pasivo	Empresas que ejerzan su actividad en territorio español	Personas físicas que desarrollen su actividad laboral en territorio español
Hecho imponible	Obtener beneficios	Obtener rentas del trabajo
Ámbito de aplicación	Territorio nacional	Territorio nacional
Periodo impositivo	Generalmente coincide con el ejercicio natural, es decir del 1 de enero al 31 de diciembre	Ejercicio natural del 1 de enero al 31 de diciembre
Devengo	En términos generales el 31 de diciembre	31 de diciembre
Plazo de presentación	25 días siguientes a los 6 meses de finalizar el devengo	Mayo y junio del año siguiente al del ejercicio en cuestión
Tipo impositivo	En general el 25 %	Dependiendo de los ingresos
Modelos	Grupo 200	Grupo 100

7 El derecho

Vamos a conocer...

Y al finalizar esta unidad...

- Conoceremos el concepto de *derecho*.
- Diferenciaremos las distintas fuentes del derecho.
- Comprenderemos el funcionamiento del sistema judicial.
- Entenderemos la importancia de la separación de poderes.

Práctica profesional inicial

Situación de partida

Sara ha sido invitada a la fiesta de la Facultad de Derecho. Su amiga Paula está en primero de Derecho y habla con su amigo Sergio sobre un caso práctico que les formuló su profesor:

PAULA: Yo creo que el litigio que nos ha planteado el profesor Ruiz de Zárate se resolverá mediante una sentencia y no se podrá recurrir.

SERGIO: ¿En serio? Yo creo que será un auto, no hay pruebas suficientes para una sentencia.

PAULA: No sería justo.

SERGIO: Claro que sí, no podemos basarnos en una costumbre para resolverlo y, además, no hay ninguna ley que prohíba hacer lo que hizo ese hombre.

PAULA: Estoy de acuerdo en que hay una laguna del derecho, pero podremos recurrir a otras fuentes para lograr una sentencia.

SERGIO: No se puede, Paula; si no hay ley, no hay sentencia.

PAULA: Habría que establecer una ley entonces.

SERGIO: Pues habla con los jueces para que redacten una nueva ley.

Sara no ha entendido bien la conversación, ni siquiera comprende el significado de algunas palabras, pero intuye que tanto Paula como Sergio deberían estudiar más, pues parecen desconocer ciertas nociones básicas del derecho e interpretan mal muchos términos jurídicos.

Estudio del caso

Cuando la fiesta termina, Sara tiene varias preguntas para su amiga Paula.

1. ¿Qué significa: *litigio, sentencia, auto* y *laguna del derecho*?
2. ¿En qué aspectos se equivoca Paula?
3. ¿En qué aspectos se equivoca Sergio?

1. Concepto de *derecho*

Derecho deriva de la voz latina *directum*, que significa 'recto, igual, sin torcerse a un lado ni a otro', y se refiere al fiel de la balanza, cuando mantiene en equilibrio los dos platillos, que simbolizan los derechos contrapuestos de las personas. Esta palabra tiene muchas acepciones, pero distinguiremos dos de ellas:

En primer lugar, podemos definir **derecho** como la facultad de las personas hacer o exigir todo aquello que la ley o la autoridad establecen en su favor.

Ejemplo: hablamos de los *derechos fundamentales* recogidos en la Constitución española, como *el derecho de acceder a una vivienda digna*.

En segundo lugar, definimos **derecho** como el conjunto o sistema de normas obligatorias que regulan la conducta y las relaciones humanas en sociedad con el fin de solventar los conflictos entre las personas.

En este sentido, podemos decir que el derecho es...

- **Imperativo o normativo**: no puede ser desobedecido, ya que se trata de un conjunto de normas obligatorias para los ciudadanos.
- **General**: las leyes se aplican a todas las personas y son iguales para todos.
- **Bilateral**: están implicadas dos partes y afecta a dos o más personas.
- **Coercitivo**: en caso de incumplimiento, el Estado puede hacer cumplir el derecho por la fuerza.
- **Evolutivo**: se adapta a cada sociedad y cambia con el paso del tiempo.

A estas dos posibilidades de referirnos al derecho, las conocemos como *derecho subjetivo* y *derecho objetivo:*

- **Derecho subjetivo** es la facultad de obrar de un individuo concedida por el derecho objetivo.
- **Derecho objetivo** es el conjunto de normas que regulan el comportamiento y las relaciones de las personas en sociedad.

La economía, como ciencia social para administrar los recursos y satisfacer las necesidades humanas, está regulada por el derecho, al igual que el resto de actividades humanas.

Vocabulario

Decimos que existen **lagunas del derecho** cuando un hecho no está regulado en ninguna norma y es necesaria la aplicación de alguna norma que se ocupe de suceso similar para solucionarlo.

Saber más

Origen del derecho

El derecho ha existido a lo largo de la historia, primero se transmitió a través de normas orales y, más tarde, se plasmó en leyes escritas. El derecho, tal y como lo conocemos hoy, tuvo su origen en el derecho romano, que regulaba la convivencia de las personas y es la principal fuente de los códigos civiles actuales.

Palacio de Justicia, Roma.

2. Clases de derecho

Al ser una disciplina tan amplia el derecho se clasifica de diferentes modos, como podemos hacer a continuación:

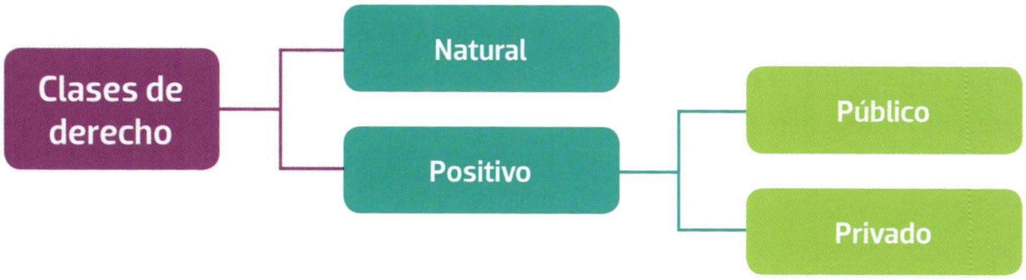

A continuación definimos las distintas clases de derecho:

- **Derecho natural.** Es el conjunto de normas al que van unidas la moral y la naturaleza humana. Son derechos universales fundados en la naturaleza humana, anteriores al derecho positivo. Remiten a lo que está bien o mal según la ética. **Ejemplo:** desde la idea de que matar y robar está mal porque daña a otro ser humano hasta que hay que ceder el sitio en el autobús a los ancianos porque se cansan antes.
- **Derecho positivo.** Es el conjunto de normas jurídicas vigentes de un determinado lugar en un determinado momento. Además, el derecho natural sirve como base para redactar las normas del derecho positivo: si el derecho positivo no regula algún aspecto concreto se recurrirá al derecho natural y si el derecho positivo fuera contrario al derecho natural, podríamos decir que este no es legítimo. **Ejemplo:** hablamos de derecho positivo, por ejemplo, cuando nombramos los artículos del Código Civil o del Código de Comercio.

  Dentro del derecho positivo tenemos dos vertientes:

  - **Derecho público**: regula todas las relaciones entre las Administraciones públicas y las personas o entidades privadas.
  - **Derecho privado**: regula las relaciones entre particulares (personas y entidades privadas), es decir, en casos en los que no interviene ningún organismo estatal. También se rigen por el derecho privado las relaciones entre particulares y el Estado cuando este actúa como un particular.

Mural del Palacio de Justicia, en Cuzco, Perú. Fotografía: Alex Proimos.

Saber más

«Vida, libertad y búsqueda de la felicidad»

Es una frase célebre de la Declaración de Independencia de Estados Unidos de 1776: «Todos los hombres nacen iguales y están dotados por el Creador de ciertos derechos inalienables, entre los cuales están el derecho a la vida, a la libertad y la búsqueda de la felicidad». Está inspirada en las ideas del filósofo inglés **John Locke** (1632-1704), que consideraba que todos los seres humanos poseen *por naturaleza* (por el simple hecho de ser personas), una serie de derechos de los que no pueden ser privados y a los que no pueden renunciar.

Vocabulario

Legítimo: decimos que algo es legítimo cuando está de acuerdo con la razón y la ética.

Tanto el derecho público como el privado están divididos en ramas jurídicas que se especializan en distintos aspectos de la vida:

Derecho público

- Derecho político o constitucional
- Derecho administrativo
- Derecho financiero y fiscal o tributario
- Derecho procesal
- Derecho penal
- Derecho internacional público

Derecho privado

- Derecho civil
- Derecho mercantil
- Derecho internacional privado

Derecho público / Derecho privado

- Derecho del trabajo

Vamos a ver brevemente en qué consiste cada uno de ellos.

- **Derecho político o constitucional:** normas que determinan el funcionamiento del Estado, sus leyes fundamentales, su organización y las relaciones con la sociedad.
- **Derecho administrativo:** normas que regulan la Administración pública y las relaciones entre las Administraciones públicas y los ciudadanos.
- **Derecho financiero y fiscal o tributario:** normas que regulan la actividad financiera del Estado (recaudación, gestión y distribución de los recursos), así como las relaciones entre la administración tributaria y los ciudadanos.
- **Derecho procesal:** normas que se deben seguir y a las que han ajustarse los procedimientos en el ejercicio de una acción ante los tribunales.
- **Derecho penal:** normas que se aplican a las conductas punibles (actos antisociales) y de los ciudadanos determinan las penas o medidas de seguridad que han de imponerse a sus responsables.
- **Derecho internacional público:** leyes que regulan las relaciones entre los distintos Estados. Especial importancia tiene el **derecho de la Unión Europea** (antes llamado *derecho comunitario*): normas y principios que determinan el funcionamiento, corporación y competencias de la Unión Europea.
- **Derecho civil:** normas que regulan las relaciones de tipo patrimonial entre las personas.
- **Derecho mercantil:** normas que regulan la actividad empresarial y las relaciones comerciales.
- **Derecho internacional privado:** normas que regulan las relaciones entre particulares con domicilios en diferentes países, o bien hechos acaecidos en diversos Estados.
- **Derecho del trabajo:** se considera tanto público como privado, ya que se trata de normas que regulan los aspectos laborales entre los trabajadores y empresarios y, por tanto, protegen tanto el interés individual como el colectivo.

Saber más

Especializaciones del derecho

Dentro de cada rama jurídica hay más especializaciones del derecho, como el **derecho de sucesiones (o hereditario),** que regula el traspaso de bienes y deudas a los herederos cuando el titular fallece.

Existen otras clasificaciones y, además, hay más tipos de derecho, uno para cada materia o especialidad. En esta unidad estudiamos los más usuales, pero debes saber, por ejemplo, que existe el **derecho eclesiástico,** conformado por aquellas normas que regulan las relaciones con la Iglesia, entre otros.

Actividades

1. Di si las siguientes afirmaciones son ciertas o no y por qué.

a) El derecho objetivo son, por ejemplo, las leyes.

b) La frase «Sara tiene derecho a presentarse al examen» hace referencia al derecho subjetivo.

c) El derecho objetivo se basa en el derecho subjetivo.

3. Otras clases de derecho

Existen otras clasificaciones del derecho objetivo que vamos a explicar a continuación.

3.1. Derecho normal y derecho excepcional

El **derecho normal** es el que se encarga de regular una materia concreta y se fundamenta en aspectos generales que son reconocidos como duraderos en el tiempo.

Ejemplo: el derecho económico.

Hablamos de **derecho excepcional** cuando se crean normas que regulan una característica especial y anómala, es decir, se crean por una necesidad excepcional que *a priori* no tiene por qué ser duraderas, aunque en ocasiones se conserve por algún tipo de interés.

Son las normas que se redactan durante una situación de emergencia, como guerras o catástrofes naturales. Ejemplo: en el año 2017 en Madrid se prohibió que los coches con determinadas matrículas circularan por el centro de la capital determinados días; esto sería una norma excepcional, por un interés concreto que sería reducir la contaminación.

Salón de los pasos perdidos del Palacio de Justicia de Córdoba (Argentina). Este edificio es la sede del Tribunal Superior de Justicia (TSJ) de la provincia de Córdoba. El Salón de los Pasos Perdidos representa, en las figuras talladas, motivos que hacen referencia a los valores de libertad y justicia.
Fotografía: Natalí Ludmila.

3.2. Derecho general y derecho especial

El **derecho general** es el que regula los conceptos básicos de las relaciones humanas, mientras que el **derecho especial** son las ramas del derecho, es decir, normas específicas de cada materia. En ocasiones hay lagunas en el derecho y estas se suplen siempre teniendo en cuenta los preceptos del derecho general. Se considera que el derecho civil es derecho general, ya que es el que regula las relaciones sociales en todos sus aspectos.

3.3. Derecho común y derecho particular

El **derecho común** es el que se encuentra vigente en todo el territorio nacional, mientras que el **derecho particular** es el que solo tiene vigor en determinadas zonas territoriales. Ejemplo: el derecho autonómico, lo que hace que cada comunidad autónoma pueda tener normas específicas o el derecho foral (País Vasco, Cataluña, Aragón, Comunidad Foral de Navarra, Islas Baleares, Galicia...).

Saber más

Clasificación del derecho

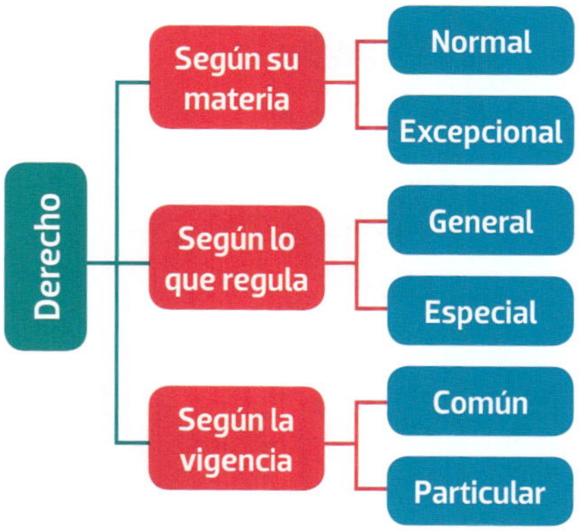

4. Las fuentes del derecho

¿De dónde surge el derecho? ¿Cómo? ¿De quién?...

Son muchas las preguntas que nos pueden surgir y cuya respuesta explica que el derecho exista como hoy lo conocemos.

La base de todo está en el **artículo 1.1 del** Código **Civil**, que dice:

«Las fuentes del ordenamiento jurídico español son la ley, la costumbre y los principios generales del derecho».

Pero estas fuentes se basan y ratifican en cada artículo de la Constitución española, que es la norma suprema del ordenamiento nacional.

4.1. La ley

Es la fuente del derecho de primer grado.

La **ley** se considera una norma jurídica, ya que es creada por el poder legislativo, está redactada debidamente y es de obligado cumplimiento, además de justa, estable y común.

La ley tiene que cumplir varias características:

- **Legitimidad.** La ley, para ser obligatoria, debe cumplir determinados requisitos establecidos en el propio ordenamiento jurídico al que pertenece.
- **Sanción.** Si la ley no se cumple, se deben establecer las sanciones correspondientes y llevarlas a cabo para así evitar que no se cumpla.
- **Promulgación.** La ley debe estar integrada en el ordenamiento jurídico, y supone una declaración formal firmada por el rey.
- **Publicación.** Toda ley debe ser conocida por los ciudadanos para poder cumplirla, para ello la ley debe explicarse en el boletín correspondiente, si es una ley estatal debe publicarse en el Boletín Oficial del Estado.

La potestad para crear leyes la tienen las Cortes Generales (Congreso y Senado), aunque en determinadas circunstancias el Gobierno puede crearlas bajo la supervisión de las Cortes Generales; al igual que las comunidades autónomas, siempre que exista la transferencia de poderes en esa materia y sobre ese territorio, es decir, la comunidad solo puede crear leyes que se deban cumplir en dicha comunidad (profundizaremos en ello más adelante).

Saber más

Edicto perpetuo

El *Edicto perpetuo* (año 131), recopilado y codificado por el jurisconsulto Salvio Juliano por orden del emperador Adriano, fue el código que recogió por primera vez, en la antigua Roma, todas las leyes en un único manual para ayudar a los pretores (magistrados) a buscar las leyes, ya que resultaba complicado conocer todas las que se creaban.

Interior del Congreso de los Diputados.

4.2. La costumbre

Es la fuente de derecho de segundo grado, lo que implica que ante todo rige la ley, que es de primer orden, pero en caso de que haya alguna laguna legal en la ley se tomará la costumbre para regular el hecho en cuestión.

En otros países, la costumbre tiene un carácter primario y se aplica antes, o a la vez, que la ley.

Podemos definir la **costumbre** como el conjunto de normas que son aceptadas de forma general en un lugar y época determinados y que se va repitiendo durante un largo tiempo.

Decimos que la costumbre existe si concurren dos elementos, uno objetivo y otro subjetivo.

- El **elemento objetivo** reúne varias características, como que sea un hecho conocido por todos, que su uso sea prolongado en el tiempo, que la costumbre sea llevada a cabo por toda la sociedad o por una gran mayoría, que se lleve a cabo en el tiempo sin ningún tipo de interrupción y, sobre todo, que siempre tenga las mismas características.
- El **elemento subjetivo** se manifiesta cuando la sociedad cree que es una necesidad jurídica y, por tanto, se considera obligatoria. Pero lo más importante es que la costumbre no vaya en contra de la ley ni de la moral.

Sede del Tribunal Constitucional en Madrid.
Fotografía: K3TO.

Actividades

2. ¿A qué tipo de derecho se refieren las siguientes frases?

a) Lo más ético es no mentir.

b) Está prohibido matar.

c) El contrato de compraventa suele hacerse por escrito.

d) Moralmente es injusta su situación.

e) Navarra tiene algunas leyes diferentes.

f) Son normas que tuvieron vigor durante la guerra.

Saber más

Dejar salir antes de entrar

En el ámbito de los medios de transporte, «dejar salir antes de entrar» es una norma no escrita, no tiene sanción, pero es moralmente correcta y es aceptada por la mayoría de la población; podemos afirmar que es una costumbre.

Recuerda

El Tribunal Constitucional

El Tribunal Constitucional (TC) es el órgano constitucional español que ejerce la función de «supremo intérprete de la Constitución» (artículo 1 de la Ley Orgánica 2/1979, de 3 de octubre, del Tribunal Constitucional). Tiene encomendadas importantísimas funciones de control de constitucionalidad de las leyes, de tutela de los derechos fundamentales y libertades públicas de los ciudadanos y de solución de los conflictos de competencia entre el Estado y las comunidades autónomas (artículo 161 de la Constitución). Según el artículo 1 de la LOTC, el Tribunal Constitucional es independiente, su jurisdicción se extiende a todo el territorio español y está sometido solo a la Constitución y a dicha ley. Está compuesto por 12 magistrados: 4 son nombrados por el Congreso de los Diputados, 4 por el Senado, 2 por el Gobierno de la Nación y 2 por el Consejo General del Poder Judicial. Para saber más sobre las competencias del Tribunal Constitucional entra en su página web:

- <www.tribunalconstitucional.es>.

4.3. Los principios generales del derecho

Las relaciones sociales son complejas y van evolucionando según cambia el estilo de vida, los trabajos, las nuevas tecnologías y, en definitiva, los conflictos sociales, por lo que a veces resulta complicado desarrollar leyes para definir casos nuevos que puedan surgir. En ocasiones hay conflictos que no están regulados en las leyes ni en las costumbres, ya que son «novedosos», por ello se promulgaron los principios generales del derecho.

Estos principios son de tercer grado, es decir, solamente tienen vigor en aquellos casos en los que no se pueda recurrir a las leyes ni a las costumbres.

Estos principios se asemejan a la moral, son el derecho natural, es decir, son principios de justicia, equidad, igualdad, lógica, ética, libertad y sentido de la realidad, entre otros.

Vocabulario

Moral: conjunto de normas aceptadas por la mayoría de la sociedad para diferenciar entre el bien y el mal en el comportamiento personal.

Jurisprudencia: cuando hay un hecho no regulado por la ley, buscamos sentencias de casos similares para resolverlo del mismo modo, en esos casos decimos que ha resuelto por la jurisprudencia, es decir, por el ejemplo de otros casos.

Decimos que las **fuentes directas del derecho** son la ley, la costumbre y los principios generales del derecho, pero, también, existen otras **fuentes indirectas,** que son los tratados o convenios internacionales y la jurisprudencia.

Los **convenios internacionales** no son más que una serie de normas que intentan regular las relaciones internacionales cuando la ley no regula alguna situación concreta, además, en la actualidad, al pertenecer a la Unión Europea, cada vez son más necesarias estas normas internacionales.

La **jurisprudencia,** por otro lado, complementa a las fuentes del derecho, no las crea, pero las sustenta.

Para que exista la **jurisprudencia** deben existir reiteradas sentencias del Tribunal Supremo en supuestos de la misma índole, con una misma resolución basada en los mismos motivos.

Actividades

3. En un pequeño pueblo de Galicia celebran el Día del Mesonero, en el que los empresarios de los distintos bares y restaurantes pagan una 100 € a todos los camareros que tienen en plantilla. Este año hay un empresario nuevo que regenta el asador del pueblo y se ha negado a pagar esos 100 € extras a sus camareros, ya que no hay ninguna ley que lo promulgue. ¿Tiene razón? Justifica tu respuesta.

4. Laura ha ganado un juicio sobre un tema que no estaba regulado por ninguna ley porque su abogado ha encontrado varias sentencias judiciales que en ocasiones muy parecidas han seguido siempre una misma actuación o respuesta. ¿Cómo se denomina el método por el que Laura ha ganado la sentencia?

5. La separación de poderes

Es uno de los principios en los que se sustenta el Estado de Derecho.

Entendemos por **separación de poderes** aquel principio por el cual la titularidad y la distribución de las funciones del Estado (legislativa, ejecutiva y judicial) deben ser confiadas a órganos distintos de manera que exista un equilibrio y un sistema de control que limite el poder del Estado para proteger así los derechos de los ciudadanos.

Los tres poderes
- Legislativo
- Ejecutivo
- Judicial

5.1. El poder legislativo

Es el encargado de crear y modificar las leyes conforme a la moral y la ética, respetando el derecho natural. Esta potestad recae en las **Cortes Generales**, formadas por dos cámaras que representan al pueblo:

- El **Congreso de los Diputados**, también llamado **Cámara Baja**, está formado por 350 diputados que son elegidos cada cuatro años por los ciudadanos de cada provincia.
- El **Senado o Cámara Alta** representa territorialmente a los ciudadanos. El número de senadores es variable y son elegidos tanto por los votantes en las elecciones generales como por los distintos grupos parlamentarios.

Hay diferentes tipos de leyes como nos muestra el siguiente esquema:

Leyes
- **Leyes orgánicas**: Son las que desarrollan los derechos fundamentales y las que aprueban Estatutos de Autonomía y el régimen electoral general; deben aprobarse por mayoría absoluta.
- **Leyes ordinarias**: Son aquellas que desarrollan el resto de los derechos y no es necesaria la mayoría absoluta para aprobarlas, basta con mayoría simple.

Navega

Visita la siguiente web para conocer todo sobre las distintas leyes orgánicas que hay en nuestro país:

- <www.leyorganica.es>

Navega

En la siguiente web podrás conocer los derechos fundamentales:

- <www.congreso.es/consti>

El Congreso de los Diputados de España engalanado el día de la Solemne Sesión de Apertura de la X Legislatura de las Cortes Generales. Fotografía: Outisnn.

Actividades

5. Explica qué es la Cámara Alta y la Cámara Baja, cómo se forman y cuáles son sus funciones principales.

6. Piensa en las siguientes leyes y di si son orgánicas u ordinarias:

a) Ley de Educación

b) Código de Comercio

c) Ley General de Sanidad

d) Ley de Fomento al Reciclaje

5.2. El poder ejecutivo

El Palacio de la Moncloa, sede de la Presidencia del Gobierno.
Fotografía: Luis García (Zaqarbal).

El poder ejecutivo es el encargado de ejecutar las leyes, es decir, se encarga del desarrollo, funcionamiento y aplicación de las leyes que dicta el poder legislativo.

El poder ejecutivo lo sostiene el Gobierno y es este el que se encarga de la aplicación de las leyes que ha desarrollado el poder legislativo.

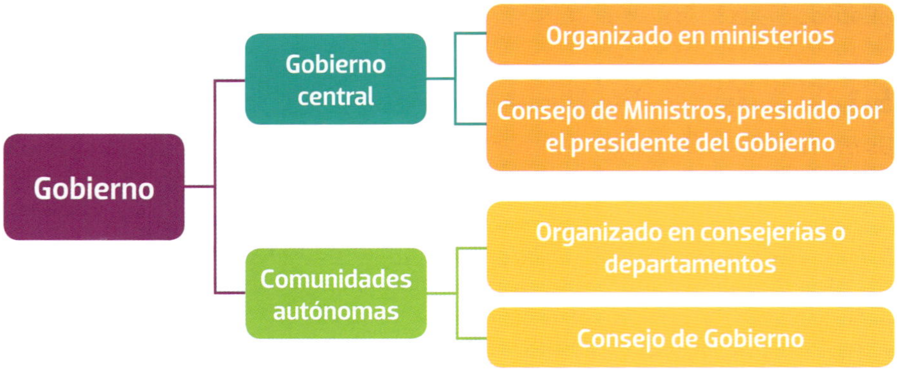

No solo el poder legislativo puede crear normas. El poder ejecutivo, a través del Gobierno, también puede dictar las normas que se muestran a continuación:

- **Real decreto legislativo:** normas que tienen rango de ley y las puede crear el Gobierno siempre que este tenga la potestad, por delegación expresa del poder legislativo, de regular dicha materia.
- **Real decreto-ley:** son normas que también tienen rango de ley, pero que se crean debido a una urgencia extrema y justificada. Son provisionales y requieren convalidación del Congreso de los Diputados. Además, existen límites en lo que respecta a su contenido.
- **Reglamento:** son normas, pero con rango inferior a la ley. Son dictadas por la Administración para desarrollar y complementar las leyes.

Sede del Consejo General del Poder Judicial en Madrid.
Fotografía: Luis García (Zaqarbal).

Navega

Puedes ver algunos ejemplos de reglamentos promulgados por los diferentes ayuntamientos (tienen potestad reglamentaria), como es el caso del Ayuntamiento de Cartagena que publica todos sus reglamentos en la siguiente web:

- <www.cartagena.es/reglamentos.asp>.

Saber más

Consejo General del Poder Judicial

Es un órgano constitucional, colegiado, autónomo, integrado por jueces y otros juristas, que ejerce funciones de gobierno del poder judicial con el fin de garantizar la independencia de los jueces en el ejercicio de la función judicial frente a los demás poderes del Estado. Está constituido por 21 miembros: 10 miembros elegidos por el Congreso y 10 por el Senado; y su presidente, que será a su vez Presidente del Tribunal Supremo y del Consejo General del Poder Judicial, designado por el Pleno del Consejo en su sesión constitutiva.

- <www.poderjudicial.es>

5.3. El poder judicial

El poder judicial es el encargado de la administración del sistema de justicia y de proponer sanciones, así como los medios y supervisión de cumplimiento.

Este poder está compuesto por los tribunales y jueces, que garantizan el cumplimiento de la ley.

La estructura del poder judicial se conoce con el nombre de **pirámide judicial** y tiene la siguiente forma:

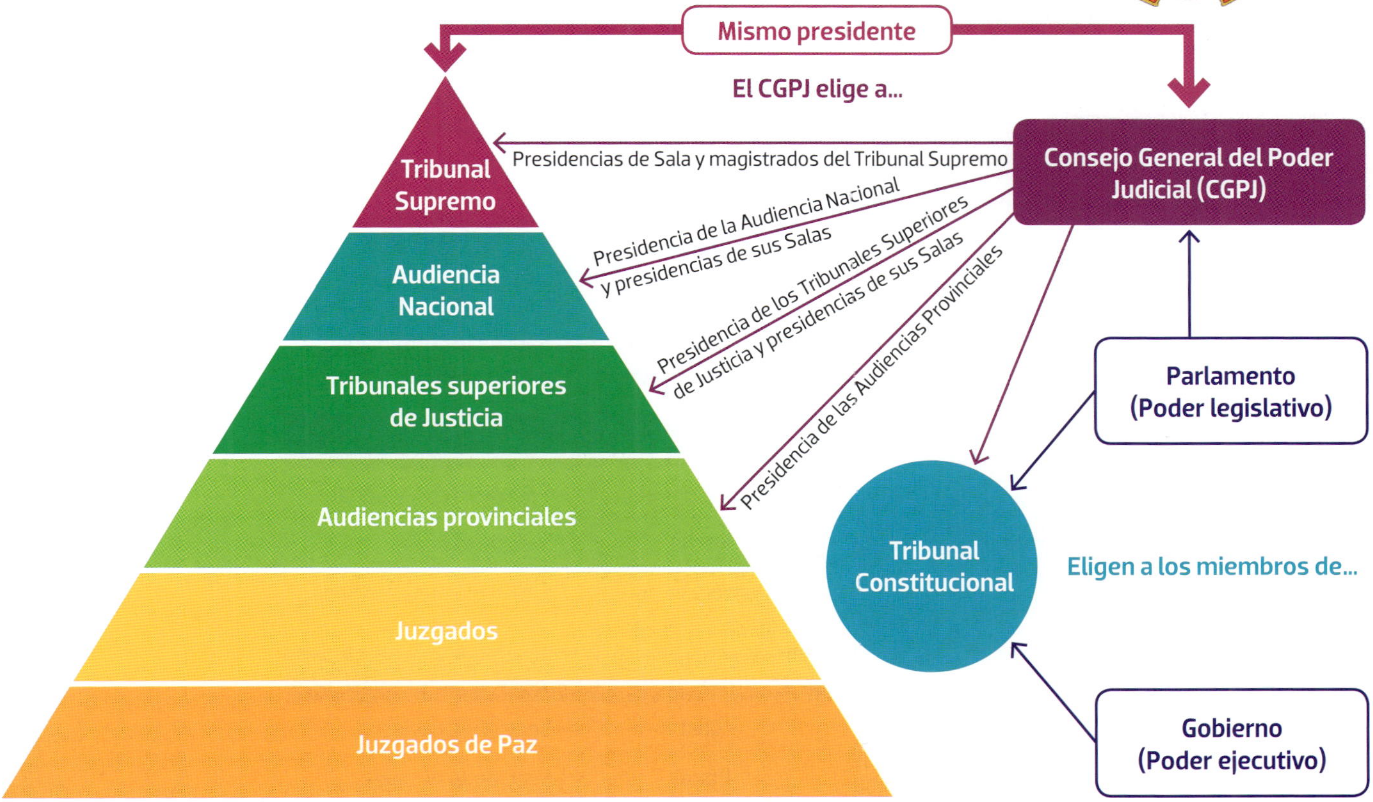

- **Juzgado de Paz:** son de jurisdicción municipal y sirven para resolver litigios de escasa relevancia. Hay uno por municipio donde no exista juzgado de primera instancia e instrucción.
- **Juzgados:** se ocupan de procedimientos en una primera instancia. Órdenes: civil, penal, contencioso-administrativo y social. Su jurisdicción es el partido judicial.
- **Audiencias provinciales:** con competencias civiles y penales, entre otros aspectos resuelven recursos contra resoluciones dictadas por los juzgados.
- **Tribunales superiores de Justicia:** son los órganos de mayor rango jerárquico dentro de una comunidad autónoma. También resuelven recursos planteados en una instancia inferior.
- **Audiencia Nacional:** tiene jurisdicción en todo el territorio español y se especializa en los delitos de mayor gravedad y relevancia social. También resuelve recursos en materias contencioso-administrativas y sociales.
- **Tribunal Supremo:** tiene jurisdicción en todo el territorio español y es el órgano judicial de mayor rango y máximo responsable de la unidad de interpretación de la doctrina jurídica en el Estado.

Tribunal Supremo, Madrid.
Fotografía: Cberbell.

5.3.1. Estructura del poder judicial en España

Juriscicción	Tribunal	Competencias	Salas
Todo el territorio	Tribunal Supremo	Civil	Sala I (8 secciones)
		Penal	Sala II (4 secciones)
		Contencioso-administrativo	Sala III
		Social	Sala IV
		Militar	Sala V

Jurisdicción	Tribunal	Competencias	Salas	Tribunales centrales
Todo el territorio	Audiencia Nacional	Social	Sala de lo social	
		Penal	Sala de lo penal	**6 juzgados centrales** instrucción + 1 de penal + 1 de menores
		Contencioso-administrativo	Sala de lo contencioso-administrativo	12 **juzgados centrales** de lo contencioso-administrativo

Jurisdicción	Tribunal	Competencias	Salas
Comunidad autónoma	Tribunales superiores de Justicia	Civil y penal	Sala de lo civil y penal
		Social	Sala de lo social
		Contencioso-administrativo	Sala de lo contencioso-administrativo

Jurisdicción	Tribunal	Competencias	Secciones
Provincia	Audiencias provinciales	Civil	Secciones civiles
		Penal	Secciones penales

Jurisdicción	Juzgados	Competencias	Juzgados	
Partido Judicial	Juzgados	Civil	De primera instancia	**Mixtos** Primera instancia e instrucción
			De familia	
			De lo mercantil	
			Hipotecario	
		Penal	De instrucción	
			De lo penal	
			De vigilancia penitenciaria	
			De menores	
			De violencia contra la mujer	
		Contencioso-administrativo		
		De lo social		
Municipal	Juzgados de Paz	Uno por municipio donde no exista juzgado de primera instancia e instrucción.		

5.3.2. Clases de resoluciones en España

- **Clases de resoluciones**
  - **Resoluciones judiciales**
    - **Providencias**: Resolución que se refiere a cuestiones procesales que requieren una decisión judicial por así establecerlo la ley, siempre que en tales casos no exija la forma de auto.
    - **Autos**: Resolución motivada dictada por un juez o un tribunal en los casos previstos por la ley en los que no se requiere sentencia: para resolver recursos contra providencias o decretos, acordar la admisión o inadmisión de la prueba, la admisión o inadmisión de una demanda, o la falta de competencia territorial u objetiva.
    - **Sentencias**: Resolución dictada por un juez o un tribunal en la que este se pronuncia sobre la cuestión principal de un proceso, según la ley o norma aplicable, y que sirve para poner fin a la *litis* o litigio. La sentencia entra en el fondo del asunto, objeto del juicio.
  - **Resoluciones de los secretarios judiciales**
    - **Diligencias**: Cuando la resolución tenga por objeto dar a los autos el curso que la ley establezca.
    - **Decretos**: Cuando se admite a trámite la demanda, cuando se pone término al procedimiento del que el Secretario tuviera atribuida competencia exclusiva y, en cualquier clase de procedimiento, cuando fuere preciso o conveniente razonar lo resuelto.
    - **Diligencias de constancia**: Comunicación o ejecución a los efectos de reflejar en autos hechos o actos con trascendencia procesal.

La sección 1 del capítulo VIII de la Ley 1/2000, de 7 de enero, de Enjuiciamiento Civil (LEC), vigente hasta el 30 de junio de 2017, desarrolla las clases, forma y contenido de las resoluciones, así como el modo de dictarlas, publicarlas y archivarlas.

- Son **resoluciones judiciales** las providencias, autos y sentencias dictadas por los jueces y tribunales.
- Son **resoluciones definitivas** las que ponen fin a la primera instancia y las que decidan los recursos interpuestos frente a ellas.
- Son **resoluciones firmes** aquellas contra las que no cabe recurso alguno bien por no preverlo la ley, bien porque, estando previsto, ha transcurrido el plazo legalmente fijado sin que ninguna de las partes lo haya presentado.

Caso práctico resuelto

Supongamos que a Cristina la han despedido y no le han pagado los últimos meses de trabajo. Cristina podrá poner, si no llega a acuerdo en la conciliación previa, reclamación en primera instancia ante el Juzgado de lo Social (véase el escalón de los juzgados en la pirámide judicial); si la sentencia no fuera favorable, entonces podrá «recurrir» en segunda instancia ante el nivel superior, es decir, reclamaría ante el Tribunal Superior de Justicia de su comunidad autónoma (la Audiencia Nacional se limita, en el orden social, a impugnaciones de convenios colectivos).

La sentencia puede ser a favor: que le paguen a Cristina lo que le deben, o en contra: la empresa tiene razón y no debe pagar a Cristina; en algunos casos, tendrá derecho a la readmisión.

6. Jerarquía normativa

Una vez estudiada la unidad, solo nos cabe matizar el orden o la importancia de las normas. Todas las normas deben respetar la idea que ofrece la norma superior, nunca pueden contradecirse y si llegaran a hacerlo, solo tendría vigor aquella que se encuentre más arriba en la pirámide normativa.

Tenemos que tener en cuenta que España pertenece a la Unión Europea y, por tanto, hay unas normas que debe cumplir. Las normas creadas por la Unión Europea pueden ser de los siguientes tipos:

- **Reglamentos:** normas directamente aplicables en todos los Estados miembros de la Unión Europea. Entran en vigor cuando se publiquen en los medios correspondientes, es decir, en el boletín o Diario Oficial de la Unión Europea, también conocido como DOUE.
- **Directivas:** en este tipo de normas la Unión Europea dictamina un fin al que todos los Estados miembros deben llegar en un plazo determinado, pero cada Estado tiene libertad para llevarla a cabo de una u otra manera, siempre que se llegue al fin esperado por la Unión Europea. Decimos que son normas indirectas y que, para ser cumplidas por los países miembros, debe realizarse lo que denominamos *transposición:* elaborar una ley nacional para dar cumplimiento a la directiva europea.
- **Decisiones:** vinculantes para aquellos a quienes se dirigen.
- **Recomendaciones y dictámenes:** estas figuras no son vinculantes, pero permiten sugerir líneas de actuación.

Si obviamos las normas europeas, en España la jerarquía de las normas sería la siguiente:

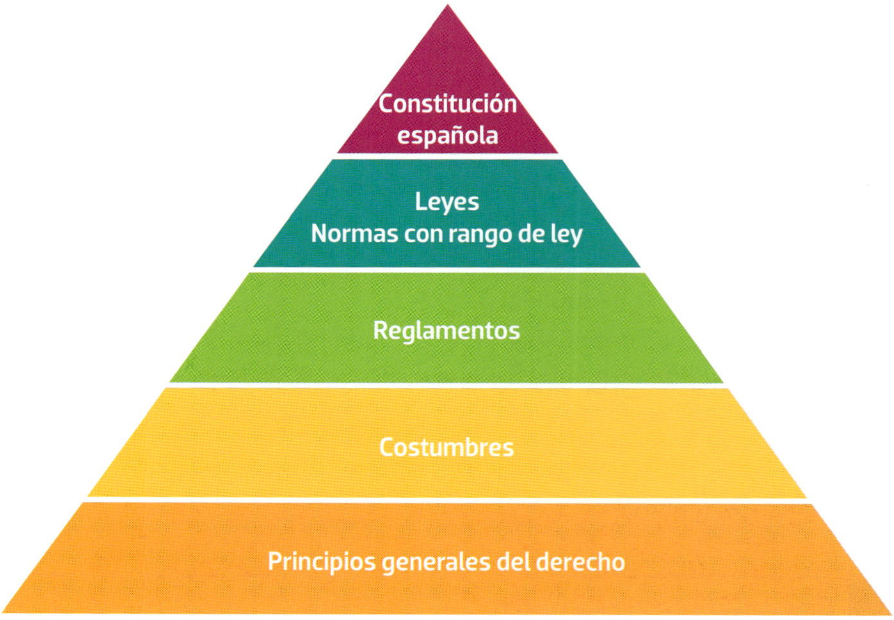

Saber más

Diarios o boletines oficiales

Los **diarios** o **boletines oficiales** (tanto del Estado como de las distintas comunidades autónomas y provincias) son la forma que tienen las Administraciones o los organismos competentes de informar a los ciudadanos sobre las normas u otras modificaciones; por ello, todos los ciudadanos estamos obligados a conocer esos boletines y, por tanto, las normas vigentes.

Actividades

7. Explica qué normas con rango de ley puede dictar el Gobierno y por qué.

8. ¿Qué diferencias existen entre un real decreto legislativo y un real decreto-ley?

9. ¿Cómo se estructura el poder judicial y qué funciones tienen sus órganos?

10. ¿Qué diferencias hay entre un reglamento y una directiva europea?

Caso práctico resuelto

A continuación podemos ver algunos ejemplos de la jerarquía normativa, donde siempre priman las primeras normas y a medida que vamos bajando escalones lo que nos encontramos son especificaciones de lo anterior. La Constitución ordena un determinado principio, la ley lo argumenta, los reglamentos lo ponen en práctica en los lugares donde corresponda; si en este proceso algún argumento no está especificado, se tendrá en cuenta lo que nos diga la costumbre en la zona, y si es un hecho tan inusual que no hay costumbre sobre el mismo, entonces recurrimos a los principios generales del derecho, que deben ser en última instancia interpretados por la autoridad competente.

Constitución española

Establecida en diferentes títulos, capítulos y artículos, nombra ideas básicas que desarrollan las leyes, por ejemplo: todo el mundo tiene derecho a una vivienda digna.

Leyes

Ley Orgánica del Defensor del Pueblo: es el enunciado mediante artículos de cómo se va a relacionar el defensor del pueblo con las Administraciones públicas, etc.

Reglamentos

Reglamentos municipales: los ayuntamientos tienen sus propios reglamentos, como el fiscal donde se establece cómo se van a realizar los pagos, los plazos, etc.

Costumbres

Son normas que en determinadas zonas de España tienen un grado de jerarquía superior que en otras zonas. Ejemplo: son la primera fuente del derecho foral de Navarra.

Principios generales del derecho

Principio de buena fe: consiste en pensar que las personas actuan sin intención de hacer mal.

Saber más

La primera Constitución española

La primera Constitución española nacida de la soberanía nacional es conocida como la Pepa, ya que se firmó el 19 de marzo de 1812, es decir, el día de San José, de ahí su nombre. Constituye una de las bases de la redacción de nuestra actual Constitución de 1978.

Actividades

11. Clasifica las siguientes normas de mayor a menor fijándonos en el criterio de jerarquía normativa.

a) En una localidad se tiene por costumbre dar el día libre a todos los trabajadores el día de su cumpleaños.

b) Una directiva de la Unión Europea para reducir el déficit.

c) Reglamento sobre el movimiento de capitales en la Unión Europea.

d) Reglamento que desarrolla el Estatuto de los Trabajadores en España.

e) El principio de equidad.

f) La Constitución expresa que todo el mundo tiene derecho a una vivienda digna.

g) Ley Orgánica de Educación.

12. ¿Qué diferencia hay entre una sentencia y un auto?

PRÁCTICA PROFESIONAL INICIAL RESUELTA

Una fiesta en la Facultad de Derecho

Cuando la fiesta termina, Sara tiene varias preguntas para su amiga Paula.

1. **¿Qué significa *litigio, sentencia, auto* y *laguna del derecho*?**

- **Litigio:** es un término jurídico que significa 'pleito o disputa judicial'. Es sinónimo de *juicio, pleito o proceso judicial*. No debe confundirse con *conflicto*, que es una 'disputa o confrontación de intereses entre las personas'. El *litigio*, en cambio, es 'el acto judicial en que las partes debaten sus posiciones'. Cuando las personas no son capaces llegar a un acuerdo para satisfacer sus pretensiones o los derechos que creen tener, pueden acudir a un tribunal y someter el conflicto a la decisión judicial.
- **Sentencia:** es una resolución dictada por un juez o un tribunal en la que este se pronuncia sobre la cuestión principal de un proceso reconociendo los derechos de cada litigante (jurisdicción civil, por ejemplo) o la condena o absolución del procesado (jurisdicción penal), según la ley o norma aplicable, y que sirve para poner fin a la *litis* o litigio. La sentencia entra en el fondo del asunto, objeto del juicio, y consta de encabezamiento, antecedentes de hecho, fundamentos de derecho y fallo.

- **Auto:** es una resolución motivada dictada por un juez o un tribunal en los casos previstos por la ley en los que no se requiere sentencia. Por ejemplo: para resolver recursos contra providencias o decretos, acordar la admisión de una demanda, reconvención, acumulación de acciones, admisión o inadmisión de la prueba, aprobación judicial de transacciones, acuerdos de mediación y convenios, medidas cautelares y nulidad o validez de las actuaciones. También son autos determinadas resoluciones que ponen fin al procedimiento de una instancia, por ejemplo, los autos de inadmisión de demanda o de falta de competencia territorial u objetiva.
- **Laguna del derecho:** ausencia de reglamentación legislativa en un determinado ordenamiento jurídico para resolver una controversia.

2. **¿En qué aspectos se equivoca Paula?**

a) «Yo creo que el litigio se resolverá mediante sentencia y no se podrá recurrir». Este enunciado no tiene mucho sentido por varios motivos:

- En primer término, lo que tendrían que haberse planteado Paula y Sergio es **si la demanda debe ser o no admitida a trámite** (presupongamos que este proceso se inicia con demanda), ya que esta es la primera decisión que va a adoptar un juez o un tribunal.
- Existen tres resoluciones que pueden resolver o poner fin a un procedimiento: **decreto** (dictado por el secretario judicial), **auto** y **sentencia** (ambos dictados por juez, magistrado o tribunal).
  - Antes de dar curso a un procedimiento, **una demanda puede ser inadmitida,** al llegar a un juzgado, por distintos motivos. Mediante **auto** el tribunal inadmitirá demanda cuando carezca de jurisdicción o de competencia, esté vencido el término de caducidad, no reúna los requisitos formales o legales o no se acompañe la documentación que establece la ley.
  - Durante el desarrollo del proceso judicial, el litigio puede resolverse por **desistimiento,** por **satisfacción extraprocesal** (en ambos casos el secretario judicial pondrá fin al procedimiento con un **decreto**), **transacción judicial** (el juez pondrá fin al procedimiento con un **auto**), o por **allanamiento** (el juez pondrá fin al procedimiento con una **sentencia**).
  - Si las partes durante el proceso no han variado sus posiciones ni han llegado a un acuerdo, el juicio terminará con una **sentencia,** que pondrá fin al litigio, en primera o segunda instancia.
- El texto no nos dice en qué fase procesal se encuentran ni en qué orden jurisdiccional, ni en qué instancia; aun así, el debate debe centrarse en dos puntos:
  - ¿Debe ser admitida o no a trámite la demanda?
  - Y una vez admitida a trámite y finalizado el procedimiento, ¿cuál debería ser el fallo de la

sentencia? ¿Se podría resolver contra el demandado aunque fueran probados durante el juicio los hechos cuando nos encontramos con una laguna del derecho?

- Por último, si alguna de las partes no está de acuerdo con la sentencia siempre se puede recurrir hasta que sea firme en la instancia correspondiente. Paula está confundiendo el hecho de que una sentencia es una ***resolución definitiva*** (que pone fin a la primera instancia) con que sea una ***resolución firme*** (contra la que no cabe recurso). Una sentencia no se podrá recurrir si es firme al transcurrir el plazo legalmente previsto para anunciar o, en su caso, interponer el correspondiente recurso, o si las partes han manifestado su intención de no recurrir, o si nos encontráramos en la última instancia posible. **Todas las sentencias de primera instancia son recurribles** en el plazo que en cada caso establece la ley. El artículo 455.1 de la Ley de Enjuiciamiento Civil (LEC) dispone: «Las sentencias dictadas en toda clase de juicio, los autos definitivos y aquéllos otros que la ley expresamente señale, serán apelables, con excepción de las sentencias dictadas en los juicios verbales por razón de la cuantía cuando esta no supere los 3000 euros».

b) «No sería justo». Poner fin a un procedimiento con auto o sentencia no es en sí justo o injusto. Como hemos dicho antes, cualquiera de las partes puede considerar que es «injusto» el fallo de una sentencia y presentar el correspondiente recurso de apelación.

3. **¿En qué aspectos se equivoca Sergio?**

a) «Yo creo que será un auto. No hay pruebas suficientes para una sentencia». Sergio realiza una asociación incorrecta: el hecho de que no se aporten pruebas suficientes en un procedimiento judicial no es causa para que el juez no dicte una sentencia. De hecho, y a modo de ejemplo, en un proceso penal, las **sentencias absolutorias** pueden dictarse **por insuficiencia de pruebas** o por falta de fundamentos legales que apoyen la denuncia o la querella. En ellas el tribunal desestima la petición del actor o rechaza la acusación y se pronuncia a favor del reo (*acusado* en el orden penal).

Aquí Sergio habla de que «no hay pruebas suficientes», mientras que en otro momento lo que afirma es que «si no hay ley, no hay sentencia». Son cosas diferentes y en ninguno de los dos casos lleva razón, pues tanto las sentencias como los autos deben estar fundamentados jurídicamente.

b) «No podemos basarnos en una costumbre para resolverlo y no hay ninguna ley que prohíba hacer lo que hizo ese hombre». Al hacer esta afirmación, Sergio desconoce que existen tres fuentes del derecho: la legislación, la costumbre y los principios generales del derecho; así como fuentes indirectas: la jurisprudencia y los tratados y convenios internacionales. En caso de ausencia de normas jurídicas en una cuestión determinada, el tribunal podría acudir a la costumbre para resolver el litigio.

c) «Si no hay ley, no hay sentencia». Si no existe una norma legal específica, los tribunales aplicarán técnicas sustitutivas para resolver el conflicto. Un juez no puede negarse a dictar sentencia y debe suplir la laguna jurídica **acudiendo a las fuentes del derecho** (la costumbre, los principios generales del Derecho, la jurisprudencia...); a la **legislación de otra rama del derecho supletoria**; a una **interpretación extensiva** de una norma existente; o a la **analogía** (al aplicar normas dictadas en situaciones similares). Sin embargo, resultaría inconcebible que un juez de lo penal fundamentase una condena haciendo una interpretación extensiva de una norma (es más, se debe hacer lo contrario, interpretar las normas restrictivamente) o aplicando una legislación supletoria (Código Civil). En la jurisdicción penal, si no hay principio acusatorio o existen dudas, el acusado debe ser absuelto.

d) «Habla con los jueces para que redacten una nueva ley». Sergio desconoce el principio de separación de poderes en el Estado, recogido en la Constitución española: el poder legislativo reside en las Cortes Generales —Congreso y Senado—; el ejecutivo, en el Gobierno de la nación, y el judicial, en los tribunales. Los jueces no son los encargados de formular las leyes, sino de aplicarlas e interpretarlas. Las leyes y normas con rango de ley son dictadas por las Cortes Generales o el Gobierno.

TEST DE EVALUACIÓN

RESUELVE EN TU CUADERNO O BLOC DE NOTAS

1. Decimos que el conjunto de normas que regulan las relaciones entre los diferentes agentes económicos son el...

a) Derecho natural.
b) Derecho positivo.
c) Derecho subjetivo.
d) Derecho objetivo.

2. El derecho que va unido a la moral es el...

a) Derecho natural.
b) Derecho positivo.
c) Derecho subjetivo.
d) Derecho objetivo.

3. Son ramas del derecho público las siguientes:

a) Derecho civil, penal y mercantil.
b) Derecho procesal, fiscal y penal.
c) Derecho político y laboral.
d) Derecho civil, procesal y laboral.

4. Debido a una situación anómala en Navarra se crean una serie de leyes y normas para regular el suceso mientras dure, en este caso esas normas son el...

a) Derecho normal, general y común.
b) Derecho normal, especial y particular.
c) Derecho excepcional, general y particular.
d) Derecho excepcional, especial y particular.

5. Los poderes del Estado son tres y según su mayor grado de importancia son...

a) Los principios generales del derecho, la ley y la costumbre.
b) La ley, los principios generales del derecho y la costumbre.
c) La costumbre, los principios generales del derecho y la ley.
d) La ley, la costumbre y los principios generales del derecho.

6. El poder legislativo es desempeñado por...

a) El Congreso y el Senado.
b) La Cámara Alta y la Baja.
c) Las dos respuestas anteriores son correctas.
d) Ninguna de las respuestas anteriores son correctas.

7. La mayoría absoluta es necesaria para...

a) Crear las leyes ordinarias.
b) Crear las leyes orgánicas.
c) Ambas respuestas son correctas.
d) Ninguna de las respuestas anteriores es correcta.

8. Las normas con rango de ley que se crean por el Gobierno en ocasiones excepcionales y con urgencia son el...

a) Real decreto legislativo
b) Real decreto ley
c) Reglamento
d) Directivas

9. En términos generales el primer escalón de la pirámide judicial es...

a) El Juzgado de lo Social.
b) La Audiencia Nacional.
c) El Tribunal Supremo.
d) Los Tribunales Superiores de Justicia.

10. Cuando creamos una ley para cumplir una directiva europea, estamos hablando de...

a) Transposición.
b) Reglamento.
c) Las dos respuestas anteriores son correctas.
d) Ninguna de las respuestas anteriores es correcta.

ACTIVIDADES FINALES

1. Ordena de mayor a menor teniendo en cuenta la jerarquía normativa.
   a) Reglamento de la Unión Europea sobre el salario mínimo interprofesional.
   b) Costumbre.
   c) Artículo de la Constitución española.
   d) Un real decreto legislativo.
   e) Directiva de la Unión Europea (con transposición).
   f) Directiva de la Unión Europea (sin transposición).
   g) Reglamento municipal.
   h) Principios generales del derecho.

2. Copia en tu cuaderno y une con flechas:

Es el primer órgano jurisdiccional de la comunidad autónoma.	Tribunal Superior de Justicia
Se especializa en delitos de especial gravedad y relevancia social.	Audiencia Nacional
Es el órgano judicial de mayor rango.	Juzgado de lo Social
Resuelve en primera instancia litigios derivados de la relación laboral.	Tribunal Supremo

3. ¿Qué diferencias hay entre las leyes orgánicas y las ordinarias?

4. Indica a qué tipo de fuente del derecho hacen referencia las siguientes frases:
   a) LOMCE.
   b) No es justo que las personas mayores vayan de pie en el autobús.
   c) En una zona geográfica durante años se da un día libre en el trabajo para celebrar el Día del Otoño.
   d) Hay que dejar salir antes de entrar.

5. ¿Qué es la Cámara Alta? Explica sus funciones, cómo son elegidos sus miembros, etc.

6. ¿Qué es la Cámara Baja? Explica sus funciones, cómo son elegidos sus miembros, etc.

7. Explica las diferencias que existen entre ley, real decreto ley, real decreto legislativo y reglamento.

8. Formad grupos de trabajo de 3 a 5 personas y proponed 5 normas para que la clase de «Empresa y Administración» sea más efectiva, ponedlas en común y realizad una votación para seleccionar 3 normas.
   a) ¿Qué valores habéis tenido en cuenta?
   b) ¿Os ha resultado complicado redactar la norma para que no haya confusiones en su interpretación?
   c) ¿Habéis establecido la sanción para aquel alumno que no cumpla la norma?
   d) ¿Las normas elegidas han sido votadas por todos los alumnos o por la mayoría?

9. Los términos técnicos en derecho son muy importantes, realiza un diccionario con los términos de la unidad e intenta incorporarlas a tu vocabulario.

10. Copia en tu cuaderno y une con flechas:

Derecho constitucional	Regula la actividad empresarial y las relaciones comerciales.
Derecho administrativo	Regula las relaciones entre las Administraciones públicas y los ciudadanos.
Derecho internacional público	Regula los tribunales y su funcionamiento, así como las que han de ajustarse los procedimientos judiciales.
Derecho procesal	Normas que regulan el sistema tributario español.
Derecho fiscal	Normas que se aplican a las conductas punibles de los ciudadanos, conviniendo sanciones y supervisando la ejecución de estas.
Derecho penal	Regula las relaciones del Estado con otros países.
Derecho civil	Regula las relaciones de tipo patrimonial entre las personas.
Derecho mercantil	Es el encargado de dirimir los litigios laborales entre los trabajadores y empresarios.
Derecho laboral	Se encarga de las relaciones entre particulares con domicilios en diferentes países, o hechos acaecidos en diversos Estados.
Derecho internacional privado	Regula el funcionamiento del Estado y sus leyes fundamentales.

PRÁCTICA PROFESIONAL PROPUESTA 1

Interpretando una sentencia

Entra en la web <www.poderjudicial.es/search>, busca una sentencia e interprétala. Para ello tienes que saber que la sentencia debe tener varias partes, la presentación de las partes implicadas, la presentación de los hechos fundamentales por los que se acude al litigio, las pruebas presentadas por ambas partes y, por último, la resolución del juez.

Realiza un resumen con tus palabras para explicar a tus compañeros qué sucedió en ese caso, cuál fue la decisión tomada por el juez y los motivos por los que se tomó tal decisión. Para que te resulte más sencillo copia en tu cuaderno la siguiente ficha y complétala:

Órgano	
Sede	
Parte demandante/denunciante	
Parte demandada/denunciada	
Orden jurisdiccional	
Motivo	
Tipo de resolución	
Pruebas aportadas por el actor	
Pruebas aportadas por el demandado/denunciado	
Resolución	

PRÁCTICA PROFESIONAL PROPUESTA 2

La multa de Pablo

Imagina que eres el abogado de Pablo, el cual tiene una tienda de dulces y frutos secos. Como Pablo no posee conocimientos de contabilidad contrató a la gestoría X para que le llevara sus cuentas, presentara sus impuestos, etc.

Durante cinco años la gestoría X le entregaba las liquidaciones de IVA trimestrales para que Pablo las firmara antes de presentarlas en la Agencia Tributaria. En la declaración del segundo trimestre del año 2017, la Hacienda Pública no recibió la declaración correspondiente en el plazo adecuado, por lo que la Agencia Tributaria ha sancionado a Pablo con una multa pecuniaria de 200 euros, al considerar que ha cometido una infracción leve por no presentar en plazo la liquidación de IVA.

Pablo cree que debe ser la gestoría la que debe pagar la multa, ya que en ese trimestre no lo llamaron para que firmara la declaración.

La gestoría, por el contrario, no está conforme porque asegura que, como hacen siempre, llamaron por teléfono a Pablo para que fuera a su oficina y, así, firmar los correspondientes documentos, pero no acudió a firmar, por lo que la responsabilidad es suya.

Las pruebas que presenta la gestoría son los listados telefónicos y la idea de que Pablo debía recordar que en esas fechas durante cinco años ha pasado a firmar y, por lo tanto, sabía que esta vez también debía hacerlo.

Ayuda a Pablo a establecer su defensa e intenta prever a qué parte daría la razón el juez, a la gestoría (y, por tanto, sería Pablo el que debe pagar la multa) o a Pablo (y, por consiguiente, la gestoría X abonaría a Pablo el importe de la multa que este debe abonar a Hacienda).

PRÁCTICA PROFESIONAL PROPUESTA 3

Los orígenes del derecho

Imagina cómo se crearían las primeras leyes. En la antigua Babilonia no existían. La gente no sabía lo que estaba bien o estaba mal, eran los jueces los que decidían en cada caso, además, de proporcionar la sanción correspondiente. En muchos casos la sanción era de pena de muerte, ya que lo que se pretendía con el derecho era coaccionar a los «malos» para que no volvieran a delinquir y, así, evitar que los más poderosos se aprovecharan de los más débiles.

Para evitar esta dispersión, el rey Hammurabi decidió recopilar las leyes y costumbres dispersas en un Código, creado entre 1792 y 1750 a. C., cuya intención era ofrecer protección a todas las clases sociales babilónicas.

Así nació el Código de Hammurabi, un conjunto de 282 leyes esculpidas en un bloque cilíndrico de piedra negra de dos metros de alto, aunque no es el primer código legislativo de la historia, sí es el más antiguo que conocemos.

Por medio de este código podemos conocer el sistema jurídico mesopotámico. En él se recogen los procedimientos legales, la imposición de penas por acusaciones injustificadas falso testimonio y errores judiciales. También se fijan los delitos contra las personas y la propiedad (préstamos, depósitos, deudas, propiedad doméstica y derechos familiares, esclavitud); se crean impuestos y se regula el comercio; se fijan los salarios de cada clase de trabajador, etc. Y junto a los delitos, se fijan las penas, que suelen basarse en el principio de la Ley del Talión: «ojo por ojo y diente por diente», que consiste en infligir al infractor el mismo castigo que el daño que ha ocasionado.

Desde entonces se han ido escribiendo las leyes, intentando regular todo aquello que sea posible para evitar las interpretaciones y que no existan diferentes sentencias para casos similares, «ante los mismos hechos, la misma sanción». La sociedad ha ido evolucionando hasta llegar a la llamada *sociedad de la información*, por lo que el derecho se ha visto modificado, y ha comenzado a desarrollarse una nueva rama, el *derecho informático* o *de nuevas tecnologías*. Este derecho es muy importante porque ha conllevado modificaciones en el resto de ramas del derecho.

Sabiendo esto, intenta responder a las siguientes preguntas:

1. ¿Qué tipo de derecho se daba en la antigua Babilonia? Analiza la situación.
2. ¿Por qué es tan importante el derecho informático? Pon un ejemplo de su influencia en otras ramas.

EN RESUMEN

DERECHO → «El conjunto de leyes y normas que regulan las relaciones humanas en todos sus ámbitos».

TIPOS DE DERECHO

- **Según su definición**
  - Derecho objetivo
  - Derecho subjetivo
- **Según su procedencia**
  - Derecho natural
  - Derecho positivo
    - **Derecho público**
      - Derecho político o constitucional
      - Derecho administrativo
      - Derecho financiero y fiscal o tributario
      - Derecho procesal
      - Derecho penal
      - Derecho internacional público
    - **Derecho privado**
      - Derecho del trabajo
      - Derecho civil
      - Derecho mercantil
      - Derecho internacional privado
- **Según su materia**
  - Derecho normal
  - Derecho excepcional
- **Según lo que regula**
  - Derecho general
  - Derecho especial
- **Según la vigencia**
  - Derecho común
  - Derecho particular

Las fuentes directas del derecho

- Ley
- Costumbre
- Principios generales del derecho

Separación de poderes

Los tres poderes:

- Legislativo
- Ejecutivo
- Judicial

Jerarquía de las normas

- Constitución española
- Leyes
  Normas con rango de ley
- Reglamentos
- Costumbres
- Principios generales del derecho

8 La Unión Europea

Vamos a conocer...

Y al finalizar esta unidad...

- Conoceremos la historia de la Unión Europea y el euro.
- Distinguiremos los tratados europeos.
- Seremos capaces de diferenciar las instituciones que forman la Unión Europea.
- Sabremos explicar las diferentes etapas para la adhesión a la Unión Europea.

Práctica profesional inicial

Situación de partida

Úrsula es maestra de primaria. Sus pequeños alumnos le preguntan qué es eso de la Unión Europea y ella les cuenta el siguiente cuento:

«Erase una vez un grupo de seis niños que jugaban en el mismo parque y se peleaban muy a menudo porque cada uno tenía solo un juguete y quería los juguetes de los demás. Como así no podían seguir, un buen día uno de ellos tuvo una idea: "¿Por qué en lugar de discutir no nos unimos para compartir y jugar juntos? Si cada uno ponemos en común nuestro juguete, cada día podríamos jugar con seis juguetes diferentes". Todos estuvieron de acuerdo y poco a poco más niños fueron acercándose y jugando con ellos. Eso es lo que pasó con la Unión Europea: después de la Segunda Guerra Mundial, un político francés llamado Robert Schuman leyó una declaración el 9 de mayo de 1950, en la que proponía una nueva forma de cooperación en Europa para evitar nuevas guerras y salir de la crisis y, pocos años después, seis países firmaron el primer tratado que dio unidad a estos países. Paulatinamente se han adherido más países, que han ido progresando y compartiendo cada vez más cosas, incluso han llegado a poner una moneda única en muchos países, el euro. Además, hay muchos símbolos que hacen que podamos reconocer a la Unión Europea».

—Pero, profe... —comenzaron a preguntar los pequeños—, si no se ponen de acuerdo, ¿quién pone las leyes? ¿Y quién vigila que se cumplan?

—Si no se cumplen, ¿hay jueces que los castigan?

—Y si más países quieren formar parte de esa unión, ¿cómo deciden si entran o no?

—¿Cómo se puede reconocer la Unión Europea? ¿Cuáles son sus símbolos?

—¿Y el euro no lo tienen todos los países de la Unión Europea? ¿Qué países no lo tienen?

Estudio del caso

Intenta ayudar a Úrsula y contesta las ocho preguntas que le han planteado sus alumnos.

1. Historia de la Unión Europea

Robert Schuman.

En sus orígenes, la Unión Europea (llamada así desde 1993) era muy diferente a como la conocemos hoy. Su nacimiento se remonta al finalizar la Segunda Guerra Mundial, cuando un grupo de personas visionarias, tuvieron la idea de formar una Europa pacífica, unida y próspera. Esta idea primera ha inspirado la Unión Europea en la que vivimos hoy.

Podemos definir la **Unión Europea (UE)** como una asociación económica y política única en su género, compuesta en la actualidad por 28 países europeos que abarcan juntos gran parte del continente.

A continuación veremos cómo la UE ha llegado a ser tal y como la conocemos hoy a través del siguiente esquema.

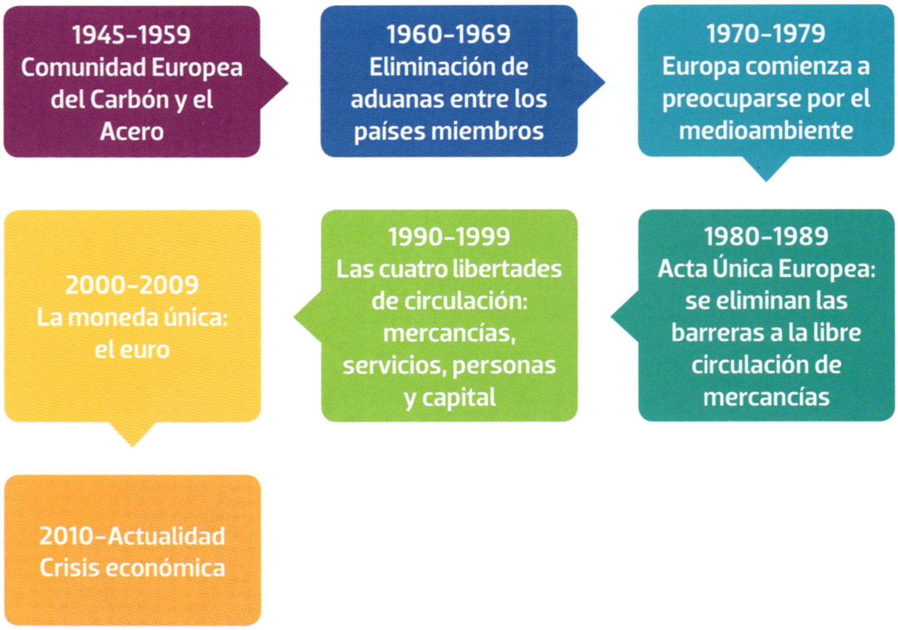

Muchas personas han participado en la construcción de la Unión Europea desde que en 1950 el ministro francés de Asuntos Exteriores presentara un plan para establecer una cooperación más estrecha entre los países de Europa.

La Comisión Europea considera que **son once los padres fundadores de la Unión Europea:** Konrad Adenauer, Joseph Bech, Johan Beyen, Winston Churchill, Alcide de Gasperi, Walter Hallstein, Sicco Mansholt, Jean Monnet, Robert Schuman, Paul-Henri Spaak, y Altiero Spinelli.

Actividades

1. Realizad en clase siete grupos y elegid cada uno una de las etapas que acabamos de ver en el esquema sobre la historia de la Unión Europea. Para ello visitad diferentes páginas y recabad información sobre cada una de ellas. A continuación preparad una exposición para contarles a vuestros compañeros qué pasó durante esa época en la Unión Europea, qué países entraron, qué tratados se firmaron, en qué consistían, etc. Para ayudaros podéis visitar la web:
   - <https://europa.eu/european-union/about-eu_es>.

   Recordad ordenar los hechos, sintetizarlos y exponerlos de forma clara para que el resto de compañeros puedan entender la información. Podéis apoyaros de murales o paneles que pegaréis en clase para que quede de recuerdo durante el trimestre.

- **1945-1959:** la Segunda Guerra Mundial acaba de terminar y Europa cree en la paz entre sus países. En 1951 se crea en París la **Comunidad Europea del Carbón y el Acero (CECA),** integrada por Francia, Alemania Federal, Italia, Bélgica, Luxemburgo y Países Bajos, para eliminar las barreras entre los estados miembros en cuanto a la compraventa de acero y carbón. Poco a poco se fueron ampliando las miras hasta firmar los **tratados de Roma,** en 1957, donde se confirma un mercado abierto entre los países miembros de la **Comunidad Económica Europea (CEE),** que se creó en 1958.
- **1960-1969:** en esta época se produce un crecimiento económico en los países miembros debido a la eliminación de los derechos de aduana (aranceles o tributos que impone cada Estado sobre las transacciones comerciales entre países). Ahora podían comerciar entre ellos sin tener que pagar aranceles. Al mismo tiempo, se controla la producción alimentaria para evitar el hambre de los ciudadanos, lo que generará un excedente de alimentos.
- **1970-1979:** Dinamarca, Irlanda y Reino Unido entran en la Comunidad Económica Europea. La CEE concede dinero a las zonas más desfavorecidas y comienza una conciencia social por el medioambiente.
- **1980-1989:** Grecia, España y Portugal pasan a formar parte de la CEE y se firma en 1986 el **Acta Única Europea,** que pretende eliminar las trabas a la libre circulación de mercancías a través de los países miembros, y que da lugar al **mercado único,** idea que se refuerza con la caída del Muro de Berlín en 1989 y la unificación de Alemania en 1990.
- **1990-1999:** en 1993 se firma el **tratado de Maastricht** por el que se forma la **Unión Europea.** La CEE se incorpora a ella y se pasa a llamar **Comunidad Europea (CE).** Se pretende la **libre movilidad de capital, trabajo, mercancías y servicios.** Para ello se crea la **ciudadanía europea,** que permite circular y residir libremente en los países de la comunidad, así como votar y ser elegido en un Estado de residencia para las elecciones europeas o municipales. Con este tratado también se decidió la creación de una moneda única europea, el **euro,** que entraría en circulación en 2002 bajo control del Banco Central Europeo. En 1995, Austria, Finlandia y Suecia entran en esta década a formar parte de la UE. En este año se firma también el **tratado de Ámsterdam** (1995) y entran en vigor los Acuerdos de Schengen (firmados en 1985),
- **2000-2009:** Eslovaquia, Eslovenia, Polonia, Malta, Letonia, Lituania, Hungría, Estonia, República Checa y Chipre entran en 2004, y Bulgaria y Rumanía en 2007. Además, en 2009 se firma el **tratado de Lisboa** donde las instituciones de la CE fueron absorbidas por el entramado institucional de la Unión Europea, y la Comunidad Europea dejó definitivamente de existir.
- **2010-actualidad:** la crisis económica mundial sacude a Europa. La UE rescata a Irlanda, Portugal, Grecia y España para que puedan hacer frente a sus dificultades y establece la «unión bancaria». En 2013 Croacia entra en la UE y, en el año 2016, se realiza un referéndum en Reino Unido cuyo resultado fue favorable a la salida de la UE *(brexit).*

Existen varios documentos donde se especifican de forma clara las condiciones y características de diferentes acuerdos entre los países de la Unión Europea. Estos documentos reciben el nombre de **tratados** y tienen carácter político, económico, social, etc.

A continuación vamos a desarrollar brevemente algunos de los tratados más relevantes de la Unión Europea.

Países miembros de la UE (año de ingreso)

1958

Alemania Federal, Francia, Italia, Bélgica, Luxemburgo y Países Bajos

1973

Dinamarca, Irlanda y Reino Unido

1981

Grecia

1986

España y Portugal

1995

Austria, Finlandia y Suecia

2004

Chipre, República Checa, Estonia, Hungría, Lituania, Letonia, Malta, Polonia, Eslovenia y Eslovaquia

2007

Bulgaria y Rumanía

2013

Croacia

1.1. Tratado de París (1951)

El 18 de abril de 1951, Francia, Alemania Federal, Italia, Bélgica, Luxemburgo y Países Bajos firman el tratado de París, por el que se crea la **Comunidad Europea del Carbón y del Acero (CECA).** Estos seis países sometían a una única autoridad su producción y comercialización de carbón y acero (base de la industria armamentística), de manera que les sería muy difícil iniciar una guerra entre ellos.

1.2. Tratados de Roma (1957)

Acto de la firma del tratado de Roma, en 1957, en un salón de los Museos Capitolinos, Roma.

Son dos tratados los que se firmaron el 25 de marzo de 1957. El primero de ellos creó la **Comunidad Económica Europea (CEE),** en la cual se acordaron eliminar los aranceles entre los países miembros, además, de establecer un arancel común para los productos procedentes de terceros países. Por este motivo se empezó a hablar del «mercado común» ya que la finalidad era esa, un mercado común para los países que firmaron el acuerdo. El segundo tratado estableció la **Comunidad Europea de la Energía Atómica (CEEA o Euratom).**

1.3. Acta Única Europea (1986)

Fue firmada en La Haya y en Luxemburgo el 17 y el 28 de febrero de 1986 por los 12 países integrantes de la CEE. En esta acta se unificó la CECA y la CEE y se pretendía avanzar desde un «mercado común» hacia un «mercado interior», es decir, un espacio común sin fronteras interiores, de cooperación y libre circulación de personas, productos y capitales entre todos los países miembros.

1.4. Tratado de Maastricht (1992)

También conocido como **tratado de la Unión Europea (TUE),** fue firmado el 7 de febrero de 1992 en la ciudad holandesa de Maastricht. Se habla por primera vez de Unión Europea y, además, se va más allá del objetivo económico para hacer referencia a la **unidad política.** El TUE está sustentado en tres pilares:

- El pilar comunitario recoge los tres tratados anteriores sobre el **mercado único**; además, establece la **ciudadanía europea**; la **unión económica y monetaria** (se decide crear una moneda única, el **euro**, y el **Banco Central Europeo**); se regulan los fondos de cohesión, la política agraria común (PAC), las instituciones europeas, etc.
- El segundo pilar es el de **Política Exterior y Seguridad Común (PESC).**
- El tercer pilar es el de **Justicia y Asuntos de Interior** (JAI).

Saber más

Zona Schengen

La zona conocida como *Schengenland* no es más que la representación de los países que firmaron un acuerdo en el que se creaba un espacio común (la zona Schengen) donde se suprimieron las fronteras, y sus objetivos son la seguridad y libertad de movimiento de personas de los países miembros.

1.5. Tratado de Ámsterdam

En 1997 se firmó el **tratado de Ámsterdam** que modificaba algunas ideas de los tratados fundamentales de Roma y Maastricht, pero ha tenido muchos detractores, ya que no concretaba medidas específicas para solucionar determinados temas, como por ejemplo la adaptabilidad de las instituciones europeas en una unión cada vez más grande.

1.6. Tratado de Lisboa (2007)

En vigor desde diciembre de 2009, otorga personalidad jurídica a la Unión Europea para firmar acuerdos internacionales comunitarios. Modificó el tratado de la Unión Europea y el tratado constitutivo de la Comunidad Europea, y reformó el funcionamiento de las instituciones.

2. La unión económica monetaria

No todos los países de la Unión Europea pertenecen a la unión económica y monetaria (UEM). Hay países dentro de la Unión Europea que decidieron ir más allá y unificar también su moneda, el euro. Estos países, por lo tanto, no solo tienen un mercado común sino también una política monetaria común.

Mario Draghi es presidente del Banco Central Europeo desde el 01/11 2011.

2.1. Historia del euro

En marzo de 1979 se creó una unidad monetaria interna en la UE para contabilizar sus movimientos. Esta moneda se denominó **ecu** *(european currency unit)* y se formaba a partir de una media de las monedas de los Estados miembros. Por eso, se considera que el precursor del euro es el ecu.

En el año 1995 se realizó una conferencia en Madrid, en la que se estableció el **euro** como moneda única para aquellos países de la UE que pertenecían además a la UEM.

El euro entró en vigor el 1 de enero de 1999, de manera que los países que adoptaron esta moneda perdieron su política monetaria para pasar a respetar la política monetaria europea dictaminada por el Banco Central Europeo. Si bien es cierto que en cada país coexistieron ambas monedas (el euro y su moneda nacional) hasta enero de 2002, donde se suprimieron las monedas nacionales.

Vocabulario

Política monetaria: es el conjunto de medidas y decisiones que se toman en función de los tipos de interés (precio del dinero) para conseguir reactivar la economía en épocas de crisis (política monetaria expansiva) y controlar la inflación en épocas de auge económico (política monetaria restrictiva).

2.2. Ventajas e inconvenientes del euro

Todo cambio produce unos efectos, en ocasiones positivos y algunos menos ventajosos. Con la introducción de la moneda única surgieron las posiciones a favor y en contra del euro.

Los ciudadanos comenzaron a notar las ventajas del euro a la hora de viajar, la utilización de la misma moneda ahorró los costes del tipo de cambio, la comparación de precios y, por tanto, los niveles de competencia hicieron que algunos productos bajaran sus precios y facilitó el movimiento de capitales a otros países. Se produjo, por consiguiente, una libertad económica casi plena.

Pero, como ya hemos anticipado, el euro causó algunas desventajas a sus países miembros, sobre todo, al inicio de incorporar la moneda única.

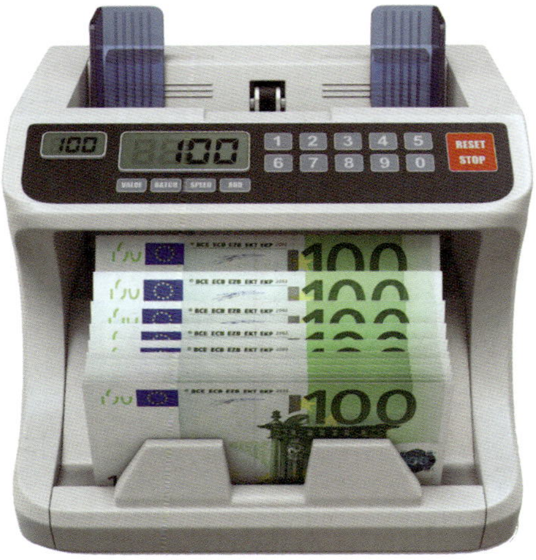

El desconocimiento de la moneda causó incertidumbre a los ciudadanos, las personas mayores no sabían si los productos eran caros o baratos y, además, se redondearon al alza muchos precios. En los primeros meses de vigencia de la moneda se incrementaron las falsificaciones y engaños debidos a la inexperiencia con la moneda única. Sin embargo, con el paso de los años estas desventajas se han ido eliminando de forma progresiva. El mayor inconveniente que aún no se ha logrado evitar es la pérdida de soberanía sobre la política monetaria por parte de los Estados miembros; ya que cada Gobierno a través de sus propias decisiones podía gestionar el dinero para evitar subidas de inflación o la crisis económica; mientras que en la actualidad, al tratarse de medidas tomadas en conjunto por la Unión Europea, no siempre se adaptan a lo que necesita cada país en concreto.

Navega

Puedes visitar la web de la Fábrica Nacional de Moneda y Timbre para conocer más datos sobre la moneda única:

- <www.fnmt.es>.

Real Casa de la Moneda Fabrica Nacional de Moneda y Timbre.
Fotografía: Ricardo Ricote Rodríguez.

Los países de la Unión Europea que no forman parte de la unión económica monetaria son nueve: Bulgaria, Croacia, Dinamarca, Hungría, Polonia, Reino Unido, República Checa, Rumanía y Suecia.

Actividades

2. Realiza una línea temporal con los tratados y consensos más relevantes para la Unión Europea.
3. ¿En qué consiste el tratado de Maastricht? ¿Y el de Roma? ¿En qué año se formularon? ¿Y el tratado de Lisboa?
4. ¿Qué son los Acuerdos de Schengen?
5. ¿Qué es el ECU? ¿Se encuentra todavía vigente?
6. ¿En qué año entró en vigor el euro? ¿Cuáles son sus ventajas y sus inconvenientes más importantes?
7. Di si los siguientes países pertenecen a la Unión Europea, a la unión económica monetaria o a ambas y su año de ingreso en cada caso.

a) Turquía
b) Dinamarca
c) Suiza
d) Suecia
e) Eslovaquia
f) España
g) Macedonia
h) Albania
i) Montenegro

3. Las instituciones europeas

El marco institucional europeo no es más que el conjunto de instituciones y organismos a los que los países miembros de la Unión Europea les han otorgado poder para actuar en determinados temas. Vamos a analizar los siete órganos con rango de institución de la Unión Europea.

3.1. El Parlamento Europeo

Después de haber estudiado la separación de poderes en la unidad anterior, podemos decir que el Parlamento Europeo es la institución que sustenta el **poder legislativo** de Europa. Sus miembros son elegidos por mayoría absoluta cada cinco años. Las últimas elecciones fueron en mayo de 2014.

Aparte de la competencia legislativa, el Parlamento también es el encargado de la supervisión del resto de instituciones y la elaboración de los presupuestos de la Unión Europea.

3.2. El Consejo Europeo

La función fundamental de esta institución, formada por los jefes de Gobierno o de Estado de los países miembros, es definir la **orientación y prioridades políticas generales de la UE.** Es la organización encargada de establecer la **política exterior y la seguridad común,** además de nombrar a los candidatos para diferentes puestos con carácter de importancia para algunas instituciones de la UE, como por ejemplo del Banco Central.

Consejo Europeo Extraordinario de 16 de julio de 2014.

Saber más

Siete instituciones en la UE

El **tratado de Lisboa,** texto que trató de mitigar el fracaso que supuso no aprobar una Constitución para Europa, reformó el papel de las instituciones de la UE y elevó a algunos órganos al rango de institución. Por tanto, desde el 1 de diciembre de 2009, hay siete instituciones de la Unión Europea.

Navega

Para saber más sobre todas las instituciones europeas puedes consultar la siguiente web, donde encontrarás toda la información sobre sus funciones, el año de fundación de cada organización, etc.:

- https://europa.eu/european-union/about-eu/institutions-bodies_es.

Saber más

Reuniones del Consejo Europeo

Las reuniones del Consejo Europeo suelen producirse cada tres meses y las denominamos **cumbres.**

3.3. El Consejo de la Unión Europea

Consejo Europeo Extraordinario de 16 de julio de 2014.

Es muy importante no confundir el *Consejo de la Unión Europea* con el *Consejo Europeo*, que acabamos de ver.

El Consejo de la Unión Europea está formado por los ministros de los países miembros. Dependiendo del asunto que se vaya a tratar acuden los ministros del ámbito en cuestión. Le corresponden, junto con el Parlamento Europeo, las **funciones legislativa y presupuestaria,** y ejerce además otras funciones políticas y de coordinación. Esta institución no tiene un presidente fijo, cada país ostenta la presidencia durante seis meses.

3.4. La Comisión Europea

Es la única institución capaz de elaborar las propuestas de nueva legislación; podemos decir que sustenta el **poder ejecutivo**. Además, es el órgano encargado de aplicar las normas que dicta el Parlamento Europeo y el Consejo Europeo.

También tiene otras funciones como velar por el cumplimiento de las leyes, representar a Europa en el ámbito internacional y supervisar la asignación de los presupuestos.

Edificio Berlaymont, sede de la Comisión Europea, en Bruselas (Bélgica).

3.5. Tribunal de Justicia de la Unión Europea (TJUE)

Es el **poder judicial** de la Unión Europea, encargado de comprobar y garantizar que las normas europeas se aplican de la misma manera en todos los países miembros, además de resolver los litigios que puedan acontecer entre los gobiernos nacionales y las instituciones europeas.

En ocasiones también pueden resolver litigios entre los ciudadanos y las instituciones si estos creen que han sido vulnerados por alguna organización europea.

El Tribunal de Justicia de la UE.

3.6. El Banco Central Europeo (BCE)

El Banco Central Europeo.

Gestiona la moneda única, el euro, y garantiza la estabilidad de precios; para ello cuenta con el poder que le proporciona ser el responsable de la política económica y monetaria.

El Banco Central Europeo decide si subir o bajar los tipos de interés para los préstamos concedidos a los países miembros. Estas subidas o bajadas determinan la política monetaria expansiva o restrictiva en función de la estrategia de cada momento.

Otra de sus funciones es la gestión y compraventa de divisas para mantener los tipos de cambio y garantizar la supervisión de los mercados financieros.

La **eurozona** es el conjunto de todos los países miembros de la unión económica monetaria, es decir, aquellos países cuya moneda oficial es el euro y, por tanto, comparten la política monetaria.

3.7. El Tribunal de Cuentas Europeo (TCE)

Es la séptima institución de la Unión Europea. Principalmente, el Tribunal de Cuentas Europeo audita de forma independiente las cuentas de la UE y, aunque no tiene capacidad jurídica, ayuda en gran medida a mantener y gestionar los presupuestos generales, e informa sobre las finanzas de la Unión.

El Tribunal de Cuentas Europeo.

3.8. Otros órganos europeos

Hemos visto las siete organizaciones europeas más relevantes, pero quedan muchas otras que es conveniente conocer:

<table>
<tr><th>Órganos</th><th>Siglas</th><th colspan="3">Descripción</th></tr>
<tr><td>Servicio Europeo de Acción Exterior</td><td>SEAE</td><td colspan="3">Gestiona las relaciones diplomáticas de la UE con otros países fuera del territorio de la UE y dirige la política exterior y de seguridad de la UE.</td></tr>
<tr><td>Comité Económico y Social Europeo</td><td>CESE</td><td colspan="3">Órgano consultivo que representa a las organizaciones de trabajadores y empresarios y otros grupos de interés.</td></tr>
<tr><td>Comité de las Regiones</td><td>CDR</td><td colspan="3">Organismo con carácter consultivo formado por miembros de los 28 países, que tratan de dar su opinión sobre las repercusiones que tienen las leyes en las regiones que representan.</td></tr>
<tr><td>Banco Europeo de Inversiones</td><td>BEI</td><td colspan="3">Concede financiación para proyectos que contribuyan a lograr los objetivos de la UE, tanto dentro como fuera de ella.</td></tr>
<tr><td>Defensor del Pueblo Europeo</td><td>—</td><td colspan="3">Investiga las reclamaciones relacionadas con la mala gestión de las instituciones, organismos, oficinas y agencias de la UE.</td></tr>
<tr><td>Supervisor Europeo de Protección de Datos</td><td>SEPD</td><td colspan="3">Garantiza que, a la hora de tratar datos personales, las instituciones y organismos de la UE respeten el derecho a la intimidad de los ciudadanos.</td></tr>
<tr><td rowspan="4">Organismos interinstitucionales</td><td rowspan="4">—</td><td>Equipo de Respuesta para Emergencias Informáticas</td><td>CERT</td><td>Apoya los equipos de supervisión informática de la UE.</td></tr>
<tr><td>Escuela Europea de Administración</td><td>ESA</td><td>Ofrece formación en algunas áreas concretas para el personal de la UE.</td></tr>
<tr><td>Oficina de Publicaciones de la Unión Europea</td><td>—</td><td>Encargada de publicar y divulgar todo aquello que la UE necesite dar a conocer de forma oficial.</td></tr>
<tr><td>Oficina Europea de Selección de Personal de las Comunidades Europeas</td><td>OSPC</td><td>Prepara las oposiciones y puestos de trabajo para pertenecer a los organismos de la UE.</td></tr>
</table>

Actividades

8. ¿Qué instituciones europeas sustentan el poder legislativo, el ejecutivo y el judicial?

9. ¿Qué diferencias hay entre el Consejo Europeo y el Consejo de la Unión Europea?

10. Define brevemente las siguientes instituciones y busca en qué año se fundaron:

a) El Banco Central Europeo

b) El Tribunal de Cuentas Europeo

4. Los símbolos de la Unión Europea

En determinadas ocasiones somos capaces de identificar un producto por los colores del envase, una película por la banda sonora, una marca por un eslogan o un país por su bandera. Igual que en todos esos casos, la Unión Europea también la podemos identificar por una serie de símbolos.

Símbolos de la Unión Europea

- **Bandera** — Formada por doce estrellas en forma de círculo que representan la unidad, solidaridad y armonía entre los países miembros.

- **Himno** — Se considera el himno de la UE la *Oda a la alegría* de Beethoven. Representa los ideales de paz, libertad y solidaridad.

- **Día de Europa** — 9 de mayo: es el aniversario de la declaración de Schuman, reivindica la paz y la unidad del continente.

- **Lema** — «Unida en la diversidad» se utilizó en el año 2000 por primera vez. Hace referencia a la unión de los países con diferentes culturas.

Navega

Puedes ver más sobre los símbolos europeos en el siguiente enlace:

- <https://europa.eu/european-union/about-eu/symbols_es>.

El Día de Europa

El Día de Europa celebra cada **9 de mayo** la paz y la unidad del continente.

La fecha es el aniversario de la histórica **declaración de Schuman.** En un discurso pronunciado en París en 1950, el ministro francés de Asuntos Exteriores, Robert Schuman, hizo un llamamiento a una nueva forma de cooperación que hiciera impensable un conflicto bélico entre las naciones europeas y proponía, para salir de la crisis, la cooperación de varios estados europeos para que sometieran a una única autoridad la producción y comercialización de carbón y acero. Fue la primera organización supranacional (la CECA) y el primer paso para formar la Unión Europea tal y como hoy la conocemos.

5. La ampliación de Europa

Como ya habrás observado, Europa ha ido creciendo con el paso de los años, desde los seis países fundadores hasta llegar a los 28 actuales, muchos países han sido los que han decidido entrar a formar parte de la Unión Europea y muchos aún están en proceso de hacerlo.

Al conjunto de actuaciones o trámites para formar parte de la Unión Europea se denomina «proceso de adhesión» y consta de tres fases (en cada una de estas fases deben estar de acuerdo todos los países miembros para que se produzca la adhesión):

Perspectiva

Se considera la idea de que el país pueda entrar a fomar parte de la UE. Se valora su situación y las caracteristicas del país.

Candidato

Se reconoce formalmente que es un candidato a falta de cumplir determinados requisitos.

Negociación formal

En esta etapa comienzan a reformarse algunas normas o leyes para cumplir los requisitos de la UE y así pasar a ser un país miembro.

Saber más

El *brexit*

En junio de 2016 tuvo lugar un hecho que tendrá un gran impacto en la integración europea en el futuro: un referéndum en el que el electorado decidió la salida de Reino Unido de la Unión Europea. Esta decisión, comúnmente denominada *brexit*, generó una gran incertidumbre política, social y económica y abrió un proceso de retirada cuya tramitación será muy larga en el tiempo.

Navega

Investiga qué países se encuentran en el proceso de adhesión en la siguiente web:

- <http://ec.europa.eu>.

Actividades

11. Copia en tu cuaderno y completa la siguiente tabla:

Símbolo	¿Por qué se eligió ese símbolo?
Bandera	
Himno	
Día de Europa	
Lema	

CUADERNO

12. Explica qué pasos debe tomar un país que quisiera entrar a pertenecer a la Unión Europea. Investiga si en la actualidad algún país está en este proceso y explica su situación.

PRÁCTICA PROFESIONAL INICIAL RESUELTA

Los niños preguntan sobre la Unión Europea

—Si no se ponen de acuerdo, ¿quién pone las leyes?

El Parlamento Europeo es la primera institución que sustenta el poder legislativo, es decir, el poder de elaborar las leyes, entre otras funciones, como por ejemplo supervisar el resto de instituciones o elaborar los presupuestos generales. La segunda institución es el Consejo de la Unión Europea que, además de adoptar la legislación junto con el Parlamento, coordina las políticas de los Estados miembros y desarrolla la política exterior y de seguridad, entre otras funciones.

—¿Y quién vigila que se cumplan?

La Comisión Europea es la institución encargada de proponer las leyes que luego el Parlamento y el Consejo aprobarán, y es también la encargada de realizar el seguimiento oportuno.

—Si no se cumplen, ¿hay jueces que los castigan?

Para eso está el Tribunal de Justicia de la Unión Europea, en él se encuentran los jueces y la cúspide del sistema judicial europeo. En esta institución se resuelven los litigios entre los diferentes países miembros o entre países miembros y la Unión Europea, incluso, en ocasiones, también entre particulares y la Unión Europea. Si bien es verdad que hay otra institución, conocida como «Defensor del Pueblo», que intenta solventar los problemas que alguna institución europea haya podido causar a los ciudadanos de sus países miembros, a veces porque el ciudadano considera que se han vulnerado sus derechos; pero en algunas circunstancias no es posible y esos casos llegan al Tribunal de Justicia de la Unión Europea.

—Y si más países quieren formar parte de esa unión, ¿cómo deciden si entran o no?

Para ello hay todo un proceso regulado. Tenemos que tener en cuenta que cuando un país quiere formar parte de la Unión Europea, todos los países miembros de la Unión deben votar a favor de la adhesión del nuevo miembro para que pueda entrar. Hay tres fases para que se produzca.

La primera la conocemos como *perspectiva*: es la etapa en la que se propone al país para que pueda considerarse candidato a entrar en la Unión Europea. En esta fase se realiza un análisis de la situación cultural, política y económica del país, y se evalúa su posible adhesión. Si todos los países miembros votan a favor, el país propuesto pasa a la segunda fase.

Candidato es la segunda fase: el país ya es un candidato oficial. En esta etapa se va a pedir al país que cumpla unos determinados requisitos, estas condiciones son específicas para cada país, ya que se trata de que cuente con unos mínimos sociales, políticos y económicos para no perturbar el bienestar de los países miembros. Hay que pensar que el país que se convierte en miembro abre sus fronteras al resto de países y, por tanto, deben tener características similares para que no se produzcan situaciones de inestabilidad dentro de la Unión. En el momento que el candidato lo cumple, pasamos a la tercera y última etapa.

Negociación formal: es la última fase, ya solo queda igualar las leyes para que la entrada en la UE sea efectiva.

—¿Cómo se puede reconocer la Unión Europea? ¿Cuáles son sus símbolos?

La UE se puede reconocer por varios símbolos.

El más visual de todos es la bandera, un fondo azul y sobre él un círculo de doce estrellas doradas que representan la unidad entre sus países, pero no pensemos que es por el número de países miembros, ya que no tiene nada que ver.

Su lema es «Unida en la diversidad», haciendo referencia a las diferentes culturas que forman la UE.

Su himno es la *Oda a la alegría*, ya que se considera que es la obra (con letra original de Schiller y adaptada musicalmente por Ludwig van Beethoven en su Novena Sinfonía) que representa la fraternidad, la paz, la solidaridad y aquellos valores que la UE pretende resaltar.

Y por último, su día, el 9 de mayo, que conmemora aquella declaración leída por Robert Schuman y donde comenzó el sueño europeo.

—¿Y el euro no lo tienen todos los países de la Unión Europea? ¿Qué países no lo tienen?

No, solo aquellos países que pertenecen a la zona euro.

Los países que pertenecen a la Unión Europea, pero no a la zona euro, son nueve en total: Bulgaria, Croacia, Dinamarca, Hungría, Polonia, Reino Unido (Estado, además, en trámites de salir de la Unión), República Checa, Rumanía y Suecia.

TEST DE EVALUACIÓN

RESUELVE EN TU CUADERNO O BLOC DE NOTAS

1. La Comunidad Europea del Acero y del Carbón (CECA) se creó por...

a) Francia, Italia, Alemania, Bélgica, Luxemburgo y Países Bajos.

b) Francia, Italia, Dinamarca, Bélgica, Luxemburgo y Países Bajos.

c) Francia, Italia, Alemania, Bélgica, Luxemburgo e Irlanda.

d) Francia, Italia, Alemania, Bélgica, Irlanda y Dinamarca.

2. El Tratado de Roma se firmó en...

a) 1956.

b) 1957.

c) 1958.

d) 1959.

3. En el Tratado de Maastricht...

a) Se crea la moneda única.

b) Se firma la unidad política de Europa.

c) Se acuerda eliminar los aranceles entre los países miembros.

d) Se acuerda la cooperación y la libertad de movimientos entre los países miembros.

4. Los inconvenientes del euro son...

a) Incertidumbre.

b) Fraudes y falsificaciones.

c) Pérdida de la política monetaria de los países miembros.

d) Todas las respuestas anteriores son correctas.

5. El responsable de la política monetaria de la Unión Europea es...

a) El Parlamento Europeo.

b) El Consejo Europeo.

c) El Banco Central Europeo.

d) Ninguna de las respuestas anteriores es correcta.

6. La bandera europea está formada por doce estrellas que representan...

a) Los doce países fundadores.

b) La libertad de Europa.

c) La unidad de Europa.

d) Los doce tratados de la Unión.

7. Los países que en la década de los años noventa del pasado siglo firmaron un acuerdo para eliminar las fronteras y, por tanto, favorecer la movilidad de personas, mercancías y capitales se les conoce como...

a) Eurozona.

b) Zona euro.

c) Zona Schengen.

d) Zona Schuman.

8. La organización encargada de establecer la política exterior y la seguridad común es...

a) El Consejo Europeo.

b) El Consejo de la Unión Europea.

c) El Parlamento Europeo.

d) El Banco Central Europeo.

9. El lema de la Unión Europea es...

a) Paz, solidaridad y libertad.

b) Europa unida, jamás vencida.

c) Unida en la diversidad.

10. La unidad y la paz. Para la adhesión de nuevos países en la eurozona, hay que seguir los siguientes pasos:

a) Candidatura, evaluación, aprobación.

b) Propuesta, análisis, adhesión.

c) Perspectiva, candidato, negociación formal.

d) Perspectiva, propuesta, adhesión.

ACTIVIDADES FINALES

1. ¿Cuáles fueron los países fundadores de lo que hoy conocemos como Unión Europea?
2. Explica qué es la zona Schengen.
3. ¿Qué fue el ECU?
4. Realiza un breve informe sobre la moneda única. Puedes investigar las siguientes cuestiones para añadir algunas curiosidades:
   a) ¿Cuándo entró en vigor el euro?
   b) ¿Qué tipo de cambio había entre el euro y la antigua peseta?
   c) ¿Dónde se fabrica el euro?
5. La política monetaria es muy importante para los países miembros. ¿En qué consiste? ¿Cuáles son los dos tipos de política monetaria que existen? ¿Qué objetivo busca cada una de ellas?
6. ¿En qué se basa la declaración de Schuman? ¿En qué año se realizó?
7. Copia en tu cuaderno y une con flechas:

Himno	9 de mayo
Bandera	*Oda a la alegría*
Lema	12 estrellas en círculo
Día de Europa	«Unida en la diversidad»

8. Explica los pasos para formar parte de la Unión Europea.
9. ¿Qué es la eurozona?
10. ¿Qué sucedió en la década de los años sesenta del pasado siglo en relación con la hoy llamada Unión Europea?
11. ¿Qué países son los que pertenecen a la Unión Europea pero no a la zona euro?
12. ¿En qué consiste el trabajo del Banco Central Europeo? ¿Y el Banco Europeo de Inversiones?
13. Copia en tu cuaderno y completa el esquema de la separación de poderes poniendo a su lado la institución que se encarga de estos poderes en Europa.

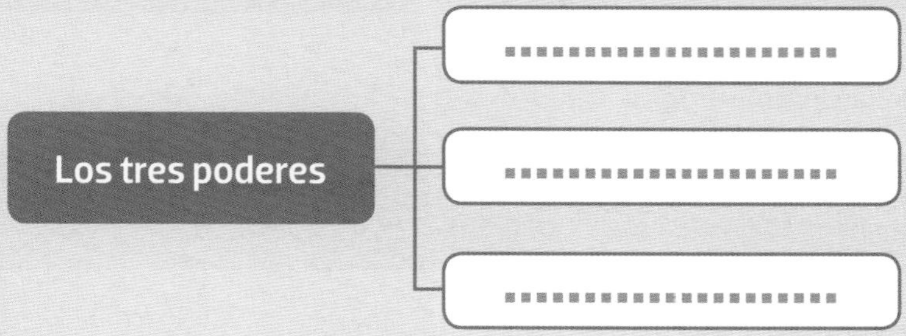

14. ¿Qué entendemos por *cumbre* de la Unión Europea?
15. ¿Cuáles son los organismos que conocemos como interinstitucionales? Explica brevemente en qué consiste cada uno de ellos.
16. Di qué símbolo representa cada uno de los siguientes valores de la Unión Europea:
    a) Unión de los países con diferentes culturas.
    b) La paz y la unidad del continente.
    c) Paz, libertad y solidaridad.
    d) Unidad, solidaridad y armonía.

PRÁCTICA PROFESIONAL PROPUESTA

Una exposición sobre la Unión Europea

Claudia tiene que realizar una exposición sobre la Unión Europea, como son tantos los países miembros, los tratados y las instituciones, sus padres le aconsejan que realice unas tablas resumen para que comprenda las diferencias entre cada aspecto y, así, poder después realizar su exposición. Ayuda a Claudia a completar las siguientes tablas para realizar una síntesis del tema.

Además, recomiéndale una guía o índice del orden que debería utilizar para su exposición.

Los símbolos

La moneda única

Los tratados

Las fases para la adhesión

Las instituciones

Los países miembros

Tabla 1. Los símbolos de la Unión Europea

Símbolo	Descripción
Bandera	
Himno	
Lema	
Día de Europa	

Tabla 2. Tratados de la Unión Europea

	Año	Definición/Características
Tratado de París		
Tratado de Roma		
Acta única		
Tratado de Maastricht		
Tratado de Ámsterdam		
Tratado de Lisboa		

Tabla 3. Las siete instituciones de la Unión Europea

Institución	Siglas	Descripción
Parlamento Europeo		
Consejo Europeo		
Consejo de la Unión Europea		
Comisión Europea		
Tribunal de Justicia de la Unión Europea		
Banco Central Europeo		
Tribunal de Cuentas Europeo		

PRÁCTICA PROFESIONAL PROPUESTA

continuación

Tabla 4. La moneda única

Moneda única	ECU	Ventajas	
		Inconvenientes	
	Euro	Ventajas	
		Inconvenientes	

Tabla 5. Fases para la ampliación de Europa

Fase	Descripción
Perspectiva	
Candidato	
Negociación formal	

Tabla 6. Completa los países que se han adherido a la UE según el año de entrada

Año	Países
1958	
1973	
1981	
1986	
1995	
2004	
2007	
2013	

EN RESUMEN

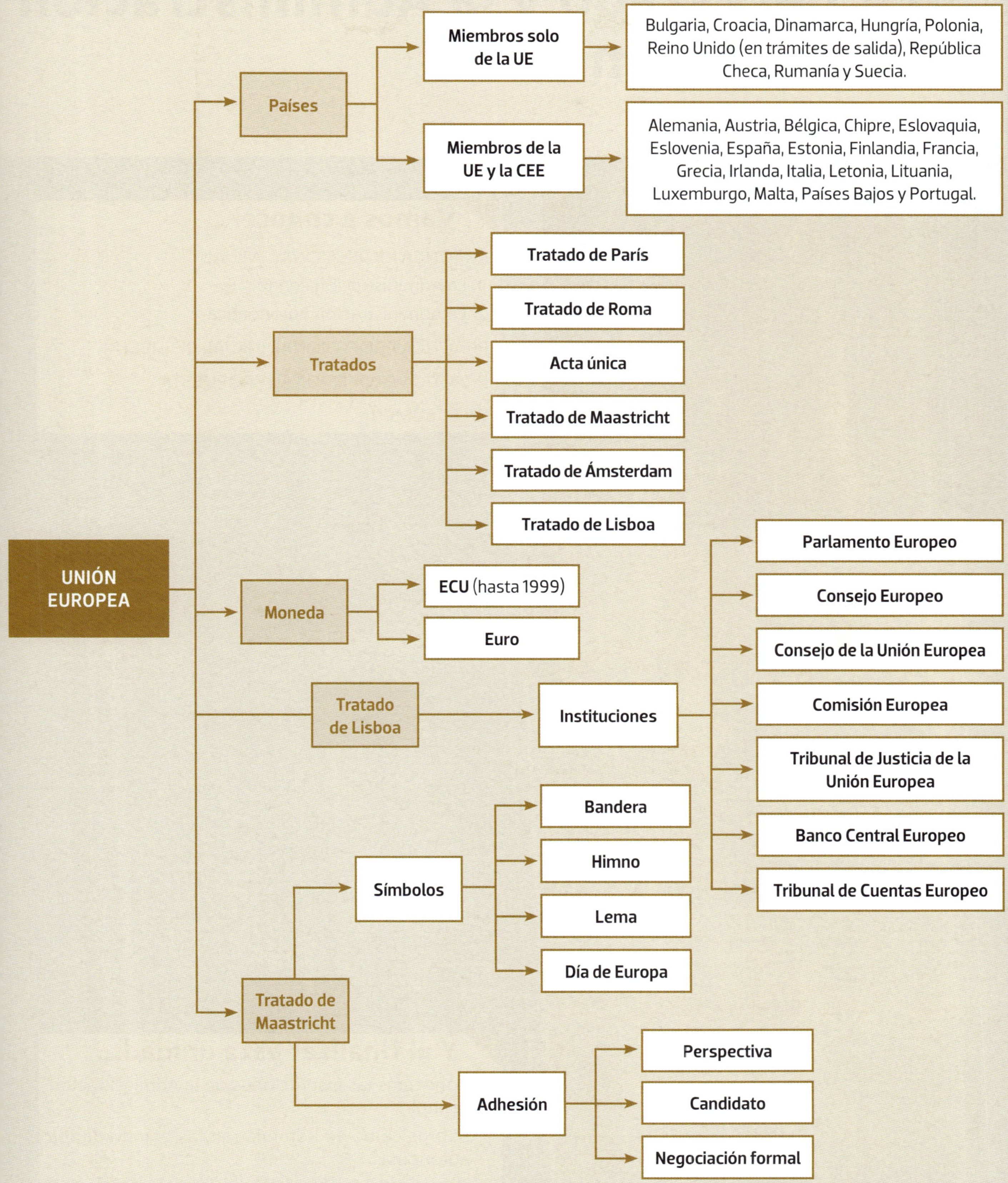
UNIÓN EUROPEA
Países
Miembros solo de la UE
Bulgaria, Croacia, Dinamarca, Hungría, Polonia, Reino Unido (en trámites de salida), República Checa, Rumanía y Suecia.
Miembros de la UE y la CEE
Alemania, Austria, Bélgica, Chipre, Eslovaquia, Eslovenia, España, Estonia, Finlandia, Francia, Grecia, Irlanda, Italia, Letonia, Lituania, Luxemburgo, Malta, Países Bajos y Portugal.
Tratados
Tratado de París
Tratado de Roma
Acta única
Tratado de Maastricht
Tratado de Ámsterdam
Tratado de Lisboa
Moneda
ECU (hasta 1999)
Euro
Tratado de Lisboa
Instituciones
Parlamento Europeo
Consejo Europeo
Consejo de la Unión Europea
Comisión Europea
Tribunal de Justicia de la Unión Europea
Banco Central Europeo
Tribunal de Cuentas Europeo
Tratado de Maastricht
Símbolos
Bandera
Himno
Lema
Día de Europa
Adhesión
Perspectiva
Candidato
Negociación formal

9 La Administración General del Estado y la Administración autonómica

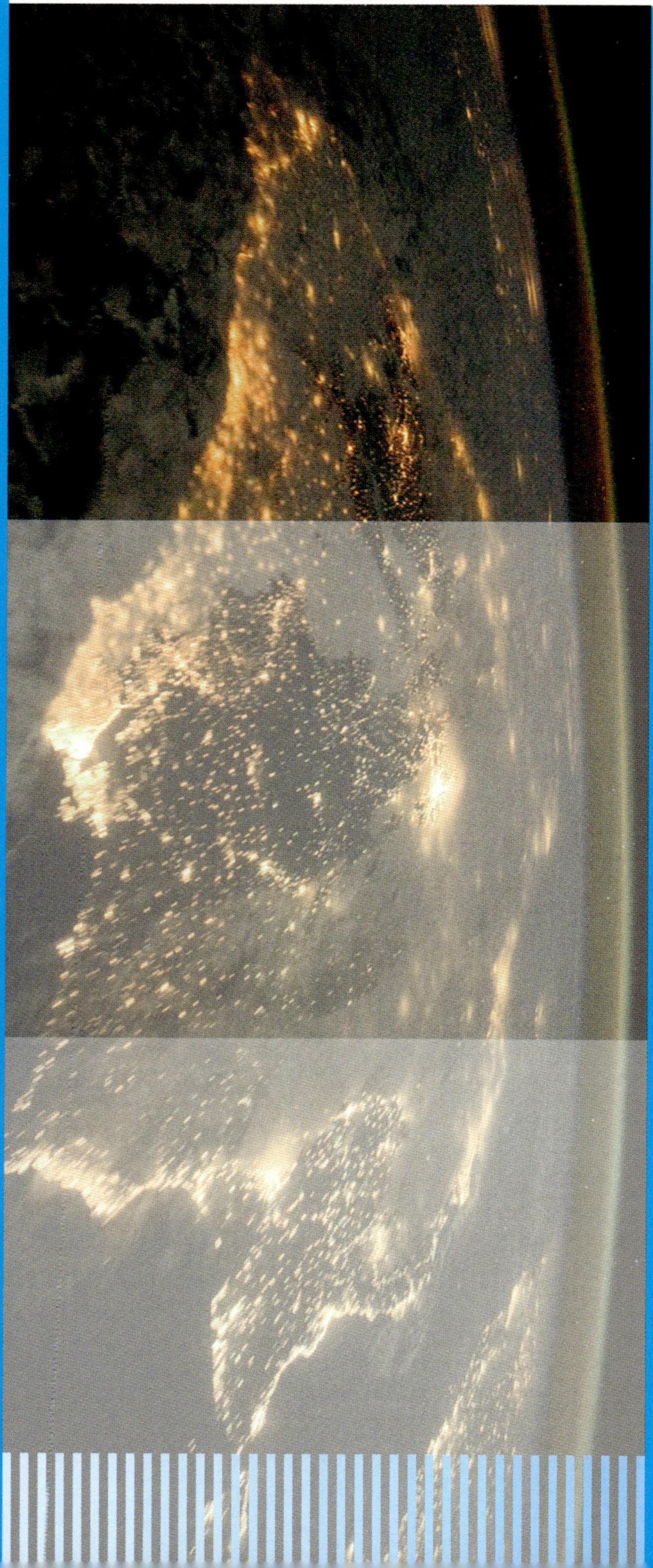

Vamos a conocer...

Y al finalizar esta unidad...

- Conocerás las instituciones de la Administración central.
- Sabrás cómo se administran las comunidades autónomas.
- Comprenderás el funcionamiento del Gobierno.

Práctica profesional inicial

Situación de partida

Patricia ha realizado un intercambio a través de su instituto con alumnos italianos. Durante esta semana Francesca estará en su casa. Francesca tiene muchas dudas sobre nuestro país y su Administración.

Patricia le cuenta que la Administración del Estado en España está dirigida por un gobierno y el presidente, que con ayuda de los ministros intentan tomar las mejores decisiones sobre el país.

Como el país es muy grande y cada zona tiene unas cuestiones que les influyen más que a otras y hay tantas diferencias, existe la Administración autonómica, cuyas competencias vienen expresadas en los estatutos de autonomía, pero básicamente cada comunidad se encarga de cuestiones de vital importancia para cada comunidad.

Francesca no entiende cómo consigue cada comunidad el dinero para desarrollar sus proyectos, así que Patricia le explica que las comunidades autónomas obtienen financiación a través de los Presupuestos Generales del Estado y de las recaudaciones de los impuestos, aunque aquí también hay diferencias, ya que existen los regímenes forales.

Pero Francesca sigue teniendo dudas...

Estudio del caso

Ayuda a Patricia a responder a su amiga las siguientes cuestiones:

1. ¿Quién ostenta en la Administración cada uno de los tres poderes en los que se organiza el Estado?
2. ¿Qué es un ministro? ¿Cuántos hay en España?
3. ¿Cuántas comunidades autónomas hay en España? Nómbralas.
4. ¿Qué órganos de gobierno dirigen la Administración autonómica?
5. ¿Qué es un régimen foral?

ADMINISTRACIÓN GENERAL DEL ESTADO

1. La Administración central

Después de estudiar cómo funciona la Unión Europea vamos a conocer cómo lo hace la Administración central española, también conocida como **Administración General del Estado (AGE).**

La **Administración central** es el conjunto de instituciones que tiene como característica principal la competencia sobre todo el territorio nacional.

La Administración General del Estado es una organización pública que desarrolla e implementa las políticas públicas, además de prestar algunos servicios, como sanidad o Seguridad Social, entre otros. El Gobierno, independientemente del partido político que esté al frente en cada momento, es el encargado de dirigir la Administración central.

La Administración General del Estado debe actuar de acuerdo con los principios de eficacia, jerarquía, descentralización, desconcentración y coordinación, con sometimiento pleno a la Constitución, la ley y el derecho. Ha de respetar en su actuaciones principios como los de servicio efectivo a los ciudadanos, objetividad, simplicidad, buena fe, responsabilidad, eficacia, economía, eficiencia, cooperación, etc. Asimismo, obedece a los principios de descentralización funcional y desconcentración funcional y territorial.

La Administración General del Estado forma parte de un conjunto de instituciones que conforman el Estado. A continuación describimos las más relevantes:

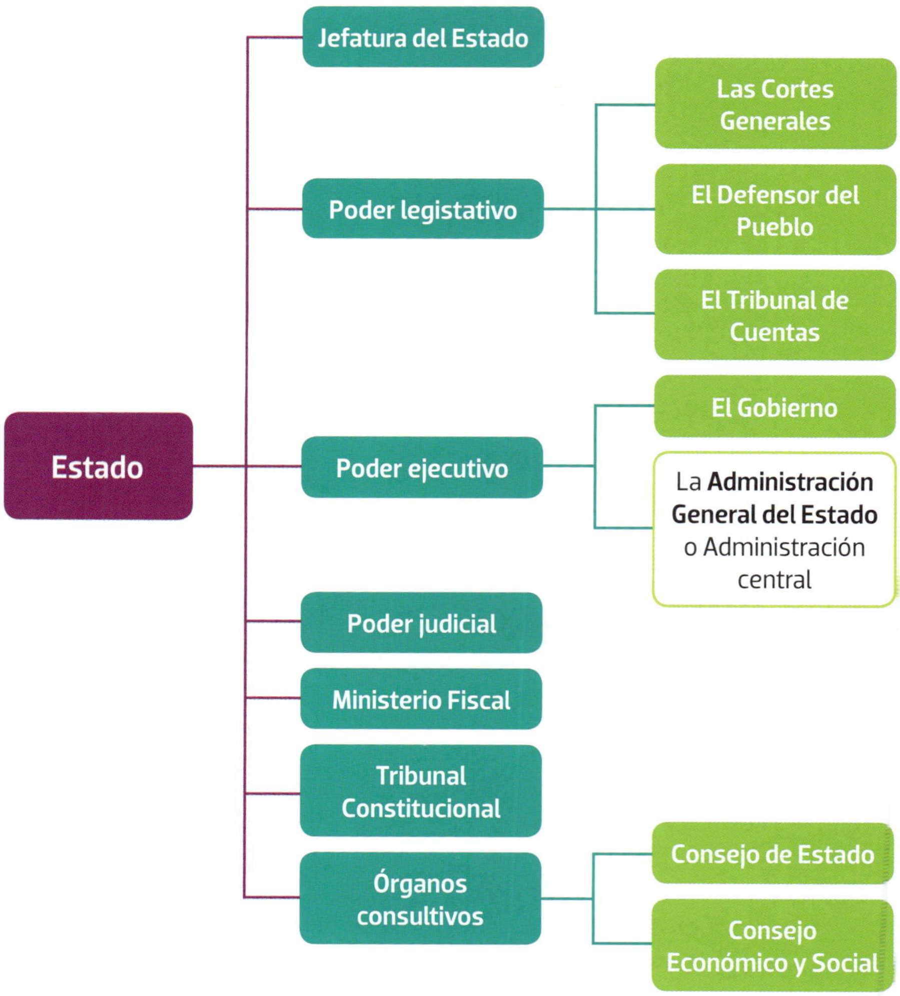

Navega

Visita la siguiente web para conocer más datos sobre las Administraciones del Estado:

- <https://administracion.gob.es>

Saber más

Normativa

La principal norma de aplicación a la Administración General del Estado es la Ley 40/2015, de 1 de octubre, de Régimen Jurídico del Sector Público.

Vocabulario

Estado: es el término político para designar a un conjunto de instituciones que rigen una sociedad.

Gobierno: el Estado tiene la separación de poderes y el poder ejecutivo es el que sustenta el Gobierno, como ya estudiamos en la unidad 7.

Vamos a profundizar en las funciones que lleva a cabo cada institución:

- **Jefatura del Estado**: su titular es el **rey**. Es el encargado de representar a España y de arbitrar el resto de instituciones. No tiene poder político.
- **Poder legislativo**: lo sustentan las **Cortes Generales**, que, como ya hemos estudiado en unidades anteriores, están formadas por la **Cámara** Alta (Senado) y la **Cámara** Baja (Congreso de los Diputados). Las Cortes Generales tienen como apoyo al **Defensor del Pueblo** —cuya función principal es garantizar el respeto de los derechos fundamentales de los ciudadanos— y el **Tribunal de Cuentas** —que es la institución que controla las finanzas, contabilidad y auditorías del Estado—.

El Congreso de los Diputados.

Presidencia del Gobierno, Palacio de la Moncloa (Madrid). Fotografía: Yeray Díaz Zbida.

GOBIERNO DE ESPAÑA

Navega

Presidencia del Gobierno

La Presidencia del Gobierno se establece en el Palacio de la Moncloa. Puedes visitar su web:

- <www.lamoncloa.gob.es>

- **Poder ejecutivo**: está constituido por el **Gobierno** y la **Administración General del Estado**. El Gobierno lo forma el presidente del Gobierno y los ministros; su misión es dirigir la política internacional, nacional y la Administración en general. La Administración General del Estado, como ya hemos definido anteriormente, es la institución encargada del desarrollo de las políticas definidas por el Gobierno.
- **Poder judicial**: está formado por tres tipos de organizaciones que juntas se encargan de garantizar el cumplimiento de la ley. Estas instituciones son el **Consejo General del Poder Judicial**, que ejerce funciones de gobierno del poder judicial para garantizar la independencia de los jueces en su función judicial frente a todos; los **juzgados y tribunales**, que ejercitan la potestad jurisdiccional en todo tipo de procesos, juzgando y haciendo ejecutar lo juzgado y, por último, los **órganos administrativos** encargados de sostener la Administración de Justicia (a través de expedientes y otros trámites).

Actividades

1. ¿Qué instituciones forman el Estado?
2. ¿Qué diferencia hay entre Estado y Gobierno?
3. Realiza un esquema en tu cuaderno con los órganos que sustentan cada poder.

Navega

Para saber más sobre el Tribunal Constitucional visita la web:

- <www.tribunalconstitucional.es>.

El palacio de los Consejos, en la calle Mayor de Madrid, es la sede del Consejo de Estado. Fotografía: Luis García (Zaqarbal).

- **Ministerio Fiscal:** es una organización del poder judicial con independencia funcional, que promueve la acción de la justicia y protege el interés social ante los tribunales. A diferencia de los jueces, obedece en su actuación al principio de jerarquía, de modo que todos los fiscales deben seguir las instrucciones de sus superiores jerárquicos, con el fiscal general a la cabeza.
- **Tribunal Constitucional:** es el órgano encargado de garantizar la separación de poderes y el cumplimiento de la Constitución por parte de todas las instituciones públicas.
- **Órganos consultivos:** son dos, el primero de ellos es el **Consejo de Estado,** cuya finalidad es aconsejar en términos políticos y jurídicos al Gobierno, y el segundo de ellos es el **Consejo Económico y Social**, en continuo contacto con los representantes de trabajadores y empresarios y con colectivos sociales, para valorar la problemática económica y aconsejar al Gobierno.

Caso práctico resuelto

Lara y Marco deben hacer un informe sobre la organización del Estado. Comprenden que las instituciones son muy importantes y deben tenerlas en cuenta a la hora de describir sus funciones, por lo que deciden explicarlo mediante un esquema sencillo.

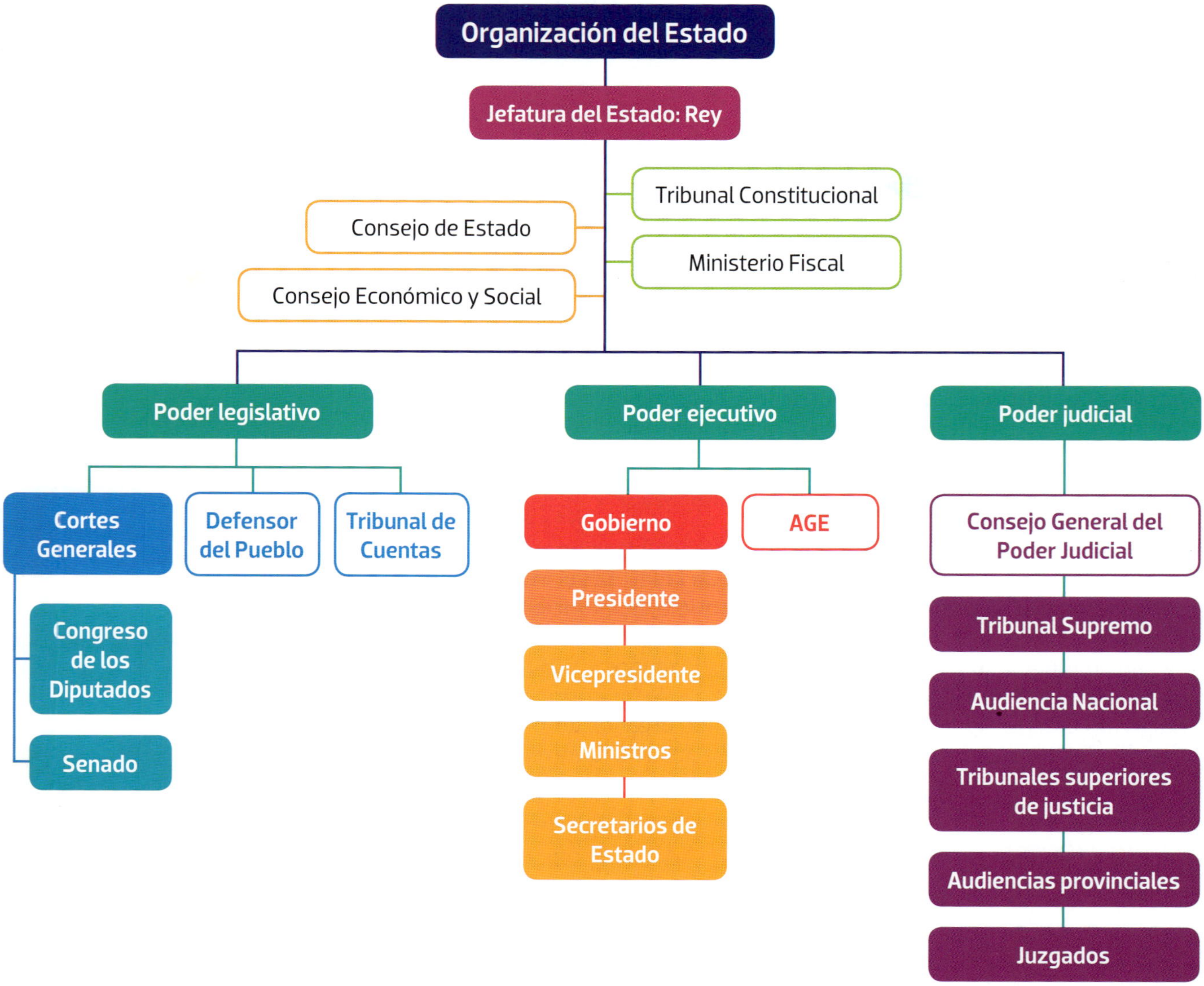

1.1. Los símbolos de la Administración General del Estado

Al igual que estudiaste en la unidad anterior, la Administración General del Estado también tiene una serie de símbolos que representan la nación. Los símbolos son los siguientes:

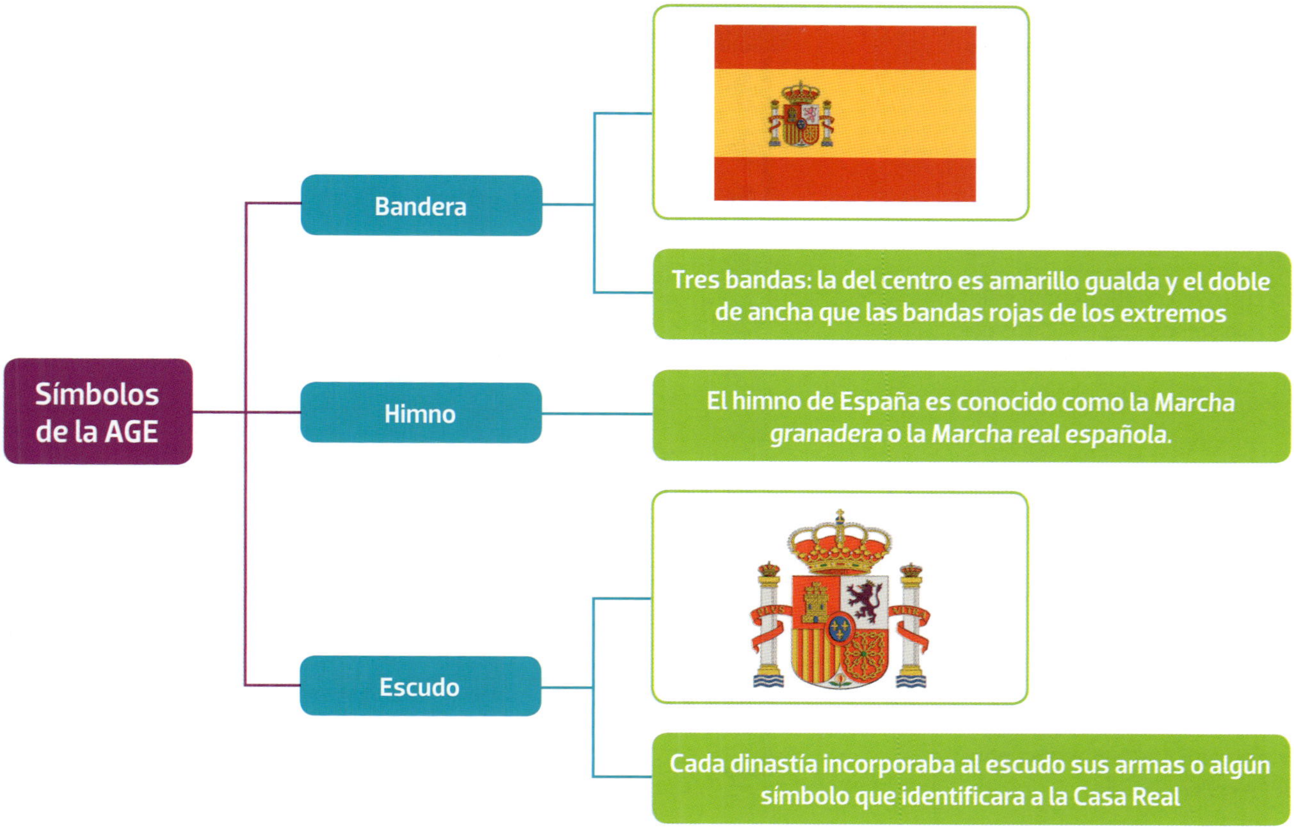

Los **símbolos** representan la historia y evolución del Estado, y son la forma de representar a España en el exterior, además de ser símbolos distintivos de cada nación. Tanto la bandera como el escudo de España han evolucionado con cada Casa Real que ha ostentado la jefatura del Estado.

En el **escudo** de España tiene su origen en los Reyes Católicos y ha ido sufriendo a lo largo de la historia algunas modificaciones, ya que se incorporaban las armas de las familias reales y se eliminaban algunas veces las de otras casas anteriores. Actualmente está regulado por la Ley 33/1981, de 5 de octubre, y por los Reales Decretos 2964/81, de 18 de diciembre, y 2267/82, de 3 de septiembre.

En muchas ocasiones, las familias reales de unos y otros países estaban emparentadas por los matrimonios entre casas reales, lo que provocó que las **banderas** fueran muy similares, ya que todos usaban los colores que representaban a sus familias, sus escudos o armas.

Por ello, **Carlos III** decidió cambiar la bandera de sus naves para que así no se confundieran en alta mar. La bandera actual fue el proyecto ganador del concurso que convocó Carlos III para evitar las coincidencias con otras banderas. Instituida por Real Decreto de 28 de mayo de 1785, está regulada actualmente por la Constitución de 1978 que dice: «La Bandera de España está formada por tres franjas horizontales, roja, amarilla y roja, siendo la amarilla de doble anchura que cada una de las dos rojas».

Saber más

Bandera de la cruz de Borgoña, muy habitual en las Casas Reales y confundida en la distancia por otros barcos.

Saber más

Normativa

La Ley 50/1997, de 27 de noviembre, regula el Gobierno, su formación, los órganos que lo forman, las funciones de cada órgano y, por tanto, también los diferentes ministerios.

Navega

En la siguiente web puedes conocer los diferentes ministerios y los ministros que están al frente de cada uno de ellos:

- <www lamoncloa.gob.es>.

Navega

Visita la siguiente web para conocer la organización del Gobierno, los ministerios y demás órganos colaboradores de la Administración General del Estado:

- <www.boe.es/diario_boe/txt.php?id=BOE-A-1997-25336>.

1.2. Estructura de la Administración General del Estado

En la estructura de la Administración General del Estado, la Ley 50/1997, de 27 de noviembre, establece que es el presidente del Gobierno el responsable de establecer los ministerios y secretarías de Estado. En la actualidad los ministerios están organizados como muestra el esquema:

Ministerios

- Asuntos Exteriores y Cooperación
- Justicia
- Defensa
- Hacienda y Función Pública
- Interior
- Fomento
- Educación, Cultura y Deporte
- Empleo y Seguridad Social
- Energía, Turismo y Agenda Digital
- Agricultura, Pesca, Alimentación y Medio Ambiente
- Presidencia y Administraciones Territoriales
- Economía, Industria y Competitividad
- Sanidad, Servicios Sociales e Igualdad

Los ministerios pueden cambiar con cada legislatura, no son departamentos fijos. Por ejemplo, el Ministerio de Economía y Hacienda —como se llamaba hace unos años— ha pasado a dividirse en dos ministerios diferentes en la actualidad: el Ministerio de Economía, Industria y Competitividad, por un lado, y el de Hacienda y Función Pública, por otro.

Ministerio de Agricultura, Pesca, Alimentación y Medio Ambiente, en Madrid. Fotografía: Antonio Vélez.

Cada **ministerio** es un departamento del Gobierno, encargado de un área determinada y, al frente de cada uno de ellos, se encuentra el ministro correspondiente.

El **ministro** es propuesto por el presidente del Gobierno y nombrado por el rey. Las funciones de un ministro son básicamente las siguientes:

- Desarrollar los objetivos propuestos por el Gobierno para esa área determinada.
- Representar a la nación de forma internacional en las materias correspondientes.
- Llevar a cabo las políticas que le estén permitidas para solventar conflictos o reformar la materia de cada ministerio.
- Refrendar los actos del rey en su materia para darle mayor confianza, al ser el ministro la persona que está al frente de ese departamento.

Nuevos Ministerios, en Madrid. Fotografía: Zaqarbal.

Saber más

Los vicepresidentes

La existencia del vicepresidente (o vicepresidentes) del Gobierno no es obligatoria según nuestro ordenamiento. Dependerá de la libre decisión del presidente la presencia de uno, varios o ningún vicepresidente.

Vocabulario

Podemos definir **refrendar** como el acto que da apoyo a un documento por parte de un experto en el tema.

Por ejemplo, los ministros deben refrendar, es decir, firmar los documentos del rey en su materia.

Actividades

4. ¿Cuáles son los órganos consultivos?

5. Compara los símbolos que ya conocemos de la unidad anterior de la Unión Europea con los símbolos de la Administración General del Estado.

6. ¿Cuántos ministerios hay en la actualidad? ¿Qué ley los regula?

7. ¿Cuáles son las funciones de un ministro?

8. Define con tus palabras y con un ejemplo el significado de los siguientes conceptos:

a) Refrendar

b) Ministerio

Navega

Visita la siguiente web para conocer más datos sobre las Administraciones del Estado:

- <https://administracion.gob.es>.

2. La Administración autonómica

La Constitución establece la unidad del Estado, pero también su descentralización territorial. El Estado español está dividido en 17 comunidades autónomas y 2 ciudades autónomas.

Escudo	Comunidad autónoma	Capital	Provincias
	Andalucía	Sevilla	Jaén, Córdoba, Sevilla, Huelva, Cádiz, Málaga, Granada y Almería
	Aragón	Zaragoza	Huesca, Zaragoza y Teruel
	Canarias	Santa Cruz de Tenerife y Las Palmas de Gran Canaria	Santa Cruz de Tenerife y Las Palmas
	Cantabria	Santander	Cantabria
	Castilla-La Mancha	Toledo	Toledo, Ciudad Real, Cuenca, Guadalajara y Albacete
	Castilla y León	—	León, Zamora, Salamanca, Palencia, Valladolid, Ávila, Burgos, Soria y Segovia
	Cataluña	Barcelona	Tarragona, Lleida, Girona y Barcelona
	Comunidad de Madrid	Madrid	Madrid
	Comunidad Foral de Navarra	Pamplona	Navarra
	Comunitat Valenciana	Valencia	Alacant/Alicante, Castelló/Castellón y València/Valencia
	Extremadura	Mérida	Cáceres y Badajoz
	Galicia	Santiago de Compostela	A Coruña, Lugo, Ourense y Pontevedra
	Illes Balears	Palma de Mallorca	Illes Balears
	La Rioja	Logroño	La Rioja
	País Vasco	—	Álava/Araba, Bizkaia y Gipuzkoa
	Principado de Asturias	Oviedo	Asturias
	Región de Murcia	Murcia	Murcia
	Ciudad Autónoma de Ceuta	—	—
	Ciudad Autónoma de Melilla	—	—

2.1. Estructura de la Administración autonómica

La descentralización del Estado da potestad a cada comunidad autónoma o ciudad autónoma para crear y modificar leyes en los casos en los que sus estatutos lo permiten. La autonomía, por tanto, deriva de estos estatutos, que son leyes orgánicas del Estado.

Las comunidades autónomas se rigen gracias a dos instituciones, de modo que solo existirá auténtica autonomía en cuanto estos órganos no estén condicionados ni regidos desde el exterior.

Instituciones de autogobierno de las comunidades autónomas
- **Asamblea Legislativa**
- **Consejo de Gobierno**
  - **Función ejecutiva**
  - **Revisión de leyes estatales**
  - **Conflictos de ámbito estatal o autonómico**

- **Asamblea Legislativa:** es la institución que sustenta el poder legislativo dentro de las comunidades autónomas, es decir, la capacidad de las comunidades para elaborar sus propias leyes, siempre que no contradigan a una ley estatal o de rango superior. Es importante tener en cuenta que este poder legislativo lo tienen únicamente las comunidades autónomas, lo que implica que las ciudades autónomas de Ceuta y Melilla no poseen este poder legislativo.
- **Consejo de Gobierno:** formado por el presidente de la comunidad autónoma y sus consejeros, sustentan la potestad ejecutiva, además de poseer otras funciones como las siguientes:
  - **Funciones ejecutivas y administrativas:** supervisan la ley y realizan las tareas administrativas necesarias para el funcionamiento de la comunidad autónoma, por ejemplo, elaborar los presupuestos.
  - **Interponer recursos contra leyes estatales** para su supervisión y mantener la equidad de estas ante todas las comunidades.
  - **Denunciar conflictos** de ámbito estatal o con otras comunidades.

Cada comunidad autónoma tiene sus propios símbolos, al igual que ocurría con la Unión Europea o con el Estado, las comunidades también tienen sus propias banderas, escudos, himnos o incluso lemas publicitarios.

Vocabulario

Villa: es un término que se utilizaba para un área geográfica o núcleo de población que contaba con unas características o beneficios concretos, como poder celebrar ferias o mercados.

Recuerda

Capitales de las comunidades autónomas

Cada comunidad autónoma tiene su propia capital: Canarias es la única comunidad autónoma que tiene dos capitales (Santa Cruz de Tenerife y Las Palmas de Gran Canarias), mientras que el País Vasco y Castilla y León no tienen capital oficial, si bien en el País Vasco la sede de las instituciones de autogobierno se encuentra en Vitoria, y en Castilla y León, en Valladolid.

Saber más

Lemas de las comunidades

En los últimos años podemos observar cada vez más anuncios publicitarios para fomentar el turismo en determinadas comunidades autónomas, por lo que se están creando lemas publicitarios que en aquellas comienzan a utilizarse como símbolos de la comunidad.

Navega

Entra en la siguiente web y podrás realizar varios juegos online sobre las comunidades autónomas:

- <http://online.seterra.com/es/vgp/3005>.

Competencias de las comunidades autónomas

En un sentido estricto, las comunidades autónomas disponen de las siguientes competencias:

- **Competencias legislativas y ejecutivas exclusivas:** por ejemplo, en servicios sociales, agricultura y ganadería, pesca interior, industria, comercio, turismo, juventud o deportes.
- **Competencias para el desarrollo de la legislación básica del Estado,** así como para la puesta en marcha de esta legislación: medioambiente, política económica, protección de los consumidores, educación, asistencia sanitaria o salud pública.
- **Competencias para la ejecución de la legislación aprobada en exclusiva por el Estado:** son ejemplos el empleo y la formación profesional.
- **Competencias legislativas y ejecutivas, indistintas de las que tiene el Estado en la misma materia,** de modo que ambos niveles administrativos pueden llevar a cabo las mismas acciones e iniciativas. Es el caso especial de cultura.

Caso práctico resuelto

La educación es una de las competencias que poseen las comunidades autónomas, si bien es verdad que deben respetar la ley de educación que el Estado determina. Pero tienen cierta autonomía para desarrollar esa ley, por ejemplo, las diferentes lenguas oficiales que existen en algunas comunidades autónomas o pequeños matices que hacen diferentes las características para presentarse a la prueba de acceso a Grado Medio o Grado Superior. En estos ejemplos es donde la Asamblea Legislativa tiene competencia.

Por otro lado, el Consejo de Gobierno tratará de solucionar los temas propios de las diferentes comunidades autónomas; las leyes de pesca, por ejemplo, serán de vital importancia en comunidades como Galicia, pero innecesarias en comunidades interiores como en Madrid.

Actividades

9. ¿Cuántas comunidades autónomas hay en España?
10. ¿Qué es la Asamblea Legislativa? ¿Cuáles son sus funciones?
11. Une con flechas cada capital con su comunidad correspondiente:

Madrid	Andalucía
Valencia	Cantabria
Santander	Extremadura
Santiago de Compostela	Comunidad de Madrid
Toledo	Comunidad Valenciana
Mérida	Castilla-La Mancha
Sevilla	Galicia

2.2. Financiación autonómica

En España podemos encontrar dos tipos de financiación de las comunidades autónomas, aunque todas ellas dependen de los ingresos del Estado. Como vemos en el esquema, existen dos regímenes diferenciados:

- **Régimen común:** se rige por la Ley 22/2009, de 18 de diciembre. Se basa en el reparto de tributos: la Administración central lleva a cabo gran parte de la recaudación, y después transfiere una porción de la misma a las distintas comunidades autónomas. Por otra parte, existen impuestos que son recaudados directamente por estas comunidades, pero su importancia es cada vez menor. Además, hay varios fondos estatales que se reparten entre las comunidades para que pueden desarrollar sus funciones. Tenemos que destacar una pequeña excepción: en regiones «ultraperiféricas» (es decir, las más lejanas dentro de la Unión Europea) como Canarias, algunos tributos por razones geográficas pueden verse ligeramente modificados, por lo que su financiación es sutilmente diferente al resto de comunidades.
- **Régimen foral:** tiene vigor en el País Vasco y en Navarra. Estas comunidades autónomas tienen un régimen tributario distinto debido a los antecedentes históricos, y que hoy siguen manteniendo. Los impuestos son recaudados íntegramente por estas comunidades y posteriormente pagan una cantidad al Estado. Además, y con la salvedad del IVA, estos territorios tienen competencia para fijar su propio modelo fiscal.

Vocabulario

Cupo o aportación es como se denomina a la parte de los tributos recaudados por el régimen foral y que se ingresa en las arcas del Estado para contribuir a sustentar los gastos generales los gastos generales de este.

Actividades

12. Copia en tu cuaderno el siguiente texto y complétalo con las palabras necesarias:

«El régimen ▪▪▪▪▪▪▪▪▪▪ se rige por la Ley ▪▪▪▪▪▪▪▪▪▪ de 18 de diciembre y consiste en el reparto de ▪▪▪▪▪▪▪▪▪▪ entre la Administración General del Estado y las ▪▪▪▪▪▪▪▪▪▪ ▪▪▪▪▪▪▪▪▪▪, sin embargo, el régimen ▪▪▪▪▪▪▪▪▪▪ se caracteriza por especialidades tributarias diferentes por razones históricas. En el caso del régimen ▪▪▪▪▪▪▪▪▪▪ hay que tener en cuenta que las regiones ▪▪▪▪▪▪▪▪▪▪, como Canarias, tienen algunas particularidades diferentes al resto de comunidades de régimen común».

PRÁCTICA PROFESIONAL INICIAL RESUELTA

Un intercambio con destino a España

Ayuda a Patricia a responder a su amiga italiana las siguientes cuestiones:

1. ¿Quién ostenta en la Administración cada uno de los tres poderes en los que se organiza el Estado?

   La Administración se divide en tres poderes, como puedes observar en el siguiente esquema:

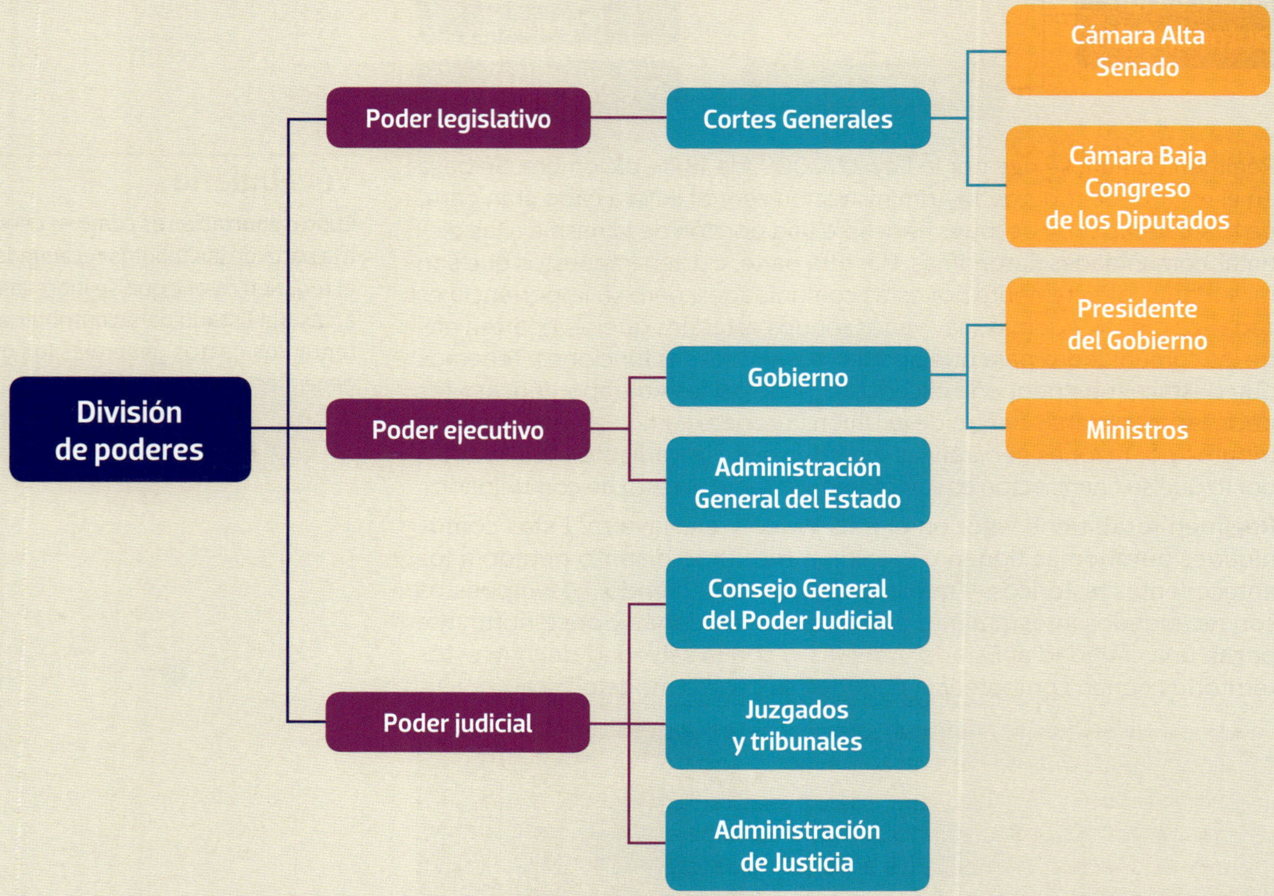

   Por tanto, podemos concluir, a grandes rasgos, que el poder legislativo lo sustentan las Cortes Generales; el poder ejecutivo, el Gobierno y la Administración General del Estado, y el poder judicial los juzgados y tribunales (organizados territorialmente), sus propios órganos de gobierno y otros órganos administrativos.

2. ¿Qué es un ministro? ¿Cuántos hay en España?

   Un ministro es el responsable de un ministerio, y un ministerio es un área determinada para la cual es necesario tomar diferentes decisiones de mayor o menor complejidad. Podríamos asemejarlo a los departamentos dentro de una empresa, en la que cada departamento estudia las cuestiones relativas, únicamente, al área de su departamento para así tomar decisiones que sean concretas para esa área.

   No siempre hay el mismo número de ministerios; en la actualidad hay trece ministros cada uno al frente de uno de los trece ministerios con los que contamos hoy en día. Esto depende del presidente del Gobierno, que es quien propone a cada ministro.

3. ¿Cuántas comunidades autónomas hay en España? Nómbralas.

En España hay 17 comunidades autónomas, más dos ciudades autónomas (Ceuta y Melilla): las comunidades autónomas son Galicia, Principado de Asturias, Cantabria, País Vasco, Comunidad Foral de Navarra, La Rioja, Aragón, Cataluña, Comunitat Valenciana, Illes Balears, Región de Murcia, Andalucía, Extremadura, Castilla-La Mancha, Castilla y León, Comunidad de Madrid y Canarias.

4. ¿Qué órganos de gobierno dirigen la Administración autonómica?

Las comunidades autónomas están dirigidas por una Asamblea Legislativa y un Consejo de Gobierno. La Asamblea se encarga de crear las leyes necesarias de ámbito autonómico para garantizar la seguridad y cubrir las necesidades de cada comunidad, mientras que el Consejo de Gobierno tiene funciones ejecutivas y administrativas, como hacer que se cumplan las leyes, proponer sanciones a los que las incumplan o tomar decisiones de carácter administrativo, por ejemplo. Además, las comunidades autónomas cuentan con otras instituciones propias y órganos administrativos.

5. ¿Qué es un régimen foral?

Es un régimen administrativo con algunas diferencias respecto del común, y que tiene vigencia en comunidades como Navarra o el País Vasco por razones culturales e históricas. Se manifiesta principalmente en un sistema de financiación que dota a estos territorios de potestad para mantener, establecer y regular su régimen tributario, de modo que les corresponde la exacción, gestión, liquidación, recaudación e inspección de casi todos los impuestos estatales. Estas comunidades contribuyen a la financiación de las cargas generales del Estado no asumidas a través de una cantidad denominada «cupo» o «aportación».

TEST DE EVALUACIÓN

RESUELVE EN TU CUADERNO O BLOC DE NOTAS

1. Los principios que representa la Administración General del Estado son...

a) Legalidad y neutralidad.
b) Eficiencia y eficacia.
c) Calidad.
d) Todas las respuestas anteriores son correctas.

2. La Administración General del Estado sustenta el poder...

a) Ejecutivo.
b) Legislativo.
c) Judicial.
d) Ninguna de las respuestas anteriores es correcta.

3. Es un órgano consultivo...

a) El Consejo de Estado.
b) El Consejo Económico y Social.
c) Las dos anteriores.
d) Ninguna de las respuestas anteriores es correcta.

4. La bandera española actual surgió...

a) Como un proyecto para diferenciarla del resto de las casas reales.
b) Porque eran los colores de la Casa Real de Carlos III.
c) Como el resultado de la incorporación de un elemento distintivo de cada monarquía.
d) Ninguna de las respuestas anteriores es correcta.

5. Los ministerios...

a) Son departamentos del Estado.
b) Son áreas corporativas de las empresas públicas.
c) Son los encargados de realizar las leyes.
d) Son las instituciones que forman la Administración General del Estado.

6. Una villa es...

a) Una determinada zona geográfica situada en una villa.
b) Un privilegio de la Edad Media concedido a las ciudades.
c) Una zona geográfica que cuenta con algunos privilegios.
d) Una ciudad con mucha población.

7. Las ciudades autónomas son...

a) Navarra y País Vasco.
b) Canarias e Islas Baleares.
c) Ceuta y Melilla.
d) Todas las respuestas anteriores son correctas.

8. Dentro de las comunidades autónomas el poder ejecutivo lo sustenta...

a) La Asamblea Legislativa.
b) El Consejo de Gobierno.
c) Las dos anteriores.
d) Ninguna de las respuestas anteriores es correcta.

9. Los tributos que los regímenes forales aportan a las arcas del Estado se denominan...

a) Aportaciones.
b) Cupos.
c) Las dos anteriores.
d) Ninguna de las respuestas anteriores es correcta.

10. Las comunidades autónomas...

a) Pueden crear leyes en los casos en que sus estatutos lo regulen.
b) Se rigen básicamente por dos instituciones: la Asamblea Legislativa y el Consejo de Gobierno.
c) Pueden estar formadas por varias provincias.
d) Todas las respuestas anteriores son correctas.

ACTIVIDADES FINALES

1. ¿Qué es la Administración General del Estado?

2. Copia en tu cuaderno y une con flechas:

Tribunal Constitucional	Representa a España y arbitra el resto de instituciones.
Órganos consultivos	Lo sustentan las Cortes Generales, son las encargadas de elaborar las leyes.
Poder judicial	Lo sustenta el Gobierno y la Administración General del Estado, que son los encargados de desarrollar y supervisar el cumplimiento de la ley.
Poder ejecutivo	Administra la justicia y se ocupa de aplicar las normas jurídicas, y establece además sanciones en aquellos casos en los que la ley no se cumpla.
Jefatura del Estado	Protege el interés social en los procedimientos judiciales.
Poder legislativo	Garantiza el cumplimiento de la Constitución por parte de los organismos públicos.
Ministerio Fiscal	Valora problemáticas y aconseja al Gobierno sobre determinadas materias.

3. ¿Quién sustenta el poder legislativo, ejecutivo y judicial en el Estado? Explica cada uno de ellos brevemente.

4. La nación tiene varios símbolos, como el himno, el escudo o la bandera. Explica cómo es la bandera y por qué se modificó en la época de Carlos III.

5. ¿Qué es un ministerio? ¿Y un ministro? ¿Cuáles son sus funciones?

6. Completa el siguiente mapa con los nombres de cada comunidad o ciudad autónoma y sus capitales.

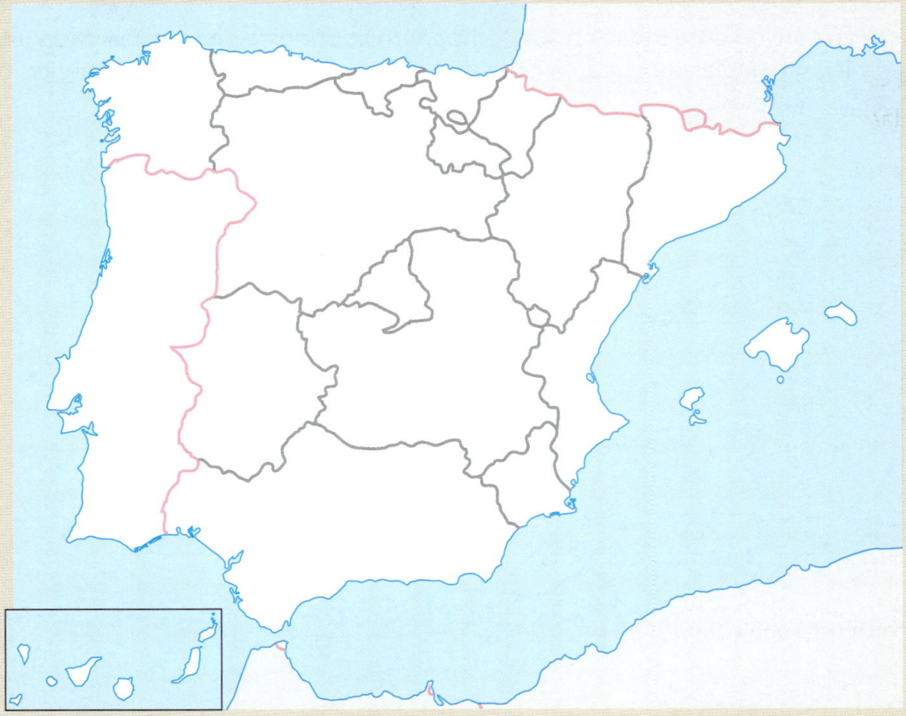

7. ¿Qué es la Asamblea Legislativa?

8. ¿En qué consiste el Consejo de Gobierno?

9. ¿Qué diferencias hay entre la forma de financiarse las comunidades con régimen foral y las del régimen común?

PRÁCTICA PROFESIONAL PROPUESTA

Un intercambio con destino España (continuación)

¿Recuerdas a Francesca? La amiga de Patricia, que la conoció en un intercambio entre alumnos de un instituto italiano y uno español, y que hemos visto en la práctica profesional inicial.

Una vez de vuelta en Italia, Francesca ha decidido hacer una exposición para explicar a todos sus compañeros cómo es la Administración en España y todo lo que ha aprendido sobre esta.

Francesca ha ido tomando notas de las cosas que consideraba más importantes en España, pero tiene esas notas descolocadas. Intenta ordenarlas y una vez que las tengas en orden redacta el informe que Francesca debería hacer para poder explicarles a sus compañeros cómo es España.

El Consejo de Gobierno desarrolla una función ejecutiva para supervisar la ley	Los órganos de gobierno son la Asamblea Legislativa y el Consejo de Gobierno	España está compuesta por 17 comunidades autónomas y 2 ciudades autónomas
Y la resolución de conflictos de ámbito estatal o autonómico	La Asamblea Legislativa dicta leyes referentes a las comunidades autónomas	La revisión de leyes estatales

Además, Francesca ve conveniente indicar a sus compañeros dónde se encuentran cada una de las comunidades autónomas y las provincias que abarca cada una. Calca en tu cuaderno el siguiente mapa de España y ayuda a Francesca a completarlo.

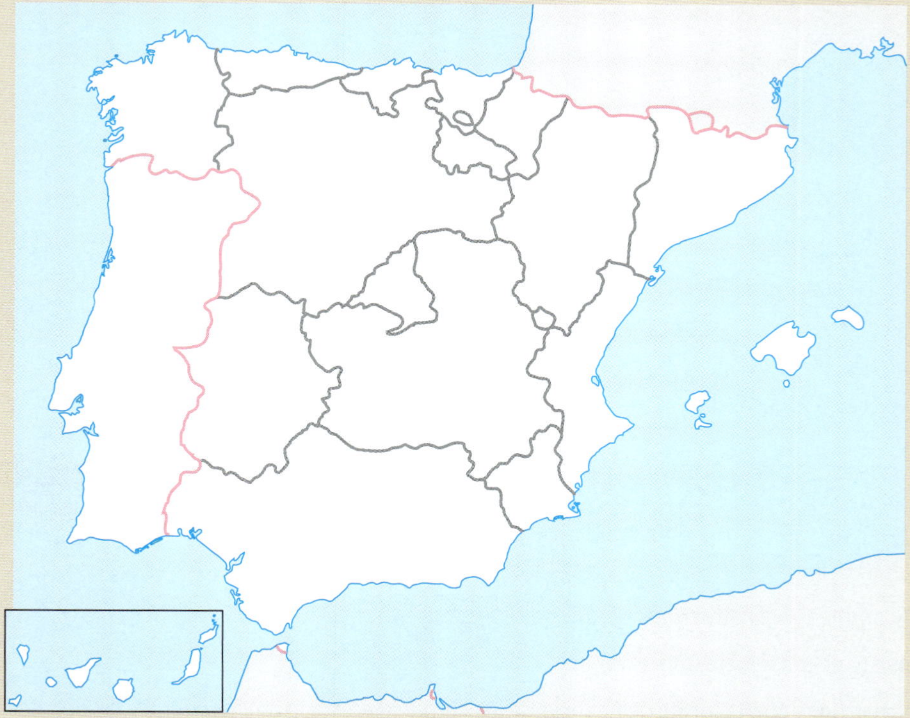

Ayuda a Francesca a organizar sus definiciones sobre algunos de los órganos de gobierno de la Administración General del Estado, uniéndolos con flechas.

Consejo Económico y Social	Es el encargado de representar a España y de arbitrar el resto de instituciones. No tiene poder político.
Tribunal Constitucional	Está en continuo contacto con los representantes de trabajadores y empresarios y con otros colectivos sociales para valorar la problemática económica y aconsejar al Gobierno.
Ministerio Fiscal	Es una organización del Poder Judicial con autonomía funcional, que promueve la acción de la justicia y procura la satisfacción del interés social ante los tribunales.
Consejo de Estado	Su finalidad es aconsejar en términos políticos y jurídicos al Gobierno.
Jefatura del Estado	Es la institución encargada de garantizar la separación de poderes y el cumplimiento de la Constitución por parte de todas las organizaciones públicas.

Los compañeros de clase de Francesca tienen algunas dudas sobre los siguientes términos. ¿Cómo debería Francesca explicarles las diferencias?

Administración General del Estado

Estado

Gobierno

PRÁCTICA PROFESIONAL PROPUESTA
continuación

Por último, Francesca desea explicar a sus compañeros cómo se financian las comunidades autónomas, pero para ello debe explicar qué es un *régimen foral*. Ayúdala a encontrar las palabras adecuadas para explicárselo a sus compañeros:

Régimen foral es el nombre que se le otorga en España a las instituciones de las Administraciones autónomas de .... y .... Estas comunidades han mantenido los privilegios administrativos con los que contaba en el pasado debido a diversas causas históricas, mientras que el resto de comunidades los han ido perdiendo y acogiendo el régimen .... y general de la nación.

Que estas comunidades tengan régimen foral no significa que no contribuyan a los ingresos generales del Estado. Todas las comunidades autónomas ingresan una parte de su recaudación en las arcas del Estado, en el caso de las comunidades con régimen foral como .... y ...., esa cantidad recibe el nombre de .... o aportación.

El resto de comunidades cuyo régimen de financiación denominamos común, ingresan parte de los impuestos que recaudan entre sus habitantes, pero hay que distinguir el caso de Canarias que debido a su distanciamiento de la península tiene algunos .... sutilmente diferentes, esto ocurre porque es una región ....

EN RESUMEN

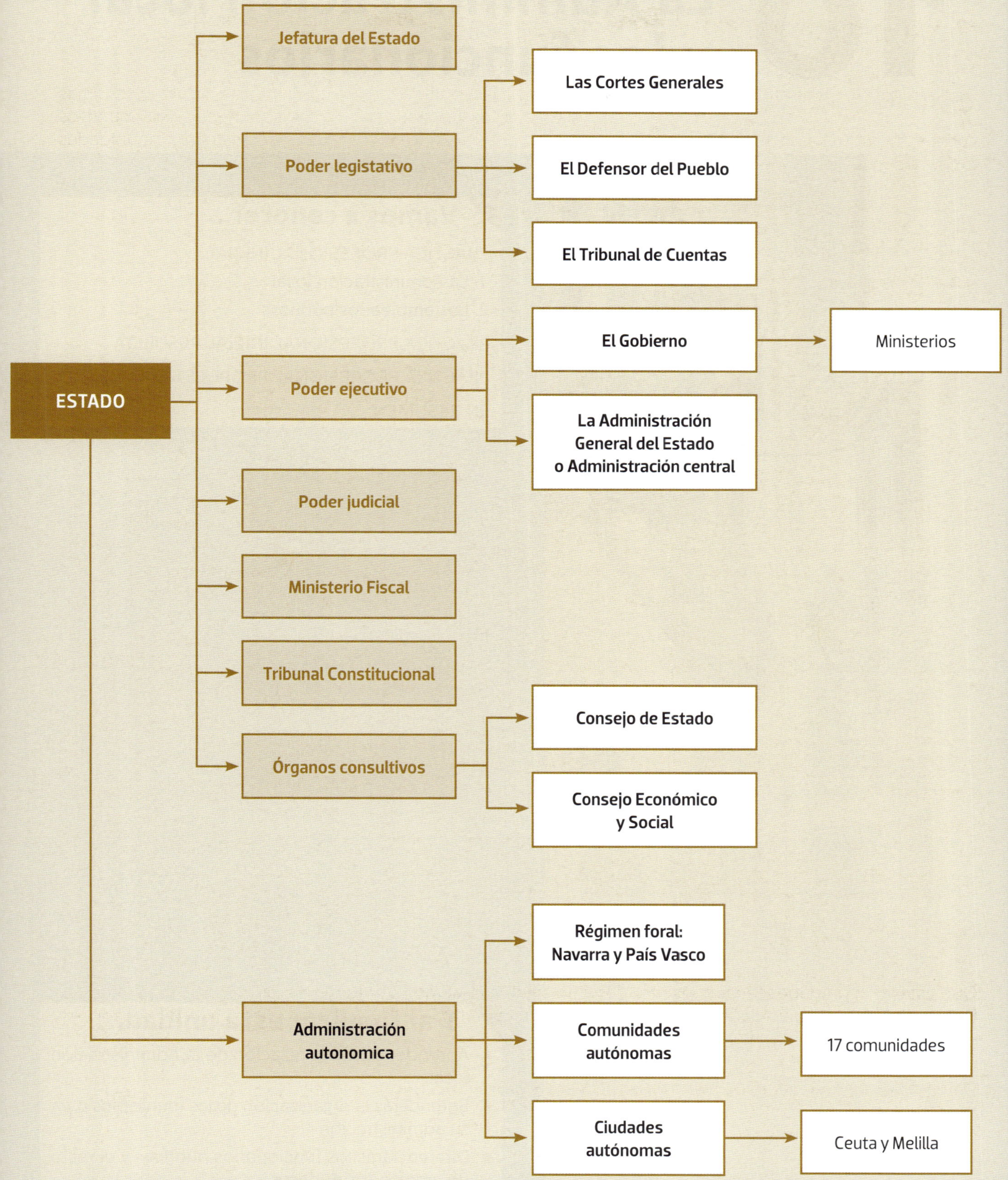
ESTADO
Jefatura del Estado
Poder legistativo
Las Cortes Generales
El Defensor del Pueblo
El Tribunal de Cuentas
Poder ejecutivo
El Gobierno
Ministerios
La Administración General del Estado o Administración central
Poder judicial
Ministerio Fiscal
Tribunal Constitucional
Órganos consultivos
Consejo de Estado
Consejo Económico y Social
Administración autonomica
Régimen foral: Navarra y País Vasco
Comunidades autónomas
17 comunidades
Ciudades autónomas
Ceuta y Melilla

10 La Administración local y los funcionarios

Vamos a conocer...

Y al finalizar esta unidad...

- Aprenderás la organización de la Administración local.
- Entenderás la organización de los municipios para su administración.
- Diferenciarás los funcionarios públicos y el resto de empleados públicos.

Práctica profesional inicial

Situación de partida

Gonzalo va a pasar quince días de sus vacaciones a un campamento en Villamayor, una parroquia rural asturiana perteneciente al municipio de Piloña.

Gonzalo conoce en el campamento a Borja y Álvaro. Los tres se hacen muy amigos y deciden visitarse durante lo que queda de verano, pero cada uno de ellos vive en distintas zonas de España.

Gonzalo les explica que su casa está muy cerca de Asturias; vive en Ajo, una localidad de Cantabria. Cuenta a sus amigos que su localidad no tiene ayuntamiento y que pertenece al municipio de Bareyo, que está situado en la comarca de Trasmiera, y su comunidad autónoma es Cantabria.

Álvaro, por el contrario, vive en Corvera, una pedanía de Murcia.

Borja vive en Madrigal de la Vera, un municipio perteneciente a la provincia de Cáceres, situado en la mancomunidad de La Vera.

Playa de Cuberris en Ajo (Bareyo), Cantabria. Fotografía: Luis T. de la Sierra.

Estudio del caso

1. Realiza un informe sobre los lugares donde viven cada uno de los tres amigos explicando los términos que nombra cada uno de ellos.
2. ¿En qué comunidad autónoma vive cada uno de ellos? ¿Cómo son dichas comunidades?
3. Realiza un esquema donde podamos identificar qué localidades son de carácter mayor o menor al municipio.
4. ¿Qué diferencia hay entre una pedanía como Corvera y una localidad como Ajo si ninguna tiene ayuntamiento?

1. La Administración local

La descentralización territorial no solo organiza la Administración de las comunidades autónomas sino también la Administración local. Como ya hemos estudiado en la unidad anterior, la Administración General del Estado tiene poderes decisorios propios que afectan a toda la nación, pero para que estos poderes se adapten convenientemente a las peculiaridades de la población, el Estado se organiza en comunidades autónomas, divisiones que gozan de autonomía para la gestión de sus respectivos intereses. Estas comunidades autónomas delegan determinados poderes, que estudiaremos en esta unidad, a la Administración local.

Las entidades locales son las siguientes:

*Actualmente, ya no es posible crear entidades de este tipo con personalidad jurídica; como excepción, las entidades de ámbito territorial inferior al municipio existentes en el momento de la entrada en vigor de la Ley 27/2013, de 27 de diciembre, de racionalización y sostenibilidad de la Administración local, pudieron mantener su personalidad jurídica y la condición de entidad local.

Vocabulario

Localidad: es una división territorial con identidad propia, un núcleo de población ya sea pequeño o grande.

Actividades

1. Define *localidad* y pon tres ejemplos de localidades pequeñas y localidades grandes.
2. Explica en qué consiste la Administración local y nombra sus entidades.
3. «Los ciudadanos de un pequeño pueblo tienen tres tipos de administración». Explica la frase y cada una de ellas de mayor a menor cercanía a los ciudadanos, completando la siguiente pirámide.

1.1. La provincia

Es una subdivisión del Estado que está regulada en la Constitución. Tiene poderes administrativos para organizar su funcionamiento con instituciones homólogas a las de las comunidades autónomas, en ocasiones coincidentes, ya que existen comunidades uniprovinciales como vimos en la unidad anterior.

Hay 50 provincias en España, con 43 diputaciones provinciales, ya que 7 comunidades autónomas tienen una única provincia y, por tanto, coinciden.

No hay que olvidarse de las dos ciudades autónomas, Ceuta y Melilla, que no son consideradas provincias. Las provincias dividen las grandes áreas por superficie o por causas históricas.

A continuación se muestran las provincias de todas las comunidades autónomas:

Recuerda

Comunidad autónoma uniprovincial		
1	Principado de Asturias	Asturias
2	Cantabria	Cantabria
3	Comunidad Foral de Navarra	Navarra
4	Región de Murcia	Murcia
5	Comunidad de Madrid	Madrid
6	La Rioja	La Rioja
7	Islas Baleares	Baleares

Escudo	Comunidad autónoma	Provincias	
	Andalucía	Jaén	1
		Córdoba	2
		Sevilla	3
		Huelva	4
		Cádiz	5
		Málaga	6
		Granada	7
		Almería	8
	Aragón	Huesca	9
		Zaragoza	10
		Teruel	11
	Canarias	Santa Cruz de Tenerife	12
		Las Palmas	13
	Cantabria	Cantabria	14
	Castilla-La Mancha	Toledo	15
		Ciudad Real	16
		Cuenca	17
		Guadalajara	18
		Albacete	19
	Castilla y León	León	20
		Zamora	21
		Salamanca	22
		Palencia	23
		Valladolid	24
		Ávila	25
		Burgos	26
		Soria	27
		Segovia	28
	Cataluña	Tarragona	29
		Lleida	30
		Girona	31
		Barcelona	32

Escudo	Comunidad autónoma	Provincias	
	Comunidad de Madrid	Madrid	33
	Comunidad Foral de Navarra	Navarra	34
	Comunitat Valenciana	Castelló/ Castellón	35
		València/ Valencia	36
		Alacant/ Alicante	37
	Extremadura	Cáceres	38
		Badajoz	39
	Galicia	A Coruña	40
		Lugo	41
		Ourense	42
		Pontevedra	43
	Illes Balears	Baleares	44
	La Rioja	La Rioja	45
	País Vasco	Gipuzkoa	46
		Bizkaia	47
		Álava/Araba	48
	Principado de Asturias	Asturias	49
	Región de Murcia	Murcia	50
	Ciudad Autónoma de Ceuta		
	Ciudad Autónoma de Melilla		

El gobierno de las provincias lo sustenta la **diputación provincial,** excepto en las comunidades autónomas uniprovinciales, en ellas los órganos de gobierno son los de la comunidad, tal y como has estudiado en la unidad anterior.

Las diputaciones provinciales son asambleas formadas por los diputados para tratar diferentes temas de carácter provincial. Sus funciones son, básicamente, mantener un sistema administrativo y económico estable en cada provincia.

El número de diputados que forman la diputación depende del número de habitantes que posea la provincia (que votan en circunscripciones llamadas **partidos judiciales**), con un mínimo de 25 diputados y un máximo de 51.

Vocabulario

Diputado/a: denominamos *diputado/a* a toda persona que pertenece a una cámara legislativa (bajo distintas denominaciones: asamblea, asamblea legislativa, cámara de representantes, parlamento...), ya sea en el ámbito internacional (diputados en el Parlamento Europeo), nacional (diputados en el Congreso) o autonómico (diputados provinciales).

Porrera (Tarragona). Fotografía: Angela Llop.

Caso práctico resuelto

Elvira sabe que las comunidades autónomas son necesarias para poder administrar el territorio de la nación de forma más especializada, ya que cada territorio tiene unas características diferentes. Y, por tanto, las comunidades autónomas también son diferentes.

Elvira vive en Palencia, una provincia dentro de la comunidad autónoma de Castilla y León; sin embargo, su hermano Alfonso vive en Madrid. Madrid es una ciudad y también el nombre de la única provincia de su comunidad autónoma: denominamos a esta última *Comunidad de Madrid.*

No obstante, el número de diputados que tiene cada comunidad no guarda relación con el hecho de que esta sea o no uniprovincial, sino con el número de habitantes que vivan en dicha comunidad. Las diputaciones son órganos de elección indirecta, ya que su composición se establece a partir de los resultados de las elecciones locales (en las que se eligen los representantes políticos de los ayuntamientos).

Actividades

4. ¿Qué es una *provincia*? ¿Cuántas provincias hay en España?

5. ¿Qué es un *diputado*? ¿A qué tipos de división territorial responde este cargo electo?

6. Une con flechas cada provincia con su comunidad autónoma.

Lugo	Andalucía
Girona	Extremadura
Salamanca	Galicia
Cáceres	Castilla y León
Sevilla	Cataluña

Lorca (Murcia). Fotografía: Murcianboy.

1.2. El municipio

El **municipio** es la base territorial, es decir, al igual que hemos estudiado en el caso de las comunidades autónomas y la provincia, el municipio no es más que una división territorial de las administraciones del Estado.

Podríamos, por tanto, definir el **municipio** como la entidad local básica de la organización territorial del Estado, con personalidad jurídica propia y plena capacidad para el cumplimiento de sus fines.

El municipio está integrado por tres aspectos comunes a todas las localidades:

- **El territorio:** es la zona geográfica sobre la que la administración del municipio ejerce sus competencias; se comprende dentro de unos límites, las fronteras hasta donde se considera un municipio u otro.

Ayuntamiento de Cádiz.

- **La población:** es el conjunto de personas que habitan en un municipio concreto, pero... ¿a qué llamamos *habitar*? *A priori* todos responderíamos al unísono: «Las personas que viven en dicho municipio», pero «¿vivir?» ¿Quién vive en un municipio? La respuesta administrativa es sencilla: la población está formada por las personas empadronadas en un municipio.

  Hacemos especial hincapié en definir la problemática de la población en más casos de lo que podemos pensar. Vamos a entenderlo con el siguiente caso práctico.

Caso práctico resuelto

Clara tiene una casa en el municipio de Leganés, en Madrid. Toda su vida ha residido en la misma casa que pertenecía a sus padres y, antes de eso, a sus abuelos. Cuando se casó, vivió en esa misma casa con su marido Raúl y sus hijos, Noelia y Jorge.

Hace unos años Clara y Raúl se separaron y este se fue a vivir a Getafe, un municipio limítrofe. Ambos tienen custodia compartida, por lo que Noelia y Jorge viven quince días con cada uno de ellos, es decir, durante una quincena al mes son población del municipio de Getafe y la otra de Leganés.

Asunción, la madre de Clara, viuda y con una enfermedad por la que requiere ayuda continua, vive con sus tres hijas: un mes con Clara, la mayor, en Leganés; un mes con Sofía, la mediana, en Alicante, y otro mes con Pedro, el pequeño, en Cádiz. En este caso, Asunción pertenece durante cuatro meses al año a la población de cada uno de estos municipios o ciudades.

Vocabulario

Empadronamiento: es el registro de una persona en el padrón municipal.

Padrón: registro administrativo oficial en el que constan los habitantes de una población que se deben tener en cuenta en cuenta para los efectos oportunos, por ejemplo, para votar. El padrón municipal es la fuente a partir de la que se obtienen cifras oficiales de población, aprobadas por el Gobierno mediante real decreto.

San Millán de la Cogolla (La Rioja). Fotografía: Cenobio.

Saber más

El padrón municipal

Toda persona que viva en España está obligada a inscribirse en el padrón del municipio donde reside habitualmente. Quien viva en más de un municipio se inscribirá únicamente en el que resida durante más tiempo al año.

Los menores de edad no emancipados y los mayores incapacitados deben figurar empadronados en el domicilio de los padres que tengan su guarda o custodia, o en el de los representantes legales, salvo autorización por escrito de estos para residir en otro domicilio.

Caso práctico resuelto (continuación)

Pero, aún hay más: Clara trabaja en una multinacional, por lo que debe pasar varios meses a lo largo del año viajando a Alemania. ¿Durante esas temporadas no forma parte de la población de Leganés?

Y Raúl pasa los tres o cuatro meses de verano, con las altas temperaturas, en una casa en Cercedilla, un municipio de la sierra de Madrid, a una hora de Getafe, por lo que puede ir y venir a su trabajo y al colegio de los niños sin problema. ¿Durante esos meses pasa a formar parte de la población del otro municipio?

Al final las respuestas a todas estas preguntas son sencillas: se considera población de un municipio a las personas que estén empadronadas en él.

Ayuntamiento de Pedraza (Segovia).

Navega

En el caso de Madrid se divide en 21 distritos. Puedes obtener más información en la siguiente web:

- <www.distritosdemadrid.com>.

Roncesvalles (Navarra). Fotografía: Henri Bergius.

- **La organización**, es decir, **el gobierno del municipio:** formado por un alcalde y una serie de concejales o ediles de cada área administrativa del municipio. El alcalde es la máxima autoridad dentro de la Administración municipal.

  Como excepción, algunos municipios (por tradición, localización geográfica u otras circunstancias) funcionan en «concejo abierto», es decir, ejercen el gobierno y Administración municipal el alcalde y una asamblea vecinal (de la que forman parte todos los electores).

  Para que podamos hacer una comparativa con lo que hemos estudiado en las unidades anteriores podríamos decir, a grandes rasgos, que el alcalde es en la Administración del municipio el equivalente al presidente del Gobierno en la Administración General del Estado y al presidente de la comunidad en la Administración de la comunidad autónoma; y los concejales en la Administración del municipio equivalen a los ministros en la Administración General del Estado y a los diputados en las Administraciones de las comunidades autónomas.

  En determinadas poblaciones con muchos habitantes, la Administración del municipio sigue sin ser suficiente, pues el ayuntamiento se colapsaría con todos los trámites administrativos. Por eso, en algunas ciudades con una población elevada se forman distritos, que no son más que barrios de la ciudad con un ente administrativo específico para ese territorio. De esta manera, la Administración se vuelve a dividir para prestar un mejor servicio.

Administración General del Estado

- Presidente del Gobierno
- Ministros

Comunidad autónoma

- Presidente de la comunidad
- Diputados

Municipio

- Alcalde (de un ayuntamiento)
- Concejales

1.3. La isla

Hay once islas, cuatro de ellas pertenecientes a la comunidad autónoma de Illes Balears y siete a Canarias.

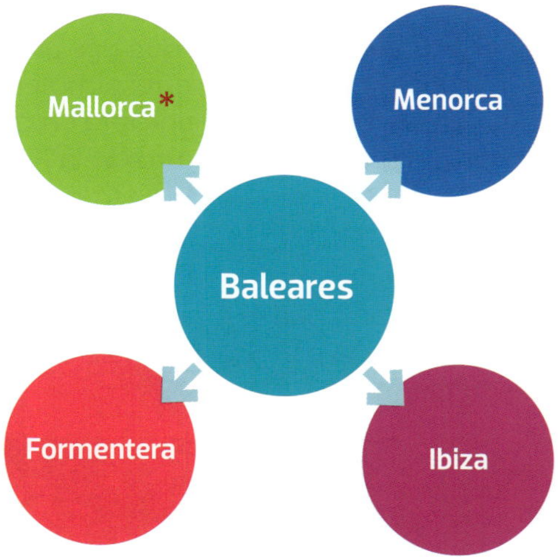

*La isla de Cabrera pertenece administrativamente al Ayuntamiento de Palma de Mallorca, y no tiene consejo insular propio.

En las islas la organización es similar a la del resto de comunidades autónomas, pero las estudiamos aparte por algunas singularidades históricas que las definen. **Ejemplo:** en el caso de Canarias, su historia y sus características naturales han hecho necesaria la formación de nuevas áreas administrativas. Por ello vamos a estudiar la Administración en cada uno de estos conjuntos de islas.

- **Consejo insular:** es una institución que podemos encontrar en las localidades de la comunidad autónoma de Illes Balears. Es una institución relativamente reciente y propulsada por la isla de Menorca, ya que antes toda la administración estaba regulada por las organizaciones administrativas de Mallorca con los problemas que eso generaba debido a las dificultades de transporte entre unas y otras islas y sus diferencias históricas.

  Las funciones del consejo insular no son las propias del autogobierno: urbanismo, turismo, ocio, asistencia social y patrimonio monumental, entre otros.

- **Cabildo insular:** es la organización administrativa que podemos encontrar exclusivamente en la comunidad autónoma de Canarias. Sus competencias son la coordinación de todos los servicios de las islas, los servicios forestales, gestión de puertos y carreteras, entre otras.

Municipio de La Orotava, en la isla de Tenerife, adscrita a la provincia de Santa Cruz de Tenerife.

Actividades

7. Define qué es un *municipio* y explica brevemente qué tres elementos podemos diferenciar en ellos.
8. ¿Qué es un *alcalde*? ¿Y un *concejal* o *edil*?
9. ¿Qué diferencia hay entre un *cabildo* y un *consejo insular*?
10. ¿Por cuántas islas están formadas las comunidades de Canarias e Islas Baleares? Nómbralas.

1.4. Entidades locales de ámbito inferior al municipio

Por características históricas y culturales, podemos encontrar determinadas localidades de ámbito menor que el municipio. Estas entidades pueden tener diferentes nombres: entre ellos, los de *pedanía* o *parroquia rural*.

- **Pedanía:** es una localidad inferior al municipio y adscrita a este. En ocasiones se asemeja a un barrio, pero con alcalde propio que rige la pedanía, aunque depende del ayuntamiento del municipio correspondiente. Gozan de mayor o menor autonomía en función del municipio en cuestión. Ejemplo: Boadilla es una pedanía del municipio charro de la Fuente de San Esteban.
- **Parroquia rural:** no es más que una nomenclatura diferente a la de la *pedanía*. Es al igual que la anterior una localidad inferior al municipio y adscrita a uno de ellos. Este término se utiliza en Asturias en lugar del término *pedanía*. Ejemplo: Endriga es una parroquia rural de 82 viviendas en el municipio asturiano de Somiedo.

1.5. Entidades de ámbito superior al municipio

Ya conocemos que la Administración local es más variada que la Administración General del Estado o la Administración autonómica, pero la de nivel más básico es la Administración del municipio. Acabamos de estudiar cómo hay pedanías o parroquias cuya naturaleza es inferior a la del municipio (han desaparecido expresamente de la relación de entidades locales del artículo 3.2 de la Ley Reguladora de las Bases del Régimen Local, y con una importancia cada vez más escasa), pero también hay entidades de ámbito mayor al municipio sin llegar a ser provinciales ni autonómicas.

Navega

En la web de la guía turística madrileña podrás encontrar todos los municipios y pedanías de la comunidad autónoma.

- <www.guiamadridrural.com/municipios-madrid.php>.

Saber más

Entidades de ámbito territorial inferior al municipal

Como apuntamos anteriormente, las entidades de ámbito territorial inferior al municipal que pudieran crearse ya no gozarán de personalidad jurídica propia. Solo pudieron mantener su personalidad las existentes en el momento de la entrada en vigor de la Ley de racionalización y sostenibilidad de la Administración local (31 de diciembre de 2013).

Tras la reforma, las leyes de las comunidades autónomas regularán este tipo de entes, que carecerán de personalidad jurídica como forma de organización desconcentrada del mismo para la administración de núcleos de población separados, bajo su denominación tradicional de caseríos, parroquias, aldeas, barrios, anteiglesias, concejos, pedanías, lugares anejos y otros análogos, o aquella que establezcan las leyes (artículo 24 bis de la Ley reguladora de las bases del régimen local).

Saber más

Regiones

En algunas ocasiones se habla de *regiones*. Las regiones son espacios territoriales delimitados por diferentes características. Tenemos, por tanto, la región del vino, la región de La Mancha o la de la cornisa cantábrica.

- **Comarca:** en la actualidad en España hay 81 comarcas. La comarca es una agrupación de municipios con unas características comunes. Históricamente se agrupaban para fomentar el comercio y los productos o el turismo de la zona. Los municipios que forman la comarca suelen tener unas características especiales y concretas. **Ejemplo:** comarca de Liébana, en Cantabria, o la Tierra de Ribadeo, en Asturias.
- Áreas **metropolitanas:** son agrupaciones de municipios los cuales se caracterizan por tener un número elevado de habitantes. Estas agrupaciones son necesarias para gestionar asuntos comunes como el transporte, las comunicaciones, etc. **Ejemplo:** un área metropolitana es Madrid y sus municipios limítrofes. Los ayuntamientos de municipios como Móstoles, Alcorcón, Leganés, Fuenlabrada y Getafe, junto con el Ayuntamiento de Madrid y del resto de municipios limítrofes, deben realizar actuaciones comunes para poder ofrecer un sistema de transporte común y de calidad, entre muchos otros servicios.

Navega

Las áreas metropolitanas se reconocen por su elevada población. En la siguiente web puedes conocer cuáles son las más pobladas de nuestro país.

- <http://bit.ly/2oikitg>.

Vista de Albarracín (Teruel).

- **Mancomunidades:** son entidades institucionales formadas por dos o más municipios asociados para realizar en común obras o servicios. La diferencia fundamental entre las mancomunidades y las áreas metropolitanas o comarcas es que las mancomunidades tienen unos fines definidos en sus estatutos y pueden disolverse cuando esa obra o servicio determinado finalice. Las mancomunidades pueden estar formadas por municipios de diferentes comunidades autónomas. **Ejemplo:** Mancomunidad del Este (de Madrid), fundada por nueve municipios, aunque con el paso del tiempo se han adherido muchos más con el fin de aunar sus esfuerzos en una planta de recogida de residuos eficiente.

Actividades

11. Dividid la clase en varios grupos y realizad un mural que luego colgareis en el aula sobre cada uno de las entidades locales que podemos encontrarnos (municipios, islas, mancomunidades, comarcas, etc.).

Explicaréis a vuestros compañeros cada elemento que hayáis representado en el mural. Recordad que para realizar una exposición oral es necesario preparar con antelación los puntos más destacados sobre los que queramos hacer especial hincapié.

Orbaneja del Castillo (Burgos).

2. Los empleados públicos

Se denomina **empleado público** a todo trabajador que sustenta un puesto público. Dentro de ellos, llamamos **funcionarios** a los que desempeñan un empleo público tras superar un proceso selectivo para trabajar en cualquier organización, institución o Administración pública; por tanto, su salario lo reciben de la Administración.

Son funcionarios los que tengan esta condición, en virtud de nombramiento legal, en muchos cuerpos: policías, bomberos, maestros y profesores de centros públicos, muchos médicos y administrativos, entre otros.

Ribadavia (Ourense). Fotografía: Luis Miguel Bugallo Sánchez.

2.1. Requisitos

A grandes rasgos para poder ser un empleado público se deben cumplir unos determinados requisitos:

- **Tener nacionalidad española** u otra de algún estado en los que se permita la libre circulación de trabajadores, así como los cónyuges o descendientes de personas con nacionalidad española.
- **Tener cumplidos 16 años,** ya que esta es la edad mínima permitida para trabajar, y no exceder, en su caso, de la edad máxima de jubilación forzosa.
- **Estar en posesión del título oficial** que sea requerido en cada convocatoria.
- **No estar incapacitado para el puesto al que se opta,** ni haber sido separado mediante expediente disciplinario del servicio de cualquier Administración pública.

Navega

Puedes visitar la página web de la Comisión de Coordinación del Empleo Público donde podrás conocer, entre otras cosas, las ofertas públicas de empleo vigentes en cada momento.

- <http://bit.ly/2nRlvXn>.

2.2. Tipos de empleados públicos

En la Administración hay diferentes tipos de empleados públicos que vamos a diferenciar a continuación.

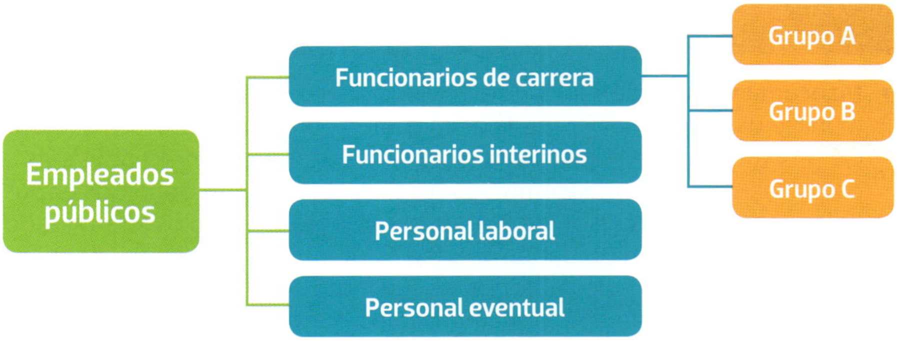

- **Funcionarios de carrera:** son los que han superado el proceso de selección que denominamos de *oposición,* en algunos casos, *concurso-oposición.* La oposición consiste en superar una serie de exámenes de diferente forma según al cuerpo al que se acceda, y las personas con notas más altas son las que consiguen el puesto ofrecido. En el caso del concurso-oposición la única diferencia con el proceso anterior es la parte de concurso, donde cada candidato presenta una serie de méritos (como la experiencia, la formación y los títulos académicos, valorados según las bases de esa convocatoria) para que sean baremados, con lo que se realiza un cómputo entre la nota de los exámenes y los puntos conseguidos en la fase de concurso con los baremos, y es ese cómputo final el que se tiene en cuenta para adjudicar los puestos convocados.

Saber más

¿Pensando en opositar?

Si piensas opositar es muy importante que tengas en cuenta cada uno de los requisitos que piden en la convocatoria, ya que un defecto en la forma o en el plazo de presentación de la documentación (siempre que no sea subsanable) ocasionará que no puedas presentarte a dicho proceso selectivo.

Hay tres grupos de funcionarios de carrera: A, B y C, en función de la titulación exigida para cada convocatoria, como se puede observar en la siguiente tabla:

Grupos	Subgrupos	Título exigido
A	A1	Título universitario de grado (antiguas licenciaturas e ingenierías superiores)
	A2	Título universitario de grado (antiguas diplomaturas e ingenierías técnicas)
B	B	Técnico superior
C	C1	Título de Bachillerato o Técnico
	C2	Graduado en Educación Secundaria Obligatoria

- **Funcionario interino:** ocupan las plazas destinadas a los funcionarios de carrera, pero lo hacen con carácter transitorio. Son los encargados de realizar sustituciones de los funcionarios de carrera cuando estos están enfermos o piden excedencias, incluso en sus vacaciones, o de cubrir sus plazas por causas de urgencia, temporalidad o picos de trabajo ocasionales.

Cudillero (Asturias).

- **Personal laboral:** se rige por la normativa laboral correspondiente y mediante un contrato de trabajo de los dispuestos en dicha normativa, y cumplen sus funciones y son retribuidos por la Administración pública.
- **Personal eventual:** son aquellos puestos de trabajo que denominamos de confianza o asesoramiento y que no están destinados a funcionarios; tienen un carácter eventual hasta que dure dicho cargo de confianza o asesoramiento.

Saber más

Los funcionarios

Los funcionarios, ya sean de carrera o interinos, no tienen contrato de trabajo, sino que la adjudicación de su puesto se pone de manifiesto mediante un nombramiento en acto público y posterior publicación en el Boletín Oficial correspondiente.

Saber más

Fedatarios públicos

Los fedatarios públicos, funcionarios en su mayoría, son personas a las que la Administración pública les ha dado la potestad de autentificar documentos. En muchos casos, estos fedatarios actúan de forma similar a un notario, dando fe de la veracidad de documentos presentados por los ciudadanos ante ellos.

Actividades

12. Explica los diferentes tipos de empleados públicos. ¿Todos ellos pueden ser denominados *funcionarios*? Pon un ejemplo de cada uno de ellos.

13. ¿Qué es un *fedatario público*? Escribe a continuación en qué situaciones podrías necesitar la intervención de un fedatario público.

PRÁCTICA PROFESIONAL INICIAL RESUELTA

Campamento de verano

1. Realiza un informe sobre los lugares donde vive cada uno de los tres amigos explicando los términos que nombran cada uno de ellos.
   - Gonzalo: vive en Ajo, es una localidad que junto con Bareyo y Güemes forman un Ayuntamiento situado en Bareyo. La comarca de Trasmiera es a la que pertenece Ajo. Esta zona se caracterizaba en la Edad Media por tener buenos canteros, retablistas y campaneros, y se dedicaba a la construcción de iglesias y monasterios. Que una zona tenga características comunes en cuanto a artesanía, a productos de una determinada exclusividad, por la naturaleza de la zona es lo que hace posible las comarcas.
   - Álvaro: vive en una pedanía de Murcia, en la comunidad autónoma de la Región de Murcia. Una pedanía es un asentamiento de población de régimen inferior al municipio, que no cuenta con personalidad jurídica (salvo las existentes a 31 de diciembre de 2013, que pudieron mantenerla) y es regulada por una ley autonómica. Se trata de una forma de organización desconcentrada para administrar núcleos de población separados. La pedanía está cerca del municipio al que está adscrito.
   - Borja: vive en Madrigal de la Vera, un municipio perteneciente a Cáceres y perteneciente a la mancomunidad de La Vera. La mancomunidad es una asociación de los municipios de la zona para prestarse algún tipo de ayuda y ser más fuertes, en este caso para comercializar los productos típicos de esa zona como el pimentón de La Vera u otros productos alimenticios.
2. ¿En qué comunidad autónoma vive cada uno de ellos? ¿Cómo son dichas comunidades?

   Gonzalo y Álvaro viven en Cantabria y Región de Murcia respectivamente. Ambas comunidades son uniprovinciales, es decir, solamente tienen una provincia. En el caso de Borja es diferente, ya que vive en Cáceres que pertenece a la comunidad autónoma de Extremadura, pero esta no es uniprovincial, sino pluriprovincial (concretamente, biprovincial), ya que está constituida por Cáceres y Badajoz.

Puente de Alardos, en Madrigal de la Vera (Cáceres). Fotografía: Marianne Perdomo.

3. Realiza un esquema donde podamos identificar qué localidades son de carácter mayor o menor al municipio.

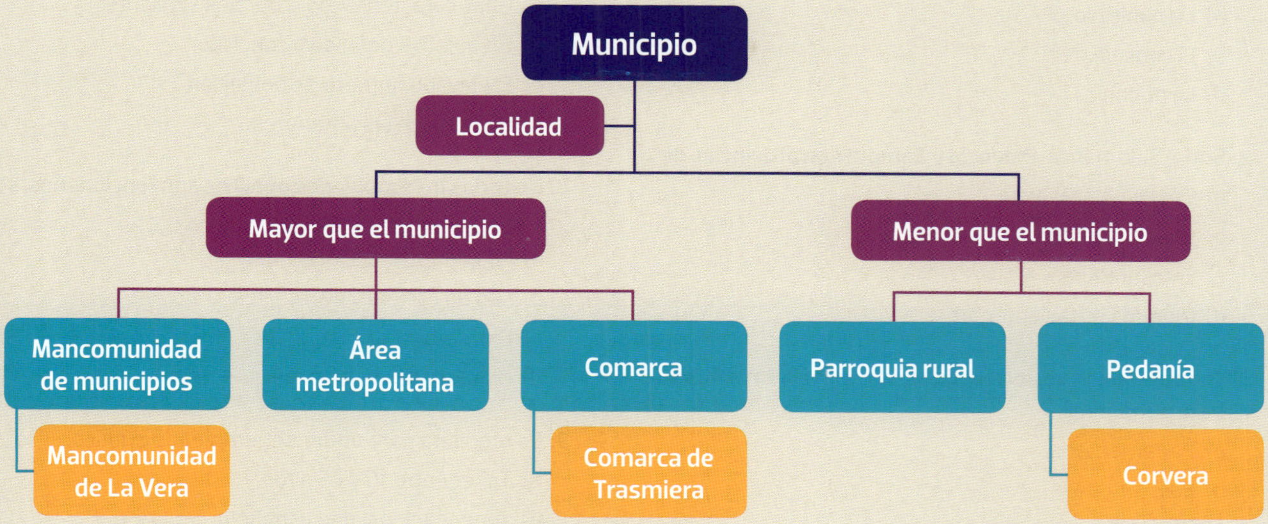

4. ¿Qué diferencia hay entre una pedanía como Corvera y una localidad como Ajo si ninguna tiene ayuntamiento?

Una localidad puede o no tener ayuntamiento y tener mucha o poca población, pero las localidades con pocos trámites administrativos se consideran adscritas al municipio con ayuntamiento más cercano. En el caso de Ajo se trata de la capital del municipio de Bareyo, que es donde está el Ayuntamiento para poder realizar toda la administración local.

Sin embargo, Corvera es una pedanía que, aunque también depende del ayuntamiento de otro municipio, tiene un alcalde propio que representa en el Ayuntamiento a la población de su pedanía.

Iglesia de Santa María, en Bareyo (Cantabria). Fotografía: Malopez 21.

TEST DE EVALUACIÓN

RESUELVE EN TU CUADERNO O BLOC DE NOTAS

1. **La base mínima de la administración es...**
   a) La provincia.
   b) El municipio.
   c) El consejo.
   d) La pedanía.

2. **Soria, Salamanca, Palencia y Zamora son provincias de...**
   a) Castilla-La Mancha.
   b) Castilla y León.
   c) Extremadura.
   d) Ninguna de las anteriores.

3. **Toda persona que pertenece a una cámara administrativa se le denomina...**
   a) Parlamentario.
   b) Edil.
   c) Diputado.
   d) Ministro.

4. **En la Administración General del Estado los ministros hacen las veces de los concejales en...**
   a) La provincia.
   b) La comunidad autónoma.
   c) El municipio.
   d) La pedanía.

5. **El consejo insular se encuentra en la comunidad autónoma de...**
   a) Ceuta.
   b) Melilla.
   c) Islas Baleares.
   d) Canarias.

6. **Una pedanía es...**
   a) Una localidad de ámbito superior al municipio.
   b) Una localidad de ámbito inferior al municipio.
   c) Un municipio.
   d) Una provincia.

7. **Un área metropolitana tiene una característica fundamental que es...**
   a) Unas características naturales similares.
   b) Un objetivo definido y concreto.
   c) El elevado número de población.
   d) Ninguna de las anteriores.

8. **No todos los empleados públicos son funcionarios, solo son...**
   a) Los de carrera e interinos.
   b) Los de carrera y eventuales.
   c) Los de carrera y laborales.
   d) Ninguno de los anteriores.

9. **Es requisito para poder ser empleado público...**
   a) Tener entre 16 y 65 años.
   b) Tener nacionalidad española.
   c) Tener el título correspondiente en cada caso.
   d) Todas las respuestas anteriores son correctas.

10. **El grupo B de una oposición implica...**
    a) Tener un título de graduado universitario.
    b) Tener un título de técnico superior.
    c) Tener el título de ESO.
    d) Tener un título de bachiller.

ACTIVIDADES FINALES

1. Realiza una síntesis de en qué consiste la Administración local.

2. Copia en tu cuaderno y completa la tabla:

Nombre	Descripción	Ejemplo
Provincia		
Municipio		
Isla		
Pedanía		
Parroquia		
Comarca		
Área metropolitana		
Mancomunidad		

3. ¿Cuántos tipos de diputados existen? Define cada uno de ellos.

4. Nombra las provincias que forman Andalucía, Castilla y León y Castilla-La Mancha.

5. Nombra aquellas comunidades autónomas que sean uniprovinciales.

6. Di a qué comunidad autónoma pertenecen las siguientes provincias: Lugo, Cáceres, Tarragona, Álava, Alicante y Huesca.

7. ¿De qué aspecto del municipio se habla en las siguientes frases? Justifica tu respuesta.
   a) Hay un 75 % de la gente empadronada en el municipio que trabaja fuera de la localidad, el 15 % lo hace en los municipios limítrofes y el 10 % restante presta sus servicios en la capital.
   b) El municipio está delimitado al norte por una cordillera, al este; al sur, por un río, y al oeste, por un municipio.
   c) El alcalde del municipio es don Antonio y los concejales que le ayudan son doña Marta, concejala de Educación, Deporte y Cultura; doña Rocío, concejala de Festejos y Seguridad, y don Francisco, concejal de Urbanismo y Medio Ambiente.

8. ¿Dónde podemos encontrar consejos y cabildos? Explica en qué consiste cada uno de ellos.

9. Explica si cada una de las siguientes personas podría o no presentarse a una oposición razonando tu respuesta.
   a) María Jesús, española y de 47 años de edad, titulada universitaria en Bioquímica, quiere opositar para investigación química en un laboratorio.
   b) Jorge, marido de una española y de 67 años de edad, quiere opositar para una plaza de medicina.
   c) Mónica, de 14 años, no quiere estudiar, por lo que ha decidido prepararse una oposición de auxiliar administrativo.
   d) Érica, de 22 años, de padres españoles, con un título de técnico, desea presentarse a unas oposiciones del grupo A2.

10. ¿Qué diferencias hay entre un personal laboral y uno eventual en la Administración pública?

11. ¿Cuáles son las características fundamentales de un funcionario y de un empleado público?

12. ¿En qué consiste un concurso-oposición?

PRÁCTICA PROFESIONAL PROPUESTA

Convocatoria de oposiciones en el Ayuntamiento

Manuel es jefe de servicio de recursos humanos en el Ayuntamiento de una pequeña localidad de Huesca, donde se ha publicado una convocatoria de oposiciones para acceso a cuerpos de los grupos A1, B y C2. A Manuel le llega la siguiente información sobre las personas desempleadas de su municipio:

Nombre	Nacionalidad	Edad	Título
Juan	Española	23	Diplomado
Avelina	Española	25	Graduado
María Jesús	Española	14	Técnico superior
David	Francesa	56	Bachillerato
Verónica	Española	68	ESO
Jesús	Española	34	ESO
Francisco	Portuguesa	46	Bachillerato
Concepción	Española	58	Técnico superior
Ángel	Española	29	Licenciado
Elisa	Italiana	38	Graduado
Fernando	Española	37	Diplomado
María	Española	28	ESO
Luisa	Española	21	Sin estudios

1. Ayuda a Manuel a saber quién puede presentarse a cada oposición y quién no puede presentarse a ninguna, explicando los motivos.

   Algunas de las preguntas que Manuel propone para las pruebas selectivas consisten en completar varios esquemas y tablas como los que se muestran a continuación.

2. Copia en tu cuaderno y completa la siguiente tabla de las islas:

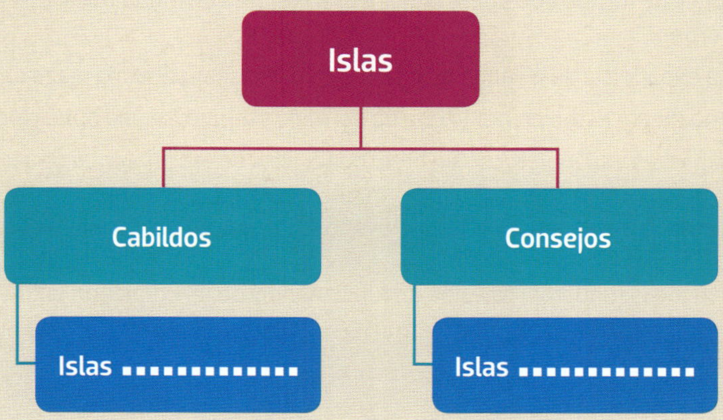

3. Copia en tu cuaderno y completa los esquemas de las áreas superiores e inferiores al municipio.

Áreas superiores al municipio
- .... — Descripción
- .... — Descripción
- .... — Descripción

Áreas inferiores al municipio
- .... — Descripción
- .... — Descripción

4. Nombra las comunidades uniprovinciales.

5. Completa la tabla con los homólogos correspondientes.

Administración General del Estado	Comunidad autónoma	Municipio
■ Presidente del Gobierno	■ Presidente de la comunidad	■ ....
■ Ministros	■	■ ....

Panorámica de la localidad de Almodóvar del Campo (Ciudad Real). Fotografía: Latras.

PRÁCTICA PROFESIONAL PROPUESTA
continuación

6. Copia en tu cuaderno y completa la tabla de provincias según su comunidad autónoma.

Comunidad autónoma	Provincias
Galicia	
País Vasco	
Aragón	
Cataluña	
Extremadura	
Castilla-La Mancha	

Comunidad autónoma	Provincias
Andalucía	
Castilla y León	
Canarias	
Comunitat Valenciana	

EN RESUMEN

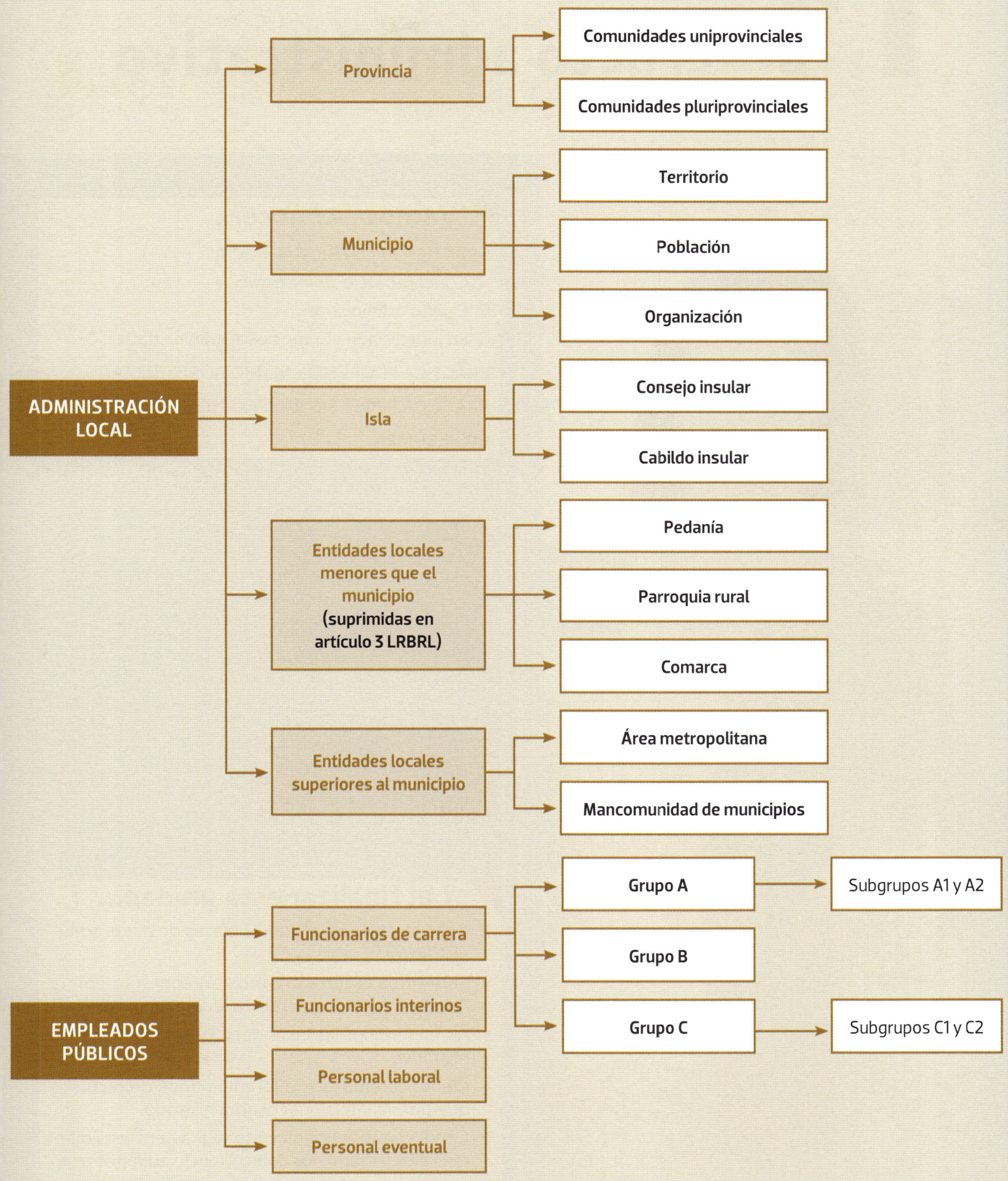
ADMINISTRACIÓN LOCAL
Provincia
Comunidades uniprovinciales
Comunidades pluriprovinciales
Municipio
Territorio
Población
Organización
Isla
Consejo insular
Cabildo insular
Entidades locales menores que el municipio (suprimidas en artículo 3 LRBRL)
Pedanía
Parroquia rural
Comarca
Entidades locales superiores al municipio
Área metropolitana
Mancomunidad de municipios
EMPLEADOS PÚBLICOS
Funcionarios de carrera
Grupo A
Subgrupos A1 y A2
Grupo B
Grupo C
Subgrupos C1 y C2
Funcionarios interinos
Personal laboral
Personal eventual

11 El acto administrativo

Vamos a conocer...

Y al finalizar esta unidad...

- Conoceremos las distintas clases de actos administrativos.
- Sabremos cómo ponernos en contacto con la Administración para tramitar cualquier petición.
- Aprenderemos las fases del procedimiento administrativo.
- Identificaremos los diferentes tipos de recursos que puede interponer el administrado.
- Conoceremos el significado y características diferenciales de términos como silencio administrativo (positivo o negativo), nulidad y anulabilidad...

Práctica profesional inicial

Situación de partida

Avelina acaba de ser nombrada alcaldesa del municipio de Barruecopardo. Al ocupar su cargo, se encuentra con varios procesos administrativos.

El primero de ellos fue interpuesto por Juan Manuel, que trabaja como secretario en el Ayuntamiento. Juan Manuel pide al Ayuntamiento cinco días de vacaciones debido a que el año anterior tuvo que trabajar cinco días de sus vacaciones para solucionar un problema administrativo que hubo en el Ayuntamiento y no pudo disfrutar de esos días.

En el segundo procedimiento, el Ayuntamiento decidió pedir a Manuel Ángel que vacunara a sus ovejas, ya que en la zona comenzaba a extenderse una epidemia ovina. En este caso, Manuel Ángel había alegado que en la zona ningún veterinario aconsejaba vacunarlas, ya que era una vacuna experimental y no estaba demostrado que previniera la epidemia, además presentó pruebas que lo demostraban.

El tercer proceso administrativo lo había iniciado María Jesús, química que trabaja en las minas de la localidad, para solicitar al Ayuntamiento el arreglo de la biblioteca municipal, ya que esta llevaba dos años cerrada tras un incendio y el edificio estaba en riesgo de derrumbe, según el informe aportado de un arquitecto de la zona. En el procedimiento el alcalde anterior había accedido a mejorar las infraestructuras en un plazo máximo de dieciocho meses.

Y el último procedimiento fue interpuesto por el Ayuntamiento contra Verónica, la dueña de una fábrica de pan. El negocio lleva dos años sin pasar ninguna revisión y, además, durante ese tiempo tampoco ha sido pagado el impuesto sobre bienes inmuebles por el local. Verónica no realizó ninguna alegación, por lo que el Ayuntamiento dictaminó que debía pagar las deudas de IBI en el plazo de un mes, contado desde su notificación; además, si en este plazo no paga el impuesto, cada mes vencido se sumará al importe debido hasta el momento, la cantidad de 100 €.

Vista panorámica de Barruecopardo (Salamanca). Fotografía: Ramajero.

Estudio del caso

1. Identifica en cada uno de los casos que Avelina está revisando qué tipo de interesado o administrado son Juan Manuel, Manuel Ángel, María Jesús y Verónica.
2. ¿Cómo podríamos clasificar cada uno de los actos que Avelina tiene que resolver?
3. ¿Cómo se ha materializado el inicio de cada acto administrativo?
4. ¿En qué fase del procedimiento administrativo se encuentra cada caso?

1. Concepto de *administrado*

Podríamos definir el término **administrado,** también llamado *interesado* (cuando es parte de un procedimiento administrativo, o tenga derechos o intereses que puedan resultar afectados por la decisión que en el mismo se adopte), como toda persona física o jurídica que tenga algún tipo de relación con las Administraciones públicas.

En muchas ocasiones se utiliza el término *ciudadano* para referirnos, como si de un sinónimo se tratase, al concepto de *administrado,* si bien cabe destacar una importante diferencia entre ambos conceptos: los extranjeros pueden ser titulares de situaciones activas y pasivas ante la Administración y, por ello, pueden considerarse administrados, pero no ciudadanos españoles.

En la unidad 7 de este libro ya hemos estudiado cómo el derecho regulaba las relaciones entre los diferentes agentes que actúan en la sociedad. ¿Qué tipo de derecho crees que regulará las relaciones entre los administrados y las Administraciones públicas? Si tu respuesta ha sido el Derecho administrativo, que es una rama del Derecho público, has acertado. Las interrelaciones que se produzcan entre las Administraciones públicas y los administrados están reguladas por el Derecho administrativo.

1.1. Tipos de administrados

Podemos clasificar las personas físicas o jurídicas que tienen relación con las Administraciones públicas en dos tipos diferentes de administrados, como se puede observar en el siguiente esquema:

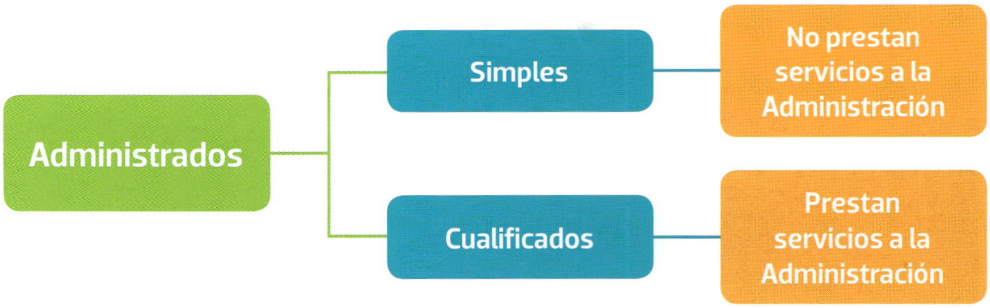

- **Administrados simples:** son aquellas personas tanto físicas como jurídicas, cuya relación con la Administración pública se limita a su condición de administrado: esto es, no prestan ningún servicio profesional a la Administración. Todos los administrados simples se encuentran en idéntica situación ante la Administración. Ejemplo: María es una administrada simple ya que trabaja por cuenta ajena para una empresa privada; al igual que Ana, que es empresaria. Sin embargo, ninguna de las dos trabaja para ninguna institución pública.
- **Administrados cualificados:** son aquellas personas tanto físicas como jurídicas que realizan algún servicio para la Administración pública, ya sea como trabajadores de esta (es decir, empleados públicos) como proveedores de algún bien o servicio, esto es, que tengan algún tipo de contrato con la Administración, decimos en este caso que tienen una relación especial, ya que se encuentran dentro de la Administración prestando sus servicios. Ejemplo: Ángeles trabaja en el Ministerio del Interior como administrativa; Luisa es arquitecta del Ayuntamiento de Talavera de la Reina; Julián es secretario de la Delegación de Hacienda en Palencia. Todos ellos son administrados cualificados, ya que trabajan para algún organismo público.

Saber más

Capacidad de obrar ante las Administraciones Públicas

Todos los administrados deben tener capacidad de obrar ante las Administraciones públicas, es decir, disponer de la facultad reconocida por las normas administrativas para actuar personalmente, ejercitando sus derechos ante la Administración. Tienen esta capacidad de obrar, además de las personas que la ostenten con arreglo a las normas civiles, los menores de edad para el ejercicio y defensa de sus derechos e intereses (cuya actuación esté permitida por el ordenamiento jurídico administrativo sin la asistencia de la persona que ejerza la patria potestad, tutela o curatela), salvo los menores incapacitados, cuando la extensión de la incapacitación afecte al ejercicio y defensa de los derechos e intereses de que se trate; asimismo, cuando la ley lo declare expresamente, tendrán capacidad de obrar los grupos de afectados, las uniones y entidades sin personalidad jurídica y los patrimonios independientes o autónomos.

Saber más

Algunos autores distinguen **administrados simples «gravosos»**, cuando la relación con la Administración les es perjudicial (pago de impuestos, por ejemplo) y **administrados simples «satisfactorios»,** para los que el vínculo es favorable (por ejemplo, al obtener una licencia para abrir un negocio).

Caso práctico resuelto

Leticia es la directora de XAM, una empresa de *software*, la cual vende sus productos al Ayuntamiento de su ciudad. Además, instala los programas, revisa los ordenadores y realiza el mantenimiento de estos. Carlos, a su vez, trabaja en el Ayuntamiento como administrativo, es funcionario de carrera, desde hace un par de años que superó el concurso-oposición al que se presentó. En esa misma ciudad vive Rocío, presidenta de la ASOCIACIÓN DE MEDIO AMBIENTE BARRIO SUR. Rocío es muy amiga de José, empadronado también en la misma ciudad, pero trabaja en un pueblo cercano.

Si nos fijamos, podemos encontrar cuatro personas físicas y dos personas jurídicas. Leticia, Carlos, Rocío y José son personas físicas y la empresa XAM y la ASOCIACIÓN DE MEDIO AMBIENTE DEL BARRIO SUR son personas jurídicas, como ya hemos estudiado en unidades anteriores. Pero Carlos y la empresa XAM tienen algún tipo de contrato o prestación de servicios con una Administración pública que es, en este caso, el Ayuntamiento, por lo tanto, son administrados cualificados; mientras que la Asociación y José, que no prestan servicios a ninguna Administración pública, son administrados simples.

	Simple	Cualificado
Persona física	Leticia, Rocío y José	Carlos
Persona jurídica	Asociación de Medio Ambiente Barrio Sur	XAM

Saber más

Derecho a la representación

La representación es un derecho reconocido en el artículo 5 de la Ley 39/2015, de 1 de octubre. Todo administrado puede tener un representante que ejerza los términos de su potestad ante la Administración, por ejemplo, un gestor para presentar los impuestos en nuestro nombre.

No se debe confundir con el representante legal necesario en los casos de incapacidad.

Saber más

La Ley 39/2015, de 1 de octubre, de Procedimiento Administrativo Común de las Administraciones Públicas, derogó y sustituyó a la anterior Ley 30/1992, de 26 de noviembre, de Régimen Jurídico de las Administraciones Públicas y del Procedimiento Administrativo Común (LRJPAC).

Visita la siguiente web para conocer el texto completo de la norma de 2015:

- <www.boe.es/buscar/act.php?id=BOE-A-2015-10565>.

Actividades

1. Clara trabaja como técnico de mantenimiento en el Ayuntamiento, y su marido Pablo es cocinero en el restaurante de comida mediterránea MAR Y OLAS. La dueña de MAR Y OLAS es Carlota, cuyo marido es José Luis, que trabaja como técnico de limpieza del Ayuntamiento en el que presta sus servicios profesionales Clara.

   Explica qué tipo de administrados son y si se trata de personas físicas o jurídicas.

2. Imagina que Diana es la presidenta y representante de la ASOCIACIÓN EN CONTRA DEL MALTRATO ANIMAL de tu municipio. Si Diana debe solicitar una subvención a la Administración, ¿lo hará como administrada simple o cualificada? Si, además, esta persona trabaja para la Diputación provincial y debe devolver parte de su nómina, ya que le pagaron más de lo que correspondía por un error que no le es imputable, ¿actuará como administrada simple o cualificada? Razona todas tus respuestas.

1.2. Derechos y deberes de los administrados

La Constitución española de 1978, en su título I: De los derechos y deberes fundamentales, explica los derechos y deberes de toda persona física en relación a su dignidad, autonomía, libertad y privacidad, entre otros aspectos, pero es la Ley 39/2015, de 1 de octubre, del Procedimiento Administrativo Común de las Administraciones Públicas, en su artículo número 13, la que regula los **derechos** de las personas en sus relaciones con las Administraciones públicas:

- Comunicarse con las Administraciones públicas a través de un punto de acceso general electrónico de la Administración.
- Ser asistidos en el uso de medios electrónicos en sus relaciones con las Administraciones públicas.
- Utilizar las lenguas cooficiales en el territorio de su comunidad autónoma.
- Ser tratados con respeto y deferencia por las autoridades y empleados públicos, que han de facilitarles el ejercicio de sus derechos y el cumplimiento de sus obligaciones.
- Exigir las responsabilidades de las Administraciones públicas y autoridades, cuando corresponda legalmente.
- Obtener y utilizar medios de identificación y firma electrónica.
- Derecho a la protección de datos de carácter personal, en particular a la seguridad y confidencialidad de los datos que figuren en los ficheros, sistemas y aplicaciones de las Administraciones públicas.
- Cualesquiera otros que les reconozcan la Constitución y las leyes.

Los **deberes**, por el contrario, se recogen en varios artículos de la citada ley. Entre otros muchos, podemos citar los siguientes:

- Los administrados están obligados a proporcionar a la Administración informes, inspecciones y otros actos de investigación, salvo excepciones.
- Los administrados que conozcan datos identificativos de otros interesados que no hayan comparecido en un procedimiento deben proporcionar esa información a la Administración.
- Los administrados están obligados a presentar documentos veraces y, en caso de que la Administración requiera el documento original, tendrán que presentarlo.
- Los administrados están obligados a cumplir los plazos que se establezcan en cada procedimiento. Cuando el plazo se exprese en días, sin especificar nada más, se entenderán días hábiles, excluyendo los sábados, domingos y festivos. Si se especifica el plazo en días naturales computarán todos los días de la semana sin excepciones.
- Una vez dictada la resolución correspondiente, el administrado tiene el deber de cumplir lo que se exprese en la resolución, exceptuando los casos en los que se interponga un recurso.

Vocabulario

Copia compulsada: en ocasiones, a la hora de entregar documentos a las Administraciones para formalizar un determinado trámite, nos piden una copia compulsada de algún documento, es decir, la copia de un documento sellada por un empleado con potestad para ello, el cual asegura su autenticidad comparándola con el original.

Actividades

3. De las siguientes frases marca cuáles son derechos y cuáles deberes de los administrados:

a) Proporcionar a la Administración los documentos que sean requeridos.

b) Comunicarse con la Administración a través de un punto de acceso general electrónico.

c) Obtener y utilizar medios de identificación y firma electrónica.

d) Información pública, archivos y registros.

e) Proporcionar datos de otros interesados no comparecidos en un procedimiento.

f) Utilizar la lengua oficial de la comunidad de la que se trate.

2. El acto administrativo

2.1. Clasificación

En las unidades anteriores hemos estudiado a las Administraciones públicas desde su nivel más amplio, Europa, hasta los municipios y su organización administrativa básica. En el primer punto de esta unidad hemos hecho una aproximación a aquellas personas que pueden tener algún tipo de relación con las Administraciones públicas, por lo que ya conocemos las partes que pueden intervenir en los actos administrativos. A continuación vamos a clasificar estos actos para, posteriormente, poder estudiar cómo es el procedimiento en cuya virtud se dictan actos administrativos que inciden directamente en la esfera jurídica de los administrados.

Esta clasificación ha sido realizada por el jurista Fernando Garrido Falla:

Saber más

Fernando Garrido Falla (Granada, 1921-2003) fue un jurista que, junto con otros como Eduardo García de Enterría, es considerado *padre* de la ciencia jurídica pública española.

- **Actos administrativos**
  - **Por la extensión de sus efectos**
    - Generales: Cuando los efectos afectan a un grupo de administrados indeterminados.
    - Concretos: Cuando afectan a administrados concretos.
  - **Por la posibilidad de su fiscalización**
    - Impugnables: Puede ser recurrido.
    - Inimpugnables: No puede ser recurrido (excepto la revisión).
  - **Por el tipo de facultades ejercitadas**
    - Discrecionales: El acto administrativo no está regulado.
    - Reglados: El acto administrativo está reglado por una ley o similar.
  - **Por los sujetos que intervienen**
    - Simples: Solo interviene un órgano administrativo.
    - Complejos: Interviene más de un órgano administrativo.
  - **Por sus efectos**
    - Definitivos: Ponen fin a un procedimiento.
    - De trámite: Impulsan el procedimiento pero no resuelven el fondo del asunto.

2.2. Procedimiento administrativo

El **procedimiento administrativo** es el conjunto ordenado de trámites y actuaciones formalmente realizadas, según un cauce legalmente previsto, para dictar un acto administrativo o expresar la voluntad de la Administración.

2.2.1. Inicio

Un procedimiento administrativo puede iniciarse de dos modos diferentes:

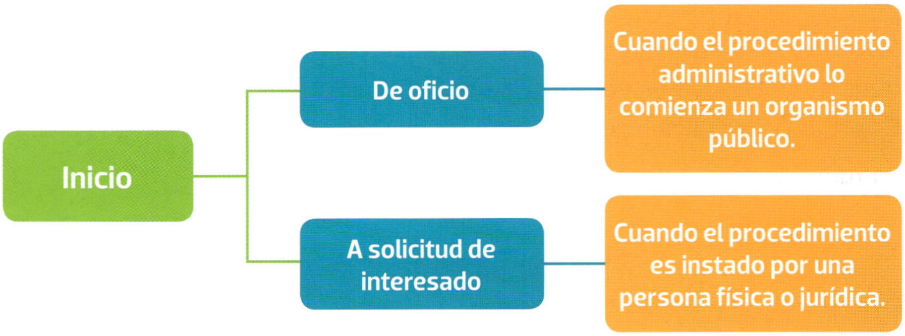

Hay dos formas de incoar o iniciar un procedimiento administrativo en función de quién comience el primer trámite.

- **Incoación de oficio.** Si lo empieza un organismo o institución pública, el inicio es de oficio. El organismo puede iniciarlo por voluntad propia o por imperativo de un organismo superior; además, dicho organismo puede abrir una investigación antes de comenzar el trámite para conocer los datos del caso concreto.
- **Incoación a solicitud del interesado.** No es ningún organismo público el que inicia el trámite, sino una persona física o jurídica. En la solicitud debe aparecer: nombre y apellidos del interesado (y, en su caso, quien lo represente); identificación del medio electrónico o, en su defecto, lugar físico en que desea que se practique la notificación; hechos, razones y petición; lugar y fecha; firma del solicitante o acreditación de su voluntad expresada por cualquier medio; y órgano, centro o unidad administrativa a la que se dirige.

2.2.2. Ordenación del procedimiento

Una vez que el interesado ha iniciado el trámite, este se impulsará de oficio, es decir, el interesado no debe realizar ningún otro trámite, excepto si la Administración lo requiere.

El procedimiento se materializa en un **expediente administrativo**, que puede definirse como el conjunto ordenado de los documentos y actuaciones que sirven de antecedente y fundamentan la posterior resolución, así como las diligencias encaminadas a ejecutarla.

Este expediente tiene formato electrónico, y se forma mediante la agregación ordenada de documentos, pruebas, dictámenes, informes, notificaciones, diligencias, etc., y un índice numerado de todos los documentos que contenga cuando se remita.

Cada trámite queda ordenado según se haya iniciado, con el fin de impulsar la celeridad de todos ellos para que se resuelvan lo antes posible. Solo en casos concretos y de determinada urgencia se adelanta el procedimiento de un trámite posterior: para ello un organismo público debe justificar su urgencia.

Vocabulario

Incoar: comenzar un procedimiento, pleito, expediente u otra actuación oficial.

Saber más

Incoación a solicitud de interesado

Cuando hablamos de un **inicio a solicitud del interesado** o de persona interesada en el procedimiento administrativo, entendemos el término *persona* como 'persona física o jurídica'.

Vocabulario

Es importante que no se confundan las *alegaciones* con las *pruebas*, aunque en muchos casos van unidas.

Las **alegaciones** son justificaciones que el interesado expone a la Administración.

Las **pruebas** son medios que acreditan los hechos pretendidos (entre ellas, los documentos, informes, datos que se pueden contrastar, etc.) y cuya valoración se realizará de acuerdo con los criterios establecidos en la Ley de Enjuiciamiento Civil.

2.2.3. Instrucción del procedimiento

En esta fase, el órgano público interesado en el procedimiento realiza las comprobaciones necesarias para conocer y autentificar los datos antes de tomar una decisión para resolver el procedimiento. Distinguimos en la instrucción:

- **Actos de instrucción.** Son todos los necesarios para la determinación, conocimiento y comprobación de los hechos sobre los que debe pronunciarse la resolución. Se realizarán de oficio y a través de medios electrónicos, por el órgano que tramite el procedimiento, sin perjuicio del derecho de los interesados a proponer actuaciones.
- **Alegaciones.** Los interesados en el acto administrativo pueden realizar tantas alegaciones como consideren oportunas, siempre antes del trámite de audiencia. También pueden alegar defectos de tramitación, entre otros extremos.
- **Pruebas.** Las pruebas que los interesados entreguen en esa fase deben ser contrastables y demostrables, aplicándose en su valoración los criterios de la Ley de Enjuiciamiento Civil. El instructor del procedimiento solo podrá rechazar las pruebas si estas son innecesarias o improcedentes, mediante resolución motivada. Cuando el instructor no tenga claros los hechos, acordará un periodo de prueba (entre 10 y 30 días), y cuando se estime necesario puede acordarse otro periodo extraordinario de prueba (no superior a 10 días).
- **Informes.** Se solicitarán los informes que sean preceptivos por disposición legal, y los que se juzguen necesarios para resolver. Salvo disposición expresa en contrario, estos informes son facultativos y no vinculantes.
- **Trámite de audiencia.** Antes de redactar la propuesta de resolución, se permitirá la audiencia a los interesados, que podrán alegar y presentar los documentos y justificaciones que estimen pertinentes. Este trámite no será necesario cuando no figuren ni sean tenidos en cuenta en la resolución otros hechos, ni alegaciones o pruebas excepto los aducidos por el interesado.

Caso práctico resuelto

Manuel y María quieren montar una empresa de reciclaje de residuos tóxicos. Para ello necesitan la aprobación de su Ayuntamiento, que les conceda una licencia para poder comenzar con su actividad. En este caso los interesados (administrados) son Manuel y María, y el órgano competente, el Ayuntamiento de su localidad. El procedimiento es incoado por petición de persona interesada, ya que son Manuel y María los que lo inician solicitando la licencia.

Su solicitud se sella y se entrega a Marta, la persona encargada de tramitar las licencias en este Ayuntamiento. Tras la ordenación, en fase de instrucción Marta revisa las alegaciones y pruebas que los interesados han entregado, la viabilidad del proyecto técnico y demás documentación, el impacto económico que tendría en el municipio, etc.

Marta, ante el impacto medioambiental que podría tener una empresa así en su localidad, pide un informe a expertos en medioambiente para que detallen los posibles riesgos y beneficios de la nueva industria, y solicita la correspondiente información urbanística.

Una vez valorados informes y documentación, y transcurrido el plazo para presentar nuevas alegaciones y pruebas (si no llegan a realizarse), Marta dictará su propuesta de resolución.

Saber más

Terminación convencional

Las Administraciones públicas podrán celebrar acuerdos, pactos, convenios o contratos con personas tanto de derecho público como privado, siempre que no sean contrarios al ordenamiento jurídico ni versen sobre materias no susceptibles de transacción y tengan por objeto satisfacer un interés público, pudiendo tener tales actos la consideración de finalizadores de los procedimientos administrativos o insertarse en los mismos con carácter previo, vinculante o no, a la resolución que les ponga fin.

2.2.4. Finalización del procedimiento

Cuando hablamos de la finalización de un procedimiento, todos esperamos una respuesta concreta; en el caso práctico anterior, todos esperaríamos que Marta propusiese al órgano resolutorio competente la concesión de la licencia para abrir la fábrica a María y Manuel o recomendase lo contrario y, por tanto, Manuel y María no podrían crear su empresa en ese municipio.

Sin embargo, existen otros motivos por lo que se considera finalizado el procedimiento, sin necesidad de pronunciarse afirmativa o negativamente ante una pregunta como la del ejemplo. Vamos a estudiar todos los motivos por los que el procedimiento puede darse por finalizado.

Vocabulario

Desistimiento: abandono del acto administrativo en cuestión sin la renuncia de volver a tramitarlo en un futuro.

Renuncia: abandono de los derechos que el titular tiene sobre dicho acto: por lo tanto, no se podrá retomar en el futuro.

Muchos autores identifican únicamente dos formas de finalización del procedimiento:

- La forma **normal**, que no es otra que la resolución, más habitual.
- La forma **anormal**, que es la que se da en el resto de casos, entre los que incluiríamos el desistimiento, la renuncia y la caducidad.

El silencio administrativo en este caso se considera una resolución, pero expresada negativamente mediante el silencio.

A continuación pasamos a desarrollar las cuatro formas de finalización del procedimiento.

- **Resolución.** La Administración pública da una respuesta a cada uno de los interrogantes planteados por los interesados y justifica cada una de las cuestiones que derivan del procedimiento. Las respuestas deben ser concretas y justificadas. En ocasiones la Administración no contesta, pero su silencio puede interpretarse como una respuesta. Profundizaremos en ello más adelante.
- **Desistimiento y renuncia.** El interesado podrá desistir de su solicitud o renunciar a sus derechos en cualquier momento, salvo que la ley lo prohíba, dando por terminado el procedimiento en aquella fase en la que se encuentre. Si hay varios solicitantes, el desistimiento o renuncia solo causará efectos en aquellos interesados que firmen la renuncia.
- **Caducidad.** Únicamente en los casos en los que el procedimiento haya sido iniciado por petición del interesado, si este paraliza el procedimiento, por ejemplo, porque la Administración le exija documentación y este no la presente (es decir, por una causa que le sea imputable), se abrirá un plazo de tres meses desde la advertencia de la Administración en los cuales, si el interesado no ha realizado actuaciones para reiniciar el procedimiento, este se dará por finalizado. Contra la resolución cabe recurso.
- **Silencio administrativo.** En ocasiones la Administración no da una respuesta, es lo que denominamos *silencio administrativo*. Pero si la Administración no nos responde, ¿habrá sido aceptada o denegada nuestra solicitud? Para poder responder a esta pregunta tenemos que conocer los dos tipos de silencio administrativo que existen.

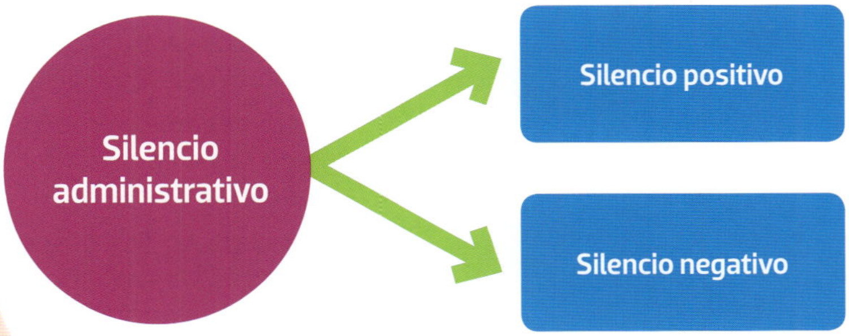

Actividades

4. ¿Qué diferencia hay entre un *acto administrativo impugnable* y otro *inimpugnable*? Pon ejemplos.
5. El inicio del procedimiento administrativo puede darse de dos formas. ¿Qué diferencias hay entre ellas? ¿Pueden utilizar los administrados una u otra según su conveniencia?
6. Nombra a qué elemento de la instrucción del procedimiento administrativo corresponde cada una de las siguientes circunstancias:
   a) Deben ser contrastables y demostrables.
   b) Antes de la finalización del procedimiento se abre un plazo para que el interesado pueda presentar algún documento si lo considera necesario.

   ¿Qué otros aspectos de la instrucción no se han descrito en estas afirmaciones? Explica en qué consisten.

Recuerda

Silencio administrativo

Es de vital importancia que todos los ciudadanos conozcan los silencios administrativos y en qué casos se dan, ya que si la Administración no les contesta, ¿cómo saben si su solicitud ha sido aprobada o no? Para ello debemos recordar el silencio positivo con carácter general, y las excepciones de silencio negativo plasmadas en la Ley 39/2015, de 1 de octubre, estudiadas en esta unidad.

Distinguiremos, a estos efectos:

1. **Procedimientos iniciados a solicitud del interesado**

- Del artículo 24.1 de la Ley 39/2015, de 1 de octubre, se desprende que el silencio administrativo debe entenderse **positivo** en todos los casos, excepto en los supuestos en que una norma con rango de ley o una norma de derecho de la Unión Europea o de derecho internacional aplicable en España establezcan lo contrario.

  Decimos que el silencio positivo se da cuando tras el plazo previsto sin obtener una respuesta por parte de la Administración, el procedimiento se entiende como estimatorio, es decir, que la petición ha sido aceptada.

- El silencio **negativo** supone todo lo contrario: si tras el plazo previsto la Administración no ha notificado su resolución, la petición se entenderá desestimada. Ocurre en los siguientes casos, según el mismo precepto legal:
  - Procedimientos de ejercicio del derecho de petición (artículo 29 de la Constitución).
  - Aquellos cuya estimación tuviera como consecuencia que se transfirieran al solicitante o a terceros facultades relativas al dominio público o al servicio público, impliquen el ejercicio de actividades que puedan dañar el medioambiente.
  - Procedimientos de responsabilidad patrimonial de las Administraciones Públicas.
  - Procedimientos de impugnación de actos y disposiciones.
  - Procedimientos de revisión de oficio iniciados a solicitud de los interesados.

2. **Procedimientos iniciados de oficio**

En estos casos, el transcurso del plazo no exime a la Administración de su obligación de resolver, distinguiéndose (artículo 25.1 de la Ley de 2015):

- **Silencio negativo:** procedimientos de los que pudiera derivarse el reconocimiento o la constitución de derechos u otras situaciones jurídicas favorables.
- **Caducidad:** en los procedimientos en que la Administración ejercite potestades sancionadoras o de intervención, susceptibles de producir efectos desfavorables o de gravamen.

Caso práctico resuelto

Concepción y Manolo se han comprado una casa. La vivienda necesita alguna mejora, por lo que deciden reformar el baño y la cocina. La empresa de reformas les informa que necesitan una licencia para realizar la obra y, además, otra para ocupar la calle con contenedor de escombros, de modo que los obreros puedan depositar los azulejos viejos y materiales desechables. La pareja realiza ambas peticiones al Ayuntamiento. Transcurrido el plazo previsto, Concepción y Manolo no reciben respuesta alguna. ¿Qué significa eso? Vamos a analizarlo.

En la primera petición, solicitaban licencia para realizar una obra en el interior de su casa. En este caso el silencio administrativo es positivo: como no se ha recibido una respuesta, el silencio se entiende estimatorio y sí pueden realizar la obra.

En la segunda, solicitaban la instalación de un contenedor en la calle. La petición afecta a la vía pública y a los vecinos que no podrán aparcar en el lugar que ocupe el contenedor (es decir, la estimación supondría la trasferencia de facultades relativas al dominio público o al servicio público): en ese caso, la falta de respuesta es desestimatoria. El silencio administrativo es negativo y se entiende que no se ha conseguido el acto administrativo solicitado.

2.2.5. Ejecución del procedimiento

Después de una resolución deben cumplirse las exigencias que en esta se detallen. Diferenciaremos las siguientes formas de ejecutar dicha resolución:

Ejecución forzosa		
	Apremio sobre el patrimonio	Obligación del interesado de pagar una cuantía líquida a la Administración.
	Ejecución subsidiaria	Cuando la ejecución puede realizarse por un tercero en lugar del obligado.
	Multa coercitiva	En los casos que se estime oportuno puede fijarse una sanción reiterada por plazos.
	Compulsión sobre las personas	Obligar al interesado a realizar las actuaciones que el acto administrativo ordene en su resolución.

Caso práctico resuelto

Juan aparcó su coche en un lugar prohibido, ya que no vio la señal de tráfico correspondiente. Si Juan no paga la multa correspondiente a Tráfico, este iniciará un procedimiento administrativo en el que se podrá, incluso, llegar a embargar la nómina o algún bien para cancelar la deuda. Sería una ejecución por «apremio sobre el patrimonio».

Clara es propietaria de una vivienda en Reinosa (Cantabria) y ha realizado una serie de obras de ampliación que afectan, ilegalmente, a las zonas comunes de su urbanización. Tras el correspondiente expediente administrativo, se acuerda que Clara debe demoler toda la obra nueva. Se niega a hacerlo y el Ayuntamiento decide demoler a través de una empresa concesionaria. Es una «ejecución subsidiaria», ya que la resolución la impone en nombre del obligado. Posteriormente, se reclamará a Clara el importe de los gastos, daños y perjuicios causados por su negativa.

José reside en el municipio de Poblete (Ciudad Real). Tras estudiar el estado de las fincas de la localidad, se ha decidido incoar un procedimiento administrativo que se resuelve obligando a los propietarios de aquellas a que las conserven en buen estado. Para ello se acuerda que residentes como José, que no obedecen la ordenanza municipal, deben pagar una multa de 300 € de forma acumulativa: su desobediencia supondría otra multa, así hasta que se cumpla la ordenanza o, en este caso concreto, hasta un máximo de diez sanciones acumuladas, calculando un periodo de tiempo suficiente para cumplir con la limpieza y conservación de la finca en cuestión. Es una ejecución *mediante multa coercitiva.*

Julia es la directora del centro médico especializado en epidemias en la zona norte del país. Debido a un caso especialmente grave, realiza un estudio con su equipo y determinan que lo mejor es vacunar a toda la población. El equipo de Julia no puede obligar a los ciudadanos a vacunarse, por lo que es necesario que algún organismo con potestad para ello lo haga: en nuestro caso, la Administración a través de los centros de salud. La Administración, después de haber estudiado el caso y, por tanto, el procedimiento administrativo, dicta su resolución: «Deben vacunarse todos los ciudadanos de la zona afectada». En este caso la resolución reviste una naturaleza de «compulsión sobre las personas»: es decir, se les obliga a vacunarse, incluso por la fuerza y, en consecuencia, podrán acudir las fuerzas y cuerpos de seguridad a buscar a la persona que no obedezca y obligarle a vacunarse, si bien es verdad que la fuerza se utiliza únicamente en casos de extremada urgencia.

Vocabulario

Multa coercitiva: medio de ejecución que consiste en la imposición de multas pecuniarias reiteradas en el tiempo hasta doblegar la voluntad del obligado para cumplir el mandato del acto administrativo. Por ejemplo, se acuerda pagar una multa de 200 € que se incrementará en 70 € más cada mes incumplido, hasta que se logre la completa ejecución.

Vocabulario

Vicio: decimos que algo contiene un vicio o está viciado cuando adolece de un defecto, un error o una falta. En el caso de los actos administrativos los vicios pueden ser de fondo (no se ha tenido en cuenta la ley o se ha incumplido) o de forma (el procedimiento no se ha realizado con los requisitos que estipula la ley).

2.3. Actos recurribles y no recurribles

En primer lugar es necesario definir lo que es un **recurso**, que no es más que la posibilidad que tiene un administrado de pedir a la Administración la revisión o revocación de la resolución que haya dictaminado el órgano público competente.

Los **actos recurribles** son aquellos que tienen algún «vicio» y, por tanto, pueden ser nulos o anulables.

En el artículo 115 de la Ley 39/2015, de 1 de octubre, del Procedimiento Administrativo Común de las Administraciones Públicas, se establecen los datos necesarios para interponer un recurso, que entre otros son: nombre y apellidos del recurrente, así como la especificación del acto que se va a recurrir y la fecha y lugar donde se interpone dicho recurso.

En el capítulo III del título III de la citada ley se especifican las características de los actos nulos y anulables.

- **Nulos.** Son actos nulos de pleno derecho aquellos que...
  - Lesionen derechos y libertades susceptibles de amparo constitucional.
  - Los dictados por algún órgano incompetente por razón de la materia o del territorio.
  - Los que tengan un contenido imposible.
  - Los constitutivos de infracción penal o que se dicen como consecuencia de esta.
  - Los dictados prescindiendo del procedimiento.
  - Los actos expresos o presuntos contrarios al ordenamiento jurídico por los que se adquieren facultades o derechos cuando se carezca de los requisitos esenciales para su adquisición.
  - Otros que se fijen por una norma con rango de ley.

  También son nulas las disposiciones administrativas que vulneren la Constitución, las leyes u otras disposiciones administrativas de rango superior, las que regulen materias reservadas a la ley, y las que establezcan la retroactividad de disposiciones sancionadoras no favorables o restrictivas de derechos individuales.
- **Anulables.** Son anulables los actos de la Administración...
  - Que incurran en cualquier infracción del ordenamiento jurídico.
  - Si se da un defecto de forma, cuando el acto carezca de los requisitos formales imprescindibles para que se lleve a cabo.
  - Cuando sean actuaciones administrativas fuera del tiempo establecido, pero solo si así se desprende de la naturaleza del término o plazo.

Actividades

7. Carlos es el propietario de un edificio en el centro de un municipio de Salamanca. El edificio se halla en muy mal estado y un vecino interpone una denuncia en el Ayuntamiento para que lo arreglen, pues tiene miedo de posibles desprendimientos que causen graves daños a edificios colindantes e incluso a personas. El Ayuntamiento ordena un estudio de los hechos y decide abrir un procedimiento administrativo para que el propietario presente las pruebas que considere y se acuerde finalmente obligar o no a Carlos a remodelar el edificio.

Intenta explicar a Carlos las fases del procedimiento y las posibles formas en las que puede terminar el procedimiento.

8. Explica las diferencias que existen entre una *multa* y una *multa coercitiva*.

9. ¿Cuándo caduca un procedimiento administrativo?

Es muy importante diferenciar los efectos que hacen que un acto sea nulo o anulable. La nulidad de un acto se extiende desde el momento de su inicio, y puede declararse tal nulidad en cualquier momento (incluso aunque el plazo correspondiente ya haya concluido), y dejándose sin efectos todo lo que hubiera nacido de la resolución de ese acto. Sin embargo, un acto anulable es válido hasta que se confirme la anulabilidad, y se limita a un plazo de cuatro años para solicitar su declaración.

Los **actos no recurribles** son aquellos que, a grandes rasgos, no cuentan con ningún vicio, ni de fondo ni de forma y, por tanto, son actos con resolución en firme que no pueden ser recurridos, excepto, por revisión es decir, acogerse a unos trámites que revisan el acto pero no se formalizan mediante un recurso.

Caso práctico resuelto

Fernando y María tenían unas tierras donde se descubrió una pequeña mina; tras un proceso administrativo aquellas les fueron expropiadas, y se permitió a una empresa privada su explotación. Imaginemos varias opciones:

Caso A: Fernando y María interponen un recurso dentro de los cuatro años siguientes a la notificación de la expropiación. Si el recurso dictamina que el acto es anulado, en ese caso Fernando y María recuperan sus tierras; sin embargo, no pueden reclamar el mineral extraído durante ese tiempo, ya que el acto fue válido, pero no se realizó de la forma adecuada.

Caso B: Fernando y María presentan un recurso después de transcurridos cuatro años desde la notificación de la expropiación, en el que aluden un defecto de forma leve dentro del procedimiento. A pesar de tener razón sobre el fondo del asunto, el acto administrativo ha caducado, por lo que aquellos no podrán recuperar sus tierras; el acto, o sea, la expropiación se considera válida.

Caso C: Fernando y María interponen un recurso, esta vez porque el órgano resolutorio prescindió absolutamente del procedimiento legal. Estamos ante un caso de nulidad de pleno derecho y, por tanto, el recurso se puede interponer en cualquier momento, antes o después de la caducidad de la resolución. Y si finalmente la expropiación se declara nula, los interesados recuperarán sus tierras y, además, podrán pedir una indemnización por el mineral extraído durante ese tiempo: se entiende que el acto nunca tuvo validez.

3. La jurisdicción contencioso-administrativa

La **jurisdicción contencioso-administrativa** es un orden jurisdiccional integrado en el poder judicial, al que se encomienda por mandato constitucional el control jurisdiccional de la potestad de dictar actos por la Administración pública, y también de la potestad reglamentaria del Gobierno.

Su naturaleza no es otra que la de revisar la actuación administrativa previa: es decir, el agotamiento de un procedimiento administrativo es presupuesto procesal del ejercicio de las acciones que se contemplan en la Ley 29/1998, de 13 de julio, reguladora de la jurisdicción contencioso-administrativa: de este modo, se ofrece a los administrados la posibilidad de defender sus intereses en vía judicial.

Por ello, si, tras haber recurrido en vía administrativa un determinado acto administrativo, la resolución denegatoria es firme (o, en su caso, se constata el silencio administrativo negativo), el administrado puede acudir a los tribunales. En este caso, el administrado pone un **recurso contencioso-administrativo,** pero ya no ante la Administración sino ante un órgano del poder judicial.

Los órganos jurisdiccionales de este orden son los siguientes:

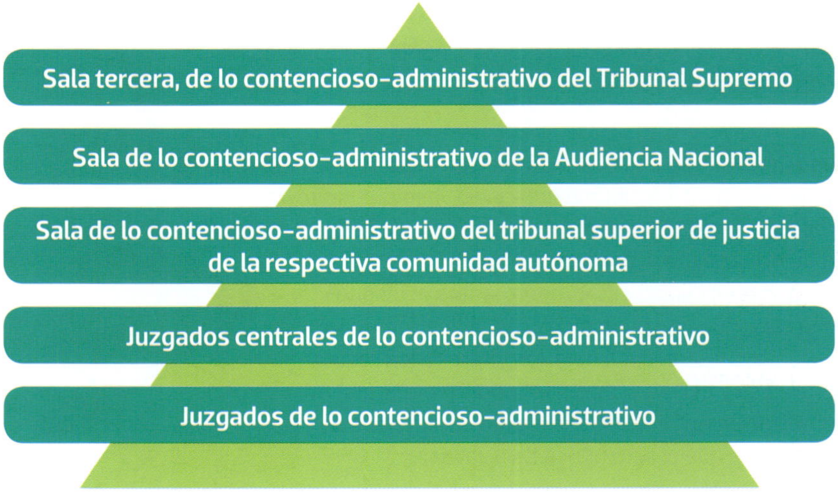

Saber más

Competencia funcional y territorial de la jurisdicción contencioso-administrativa

Cada uno de los niveles de la pirámide de lo contencioso-administrativo tiene asignado un ámbito de competencia funcional y territorial.

La competencia funcional viene determinada entre otras normas en la Ley 29/1998, de 13 de julio.

En cuanto a la competencia territorial, a grandes rasgos, podemos decir que los jugados de lo contencioso administrativo tienen competencias sobre una provincia, los juzgados centrales de lo contencioso-administrativo, sin embargo, tienen jurisdicción en todo el territorio del Estado.

La sala de lo contencioso-administrativo de los tribunales superiores de justicia ejerce su competencia en el territorio de su comunidad autónoma.

Y tanto la sala de lo contencioso-administrativo de la Audiencia Nacional como la sala de lo contencioso-administrativo del Tribunal Supremo tienen competencia sobre todo el territorio.

En estos procesos, el demandante debe solicitar a los tribunales que se revise una resolución de la Administración, para que se corrija la respuesta. Dicho demandante puede ser un administrado o un organismo público.

El procedimiento es muy sencillo:

- El demandante debe presentar por escrito y ante el tribunal correspondiente su recurso contencioso-administrativo, que debe recoger los siguientes puntos:
  - Citar la disposición, acto, inactividad o actuación constitutiva de vía de hecho que se impugne.
  - Solicitar que se tenga por interpuesto el recurso, acompañando la documentación que prescribe la Ley 29/1998, de 13 de julio.
- El secretario judicial reclamará el expediente a la Administración (que tiene obligación de enviarlo).

  Esta reclamación, además, equivale a emplazar a la Administración, que se entiende personada en el envío del expediente.
- Posteriormente, el recurrente formalizará la demanda y el demandado podrá contestarla.
- Practicada la prueba y, en algunos casos, celebrada una vista y presentadas conclusiones, se dictará sentencia a favor del interesado o de la Administración.

Juzgado de lo Contencioso-Administrativo n.° 2 y Real Oratorio, en la Gran Vía de Madrid. Fotografía: Benjamín Núñez González.

Actividades

10. Realiza un esquema donde expliques cómo son los actos administrativos según sean o no recurribles.

11. Di si los siguientes actos son nulos o anulables:

a) Cuando incurren en una infracción.

b) Los que dictaminen algo contrario a la ley.

c) Vulneran derechos constitucionales.

d) Se da un defecto de forma.

12. Explica en qué consiste la jurisdicción contencioso-administrativa.

PRÁCTICA PROFESIONAL INICIAL RESUELTA

Los cuatro procedimientos de Avelina

1. Identifica en cada uno de los casos que Avelina debe revisar qué tipo de interesado o administrado son Juan Manuel, Manuel Ángel, María Jesús y Verónica.

   Debemos recordar que existen dos tipos de interesados, los simples y los cualificados. Los interesados simples son aquellos que no prestan servicios para la Administración pública, mientras que los cualificados son los que sí prestan servicios para la Administración, bien porque trabajen para ella como funcionarios o personal laboral, o bien porque tienen algún tipo de contrato, proveedores o clientes, que les confiere una relación con la Administración.

   Por lo tanto, en los casos expresados el único administrado cualificado sería Juan Manuel, ya que es el único que, además de administrado, mantiene una relación estatutaria con la Administración, ya que trabaja como secretario en el Ayuntamiento.

   Sin embargo, el resto de interesados no tienen una relación estatutaria ni laboral con la Administración pública: su vinculación se debe al hecho de ser administrados. Por lo tanto, son interesados simples, ya que Manuel Ángel es ganadero, María Jesús es química en la mina de la zona y Verónica trabaja en la fábrica de pan.

2. ¿Cómo podríamos clasificar cada uno de los actos que Avelina tiene que resolver?

   El caso de Juan Manuel sería un acto administrativo concreto, impugnable, reglado, simple y definitivo.

   En el caso del acto interpuesto por Manuel Ángel, podríamos clasificarlo como concreto, impugnable, discrecional, simple y definitivo.

   El acto interpuesto por María Jesús será general, impugnable, discrecional, simple y definitivo.

   Por último, el acto interpuesto por Verónica será concreto, inimpugnable, reglado, complejo y definitivo.

Ayuntamiento de Barruecopardo (Salamanca). Fotografía: Antonio GarMi.

3. ¿Cómo se ha materializado el inicio de cada acto administrativo?

   Hay dos formas de iniciar un procedimiento administrativo: de oficio, cuando es la Administración pública la que lo comienza, a solicitud de interesado (es decir, a instancia de parte).

   En el caso de Juan Manuel y María Jesús, el procedimiento se inicia por solicitud de persona interesada, ya que son los administrados los que presentan la instancia: Juan Manuel pidiendo sus días libres y María Jesús solicitando la reparación de un edificio del municipio.

   Sin embargo, para Manuel Ángel y Verónica el procedimiento se inicia de oficio, ya que es el Ayuntamiento el que solicita a Manuel Ángel que vacune a sus ovejas y a Verónica que realice el pago del impuesto que debe.

4. ¿En qué fase del procedimiento administrativo se encuentra cada caso?

   El procedimiento administrativo consta de las siguientes fases:

   1º) La iniciación: fase en la que se encuentra el procedimiento de Juan Manuel.

   2º) La ordenación: no hay ningún procedimiento en el Ayuntamiento de Avelina en esta fase, la cual consiste en dar prioridad a los actos más urgentes.

   3º) La instrucción: fase en la que se encuentra el procedimiento de Manuel Ángel, ya que ha presentado las alegaciones y las pruebas, pero aún no se ha dado por finalizado el procedimiento, es decir, la Administración no ha realizado todos los actos de instrucción necesarios para la determinación, conocimiento y comprobación de los hechos en virtud de los cuales deberá pronunciarse la resolución. Además, es posible que la Administración tenga que solicitar informes para fundamentar su decisión.

   4º) La finalización: fase en la que se encuentra el procedimiento iniciado por María Jesús, en el que se ha dictaminado una resolución (también podría terminar el procedimiento por desistimiento, renuncia o caducidad, no siendo este el caso), pero aún no se ha ejecutado lo que dictamina la resolución.

   5º) La ejecución: fase en la que se encuentra el procedimiento de Verónica, ya que se ha dictaminado la resolución oportuna y se ha ejecutado mediante una multa coercitiva: es decir, aparte de pagar el impuesto, Verónica deberá pagar una multa que se incrementará en 100 € cada mes hasta que cancele la deuda. Las Administraciones públicas no pueden iniciar ninguna actuación material de ejecución de resoluciones que limiten los derechos de los particulares sin que previamente haya sido adoptada la resolución que le sirva de fundamento jurídico.

TEST DE EVALUACIÓN

RESUELVE EN TU CUADERNO O BLOC DE NOTAS

1. Los administrados cualificados son aquellos que...

a) No prestan servicios a la Administración pública.
b) Sí prestan servicios a la Administración pública.
c) Comienzan un procedimiento administrativo de oficio.
d) Comienzan un procedimiento administrativo a solicitud del interesado.

2. Es un derecho de los interesados...

a) Presentar a la Administración los documentos que esta les requiera.
b) Presentar informes oficiales como pruebas de sus alegaciones.
c) Iniciar los procesos administrativos.
d) Todas las anteriores son correctas.

3. Si tenemos en cuenta los efectos del acto administrativo, este puede ser...

a) Discrecional o reglado.
b) Simple o complejo.
c) General o concreto.
d) Definitivo o de trámite.

4. Cuando el procedimiento administrativo lo comienza una persona física o jurídica, decimos que es un inicio...

a) De trámite.
b) Simple.
c) A solicitud de interesado.
d) De oficio.

5. Las alegaciones, pruebas, informes e intervención del interesado en el procedimiento administrativo se realizan en la fase de...

a) Inicio.
b) Ordenación.
c) Instrucción.
d) Ejecución.

6. La caducidad en un proceso administrativo se produce cuando...

a) Pasa un año sin que el interesado reanude el procedimiento.
b) Pasa un año sin que el organismo correspondiente dictamine una resolución.
c) Pasan tres meses sin que el interesado reanude el procedimiento.
d) Pasan tres meses sin que el organismo correspondiente dictamine una resolución.

7. Decimos que existe silencio administrativo positivo, entre otros casos, en los casos en los que la Administración no dicta una resolución y...

a) Se refiere a un procedimiento relativo al ejercicio del derecho de petición.
b) Suponga un daño al medioambiente.
c) Se trate de un procedimiento de responsabilidad patrimonial de la Administración.
d) En todos los casos anteriores.

8. Cuando en la resolución se obliga al interesado a realizar un pago pecuniario (en dinero) a la Administración, decimos que ha habido una ejecución por...

a) Apremio sobre el patrimonio.
b) Ejecución subsidiaria.
c) Multa coercitiva.
d) Compulsión sobre las personas.

9. La diferencia entre un acto nulo y otro anulable consiste en que...

a) El acto nulo nunca surtió efecto y el anulable sí.
b) El acto nulo vulnera algún derecho constitucional mientras que el acto anulable incurre en alguna infracción.
c) El acto será nulo si dictamina algo contrario a la ley y anulable si tiene un defecto de forma.
d) Todas las respuestas anteriores son correctas.

10. Si el interesado ya no puede recurrir una resolución, la única vía que le queda es...

a) Acudir al Tribunal Superior de Justicia.
b) Acudir a la Administración General del Estado.
c) Acudir a la vía contencioso-administrativa.
d) Ninguna de las respuestas anteriores es correcta.

ACTIVIDADES FINALES

1. Indica qué tipo de administrados son las siguientes personas y justifica tu respuesta.

a) Mercedes, abogada trabajadora para la Diputación Provincial.

b) Miguel, trabajador de una empresa de limpieza.

c) Julia, estudiante de Medicina.

d) Juan, secretario del Ministerio de Economía.

2. Haz una tabla donde puedas colocar las siguientes frases en el lugar que correspondan, en función de si son derechos u obligaciones de los administrados.

a) Sara quiere conocer en qué fase se encuentra el trámite que interpuso hace un mes.

b) Elena quiere una copia sellada de los documentos que entrega como prueba en un procedimiento administrativo que le afecta.

c) Antonio entrega unos documentos que la Administración le requiere para llevar a cabo un trámite.

d) Alfonso desea conocer los pasos que debe seguir para poner un determinado recurso tras una resolución que no le resulta favorable.

3. Clara es la dueña de una tienda que desea pedir una licencia para ampliar su local, para ello ha decidido iniciar de oficio el correspondiente procedimiento administrativo. ¿Qué opinas de la decisión de Clara? Justifica tu respuesta.

4. Enumera las fases de un procedimiento administrativo.

5. Explica en qué consiste la fase de ordenación en un proceso administrativo.

6. ¿Cómo se llama la fase del procedimiento administrativo en que la Administración estudia todo lo aportado por el interesado para poder tomar una decisión? ¿Qué se puede llevar a cabo en dicha fase?

7. Explica la diferencia entre *desistimiento* y *renuncia*, pon un ejemplo.

8. Si la Administración no contestara con una resolución a las siguientes propuestas, ¿qué debería interpretar el administrado? Justifica tu respuesta.

a) Ilia quiere una plaza de aparcamiento en la vía pública cerca de su casa, ya que presenta una discapacidad.

b) Valentina ha solicitado una licencia para abrir un bar de copas.

c) Omar ha solicitado un permiso para realizar una obra en su oficina.

9. Interponemos una reclamación al Ayuntamiento por los daños causados por una caída debida al deficiente asfaltado de una vía pública. Si no recibimos contestación, ¿cómo entenderemos el silencio administrativo?

10. ¿Qué diferencia hay entre un *acto nulo* y otro *anulable*? ¿Puede un acto ser anulado y considerarse que nunca surtió efecto? Justifica tu respuesta.

11. ¿En qué casos no se puede recurrir un acto administrativo? ¿Podemos hacer algo para intentar que nos dicten una resolución favorable en dichos casos?

12. Di cuáles de los siguientes juzgados y salas tienen un ámbito de competencia autonómico, provincial o estatal: los juzgados de lo contencioso-administrativo, los juzgados centrales de lo contencioso-administrativo, la sala de lo contencioso-administrativo de los tribunales superiores de justicia, la Sala de lo contencioso-administrativo de la Audiencia Nacional y la Sala tercera, de lo contencioso-administrativo del Tribunal Supremo.

13. ¿Cómo definirías la jurisdicción contencioso-administrativa?

PRÁCTICA PROFESIONAL PROPUESTA 1

El restaurante de Jesús

Jesús ha comprado un local en el centro de una gran ciudad. Ha realizado un estudio de mercado y en la zona no hay ningún restaurante que prepare comida mediterránea, asados y guisos a un buen precio. La mayoría son restaurantes con unos precios muy elevados o de comida rápida.

Para poder comenzar su negocio debe realizar muchos trámites, como ya has estudiado en otras unidades de este libro: decidir el tipo de empresa que quiere montar, informarse sobre los impuestos que debe pagar, etc. Pero ahora está preocupado por las licencias que necesita: ha tenido que pedir una licencia para poner un restaurante en ese local; esa licencia ya se la han concedido y le han explicado las condiciones que debe tener el restaurante, como la presencia salidas de humos homologadas, la insonorización del local y el respeto a la normativa sobre horarios en los que el restaurante puede estar abierto.

Después de conseguir la licencia para iniciar el negocio quiere comenzar con la obra. Para ello necesita otra licencia; además, precisará colocar un andamio en la vía pública mientras reforme la fachada, ya que el local tiene varias plantas, y para ello también debe solicitar el correspondiente permiso al Ayuntamiento.

Por si fuera poco, Jesús acaba de enterarse de que también necesitará una licencia para instalar una terraza en la vía pública, trámite que inicia en el acto.

Después de unas semanas, Jesús se da cuenta de que la Administración aún no ha contestado a ninguna de sus peticiones. Decide ejercer su derecho a estar informado sobre el procedimiento, en el que es parte interesada, y le contestan que todos los procedimientos relativos a su negocio están en fase de ejecución.

Jesús decide recurrir el acto que deniega su licencia para instalar el andamio y reformar la fachada. Para ello presenta una serie de pruebas, documentales y periciales, en las que el reformista asegura la necesidad de montar el andamio para la correcta realización de la obra.

Mientras está realizando la obra, un amigo convence a Jesús para que pida una licencia de espectáculos; cree que el local recibirá más clientes si ofrece algún espectáculo de baile o monólogo al mismo tiempo que la gente cena en el restaurante, por lo que inicia un nuevo procedimiento para conseguirlo. Pero, poco después de haberlo pedido, se arrepiente porque cree que el público que asistirá a su restaurante consistirá fundamentalmente en familias y amigos que posiblemente quieran disfrutar de una agradable charla, sin atender a música o monólogos; además, tendría que adquirir un buen equipo de sonido, adecuar el escenario y colocar las mesas para que todo el público, desde cualquier posición, gozara de una buena visibilidad del escenario, lo cual implicaría poner menos mesas.

Esta decisión también supondría un menor margen de beneficio, ya que tendría que pagar a los artistas, lo que no sería rentable. Y si decidiese cobrar unos precios más altos, difícilmente conseguiría el mismo número de comensales dispuestos a pagarlos. Por ello, Jesús ve demasiados inconvenientes y decide cancelar esa petición. Tiene muy claro que va a renunciar a ese trámite, pero su amigo le aconseja que no lo haga: lo mejor sería desistir del proceso administrativo en cuestión.

Una vez terminada la obra, le llega una notificación por la que Jesús debe pagar 70 € por la licencia para colocar el andamio, en la que se añade que, debido a un problema con su banco, no pudo realizarse el abono. Por ello, ha sido sancionado con un apremio sobre el patrimonio de 45 €, además de los 70 € anteriores.

Se pide:

1. Analiza cada uno de los procedimientos que Jesús tiene abiertos con la Administración. ¿Qué significa que no haya recibido ninguna resolución? ¿Puede ser por el silencio administrativo? ¿Cuál es positivo y cuál negativo?
2. ¿Puede Jesús recurrir el acto administrativo para conseguir instalar el andamio? Justifica tu respuesta. En caso de que la Administración dé la razón a Jesús, ¿sería el acto nulo o anulable?
3. ¿Tiene razón el amigo de Jesús a la hora de aconsejarle el desistimiento en lugar de la renuncia? ¿Qué diferencias hay entre estas figuras? ¿Qué implicaciones tienen?
4. ¿Qué significa que sea sancionado por apremio del patrimonio? ¿Qué otros tipos de sanciones conoces?

PRÁCTICA PROFESIONAL PROPUESTA 2

De pesca

Inés Alburquerque Barrio, nacida en Granada el 29 de junio de 1968, después de estar trabajando como agente de bolsa y de soportar mucha presión, ha decidido relajarse los fines de semana, y para ello se ha aficionado a la pesca, que es una actividad que la relaja y permite disfrutar de la naturaleza. Pero no puede ir a pescar sin una licencia, ya que podrían multarla. Por eso, Inés decide iniciar el procedimiento administrativo que le permita conseguir dicha licencia.

Ayuda a Inés a rellenar la solicitud. Puedes descargarla en la siguiente dirección:

<www.madrid.org/ICMdownload/BIRU.pdf>.

Datos de Inés:

- DNI.: 48.758.319-N
- Domicilio: Plaza de la Paz, n.º 34, 2.º A – 28900 Madrid

Dirección General del Medio Ambiente

CONSEJERÍA DE MEDIO AMBIENTE, ADMINISTRACIÓN LOCAL Y ORDENACIÓN DEL TERRITORIO

Comunidad de Madrid

Etiqueta del Registro

SOLICITUD LICENCIA de CAZA o PESCA

1.- Datos del interesado:

NIF/NIE		Nombre					
Apellido 1				Apellido 2			
Fecha de Nacimiento				País			
Dirección	Tipo vía		Nombre vía			Nº	
Piso		Puerta		CP		Localidad		Provincia	
Fax		Teléfono Fijo		Teléfono Móvil			

2.- Datos de el/la representante:

NIF/NIE		Apellidos	
Nombre/Razón Social		Correo electrónico	
Fax		Teléfono Fijo		Teléfono Móvil	

3.- Medio de notificación:

- ○ Deseo ser notificado/a de forma telemática (sólo para usuarios dados de alta en el Sistema de Notificaciones Telemáticas de la Comunidad de Madrid)
- ○ Deseo ser notificado/a por correo certificado

Tipo de vía		Nombre vía		Nº					
Piso		Puerta		CP		Localidad		Provincia	

4.- Documentación requerida:

☐ Justificante de Pago Modelo 030	☐ Justificante de la exención, a mayores de 65, personas con discapacidad igual o superior al 33% y mayores de 60 beneficiarios del sistema público de pensiones. SOLO para licencia sólo autonómica

5.- Autorización a menores:

○ **El Padre /madre** ○ **El Tutor legal** cuyos datos figuran en el cuadro de Datos del Representante de la presente Solicitud DECLARA ser Tutor legal y AUTORIZA al solicitante menor de 18 años a obtener la licencia solicitada.	Lugar que ocupa el hijo en la descendencia Hijo (nº).	

6.- SOLICITUD

○ LA EXPEDICIÓN DE LA LICENCIA **AUTONOMICA** de PESCA ☐ CAZA SIN ARMA ☐ CON ARMA ☐ Vigencia ○ 1 ○ 2 ○ 3 ○ 4 ○ 5 años	○ LA EXPEDICIÓN DE LICENCIA **INTERAUTONOMICA** de ☐ PESCA ☐ CAZA
○ DUPLICADO DE LICENCIA ☐ PESCA ☐ CAZA	○ MODIFICACION DE DATOS ○ HISTORIAL

Página 1 de 2 Modelo: 614F1

EN RESUMEN

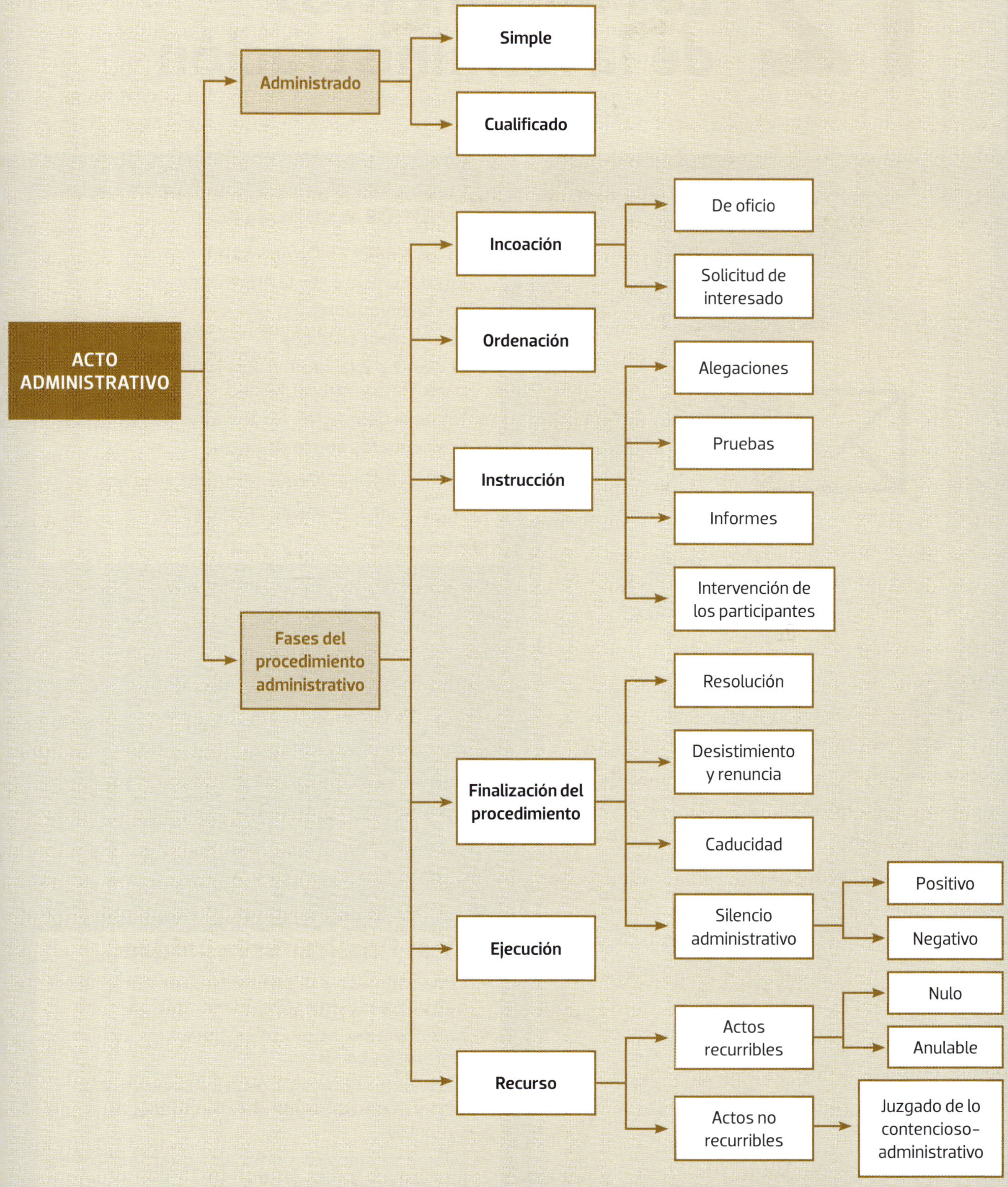
ACTO ADMINISTRATIVO
Administrado
Simple
Cualificado
Fases del procedimiento administrativo
Incoación
De oficio
Solicitud de interesado
Ordenación
Instrucción
Alegaciones
Pruebas
Informes
Intervención de los participantes
Finalización del procedimiento
Resolución
Desistimiento y renuncia
Caducidad
Silencio administrativo
Positivo
Negativo
Ejecución
Recurso
Actos recurribles
Nulo
Anulable
Actos no recurribles
Juzgado de lo contencioso-administrativo

12 Los documentos de la Administración

Vamos a conocer...

Y al finalizar esta unidad...

- Conoceremos los diferentes tipos de documentos que pueden existir en la Administración.
- Aprenderemos cómo se gestionan los archivos y registros públicos.
- Veremos la importancia de la información, la atención y la participación del ciudadano, así como sus límites.
- Diferenciaremos las principales características de un contrato administrativo.

Práctica profesional inicial

Situación de partida

Belén y Carlos quieren comprarse una vivienda. Después de comparar en diferentes inmobiliarias, por fin han encontrado un piso que se ajusta a sus necesidades. Es un piso pequeño, pero situado en una zona muy bonita, y sus actuales dueños lo han reformado hace poco, por lo que está en perfecto estado.

Antes de comprar el piso, han acudido al Registro de la Propiedad para identificar la vivienda y conocer sus datos reales, así como los de su propietario. Allí les atiende Francisco, que les explica que deben realizar la solicitud por escrito. Es preciso rellenar un cuestionario e identificarse para saber quién pide la información. Francisco les entrega una copia sellada de su solicitud y después procede a buscar en el archivo y darles una nota simple para que obtengan la información que buscaban (después de pagar la correspondiente tasa por el trámite).

Una vez que tienen la información y todo está correcto, Carlos, de acuerdo con el vendedor, pide cita en el notario para ir a firmar la escritura de compraventa por todas las partes implicadas, y finalmente tiene lugar el acto. ¡Belén y Carlos ya tienen casa!

Al cabo de unos días, Belén acude otra vez al Registro de la Propiedad para comunicar a la Administración que ahora los dueños de la vivienda son ellos. Esta vez va solamente Belén y le explica su situación a Francisco, que le comunica amablemente que debe presentar una copia autorizada de la escritura, un impreso de autoliquidación del impuesto correspondiente y el último recibo de IBI de la vivienda.

Se practica en el Registro un asiento de presentación que prevé la inscripción de la vivienda a nombre de Belén y Carlos en la misma situación registral de cargas existente en el momento de la firma de la escritura, y en unos días se materializa la inscripción.

Por último, se formaliza la inscripción de la transmisión en el catastro. Comunicada la operación al Ayuntamiento, por fin la casa aparece a nombre de Belén y Carlos. Ahora ya solo les falta decorarla.

Estudio del caso

1. ¿Es la nota simple que piden inicialmente un documento administrativo? En caso afirmativo, ¿cumple todas las características de estos?
2. ¿En qué consiste la nota simple?
3. ¿Dónde la clasificarías como documento administrativo?
4. ¿A qué tipo de archivo han acudido para solicitar la información?
5. En el ejemplo, identifica las funciones de la oficina de registro.
6. ¿Tienen derecho Belén y Carlos a pedir ese tipo de información? ¿De qué tipo es?
7. ¿Ha sido correcta la atención al ciudadano por parte del funcionario del Registro de la Propiedad?

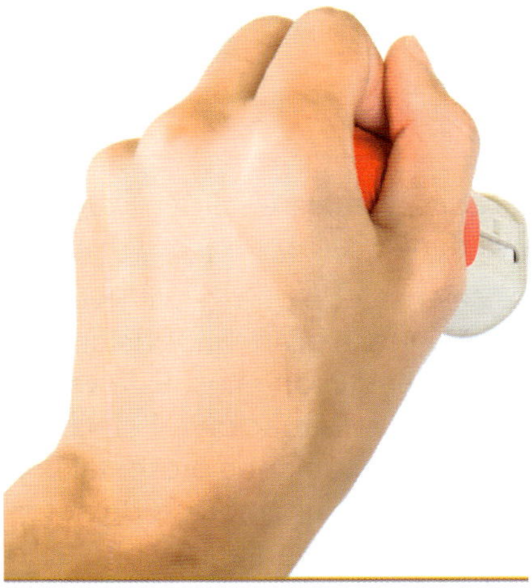

Navega

Para saber más sobre los documentos administrativos puedes visitar la siguiente página web, donde podrás conocer algunos datos sobre su papel dentro de la actividad administrativa:

- <http://bit.ly/2mWINdF>

1. Los documentos en la Administración

Los documentos administrativos son primordiales en las actuaciones de los organismos públicos, pues todo queda reflejado en ellos. Los documentos administrativos tienen primordialmente dos funciones:

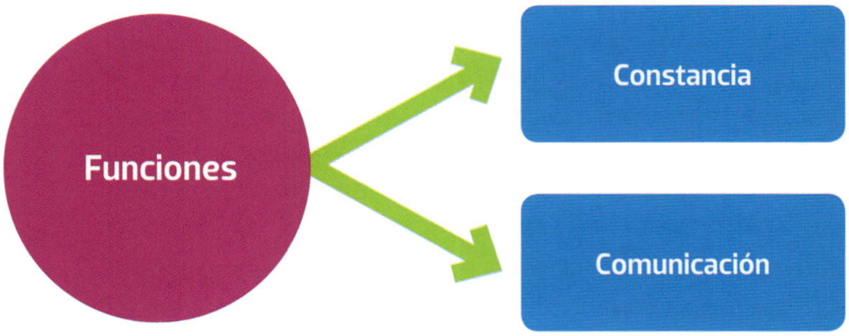

- La primera de las funciones de los documentos administrativos es la **constancia:** es decir, dan soporte a los actos administrativos que estudiamos en la unidad anterior. Los documentos sirven, además, de prueba de la existencia del acto, de sus efectos y, en caso de necesidad, se pueden revisar.
- La segunda función es la de **comunicación,** pues constituye el medio por el cual la Administración intercambia información con los ciudadanos y empresas (lo que denominamos *comunicación externa*) y con otros organismos dentro de la Administración (*comunicación interna*).

1.1. Características de los documentos administrativos

¿Cómo podemos saber si un documento es o no administrativo? Para ello podemos fijarnos en tres aspectos o características que todo documento administrativo debe cumplir:

- **Producen efectos:** tienen una consecuencia sobre la Administración o sobre un tercero; no son, por tanto, documentos administrativos los resúmenes o extractos, por ejemplo.
- **Son emitidos por un órgano público:** quien redacta el documento debe ser parte integrante de la Administración pública.
- **El documento debe ser válido:** debe cumplir la forma y características sustantivas que regule la ley en materia administrativa.

Actividades

1. Sergio ha iniciado un trámite para pedir que la Administración revise los datos que tiene el catastro sobre su vivienda, ya que ha detectado un error en los metros cuadrados de la misma, lo que le lleva a pagar un IBI muy elevado. Para ello redactó una solicitud el día 5 del presente mes. El día 18 le llegó una notificación en la que la Administración le requirió una copia compulsada de la escritura. El día 29 recibe la resolución a favor de sus intereses.

   Explica cuántos documentos administrativos hay en el texto y cuál es la función de cada uno de ellos.

1.2. Tipos de documentos administrativos

Como ya podrás imaginar, no todos los documentos son iguales. Hay multitud de ellos, que podríamos englobar dentro de tres grandes grupos:

- **Los documentos de iniciación.** Son aquellos documentos que tienen como finalidad iniciar un procedimiento administrativo. Dentro de esta categoría encontramos varios documentos tipo. **Ejemplo:** los acuerdos de iniciación de un procedimiento de oficio (por propia iniciativa del órgano competente, por orden del superior, por petición de otros órganos o por denuncia) o un requerimiento de subsanación de algún defecto en la solicitud (por ejemplo, para aportar algún dato o documento necesario).
- **Los documentos de instrucción.** En esta clasificación encontramos todos los documentos empleados para recabar la información necesaria para dictar la resolución administrativa con el máximo conocimiento posible. **Ejemplo:** entre otros, los acuerdos de apertura de un período de prueba (donde se pone en conocimiento del interesado el plazo en el que puede entregar el material probatorio que considere oportuno para acreditar los hechos valorados en el procedimiento), o la citación de comparecencia, que es una notificación al interesado para que se persone en el lugar, día y hora que indique tal citación.
- **Los documentos de terminación.** Estos documentos son los que ponen fin al procedimiento administrativo. **Ejemplo:** la mayoría de los documentos son resoluciones en las que se indica la «respuesta» a la petición o consulta que proponga el acto en cuestión, pero también son ejemplos de estos documentos los acuerdos de caducidad del procedimiento, la resolución de inadmisión, el acuerdo de suspensión, etc.

Navega

Puedes encontrar un buscador para acceder a los trámites y documentos que necesites en la siguiente web:

- <http://bit.ly/2mCnOtO>.

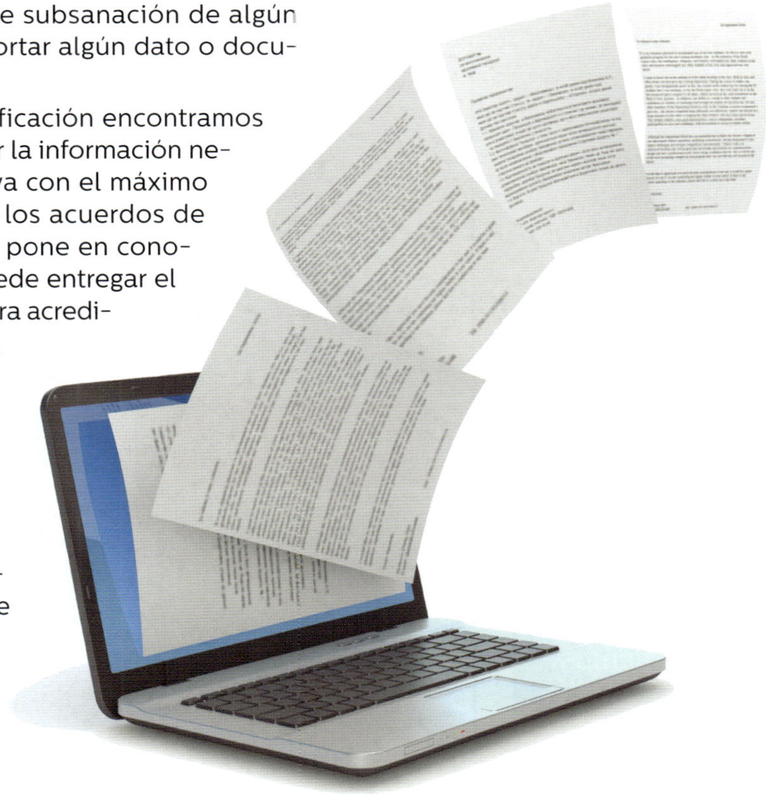

Caso práctico resuelto

M.ª Ángeles y Luisa son hermanas y viven juntas en una casa muy antigua que desean reformar; por eso, deciden pedir al Ayuntamiento una licencia de obra. Para ello, Luisa tiene que completar un documento que entrega en la Administración. En el plazo de doce días reciben una notificación en la que les conceden la licencia para realizar la obra correspondiente.

¿Cuántos documentos administrativos aparecen en el texto? Si tu respuesta ha sido dos (la instancia que Luisa cumplimenta para pedir la licencia que, además, considerarías documento de iniciación y la notificación en la que se concede la licencia), has cometido un error muy común. Como hemos estudiado anteriormente, uno de los requisitos para que se considere documento administrativo es que sea emitido por un organismo público. Con esa premisa en el texto solo hay un documento administrativo: la notificación de la concesión de la licencia.

Saber más

Documentos administrativos

Todos los documentos administrativos deben llevar la fecha de emisión, el asunto del que se trata y el nombre de la persona responsable del organismo que emite el documento, entre otros elementos. En ocasiones las notificaciones al ciudadano se entregan mediante carta certificada para demostrar que el interesado las ha recibido.

Actividades

2. Explica las diferencias fundamentales que existen entre un documento de iniciación, otro de instrucción y uno de terminación. En el ejemplo de la actividad 1 de esta unidad, ¿a qué categoría pertenece cada uno de los documentos que se nombran en el texto?

1.3. Clasificación de los documentos administrativos

Los documentos administrativos se pueden clasificar teniendo en cuenta el siguiente esquema:

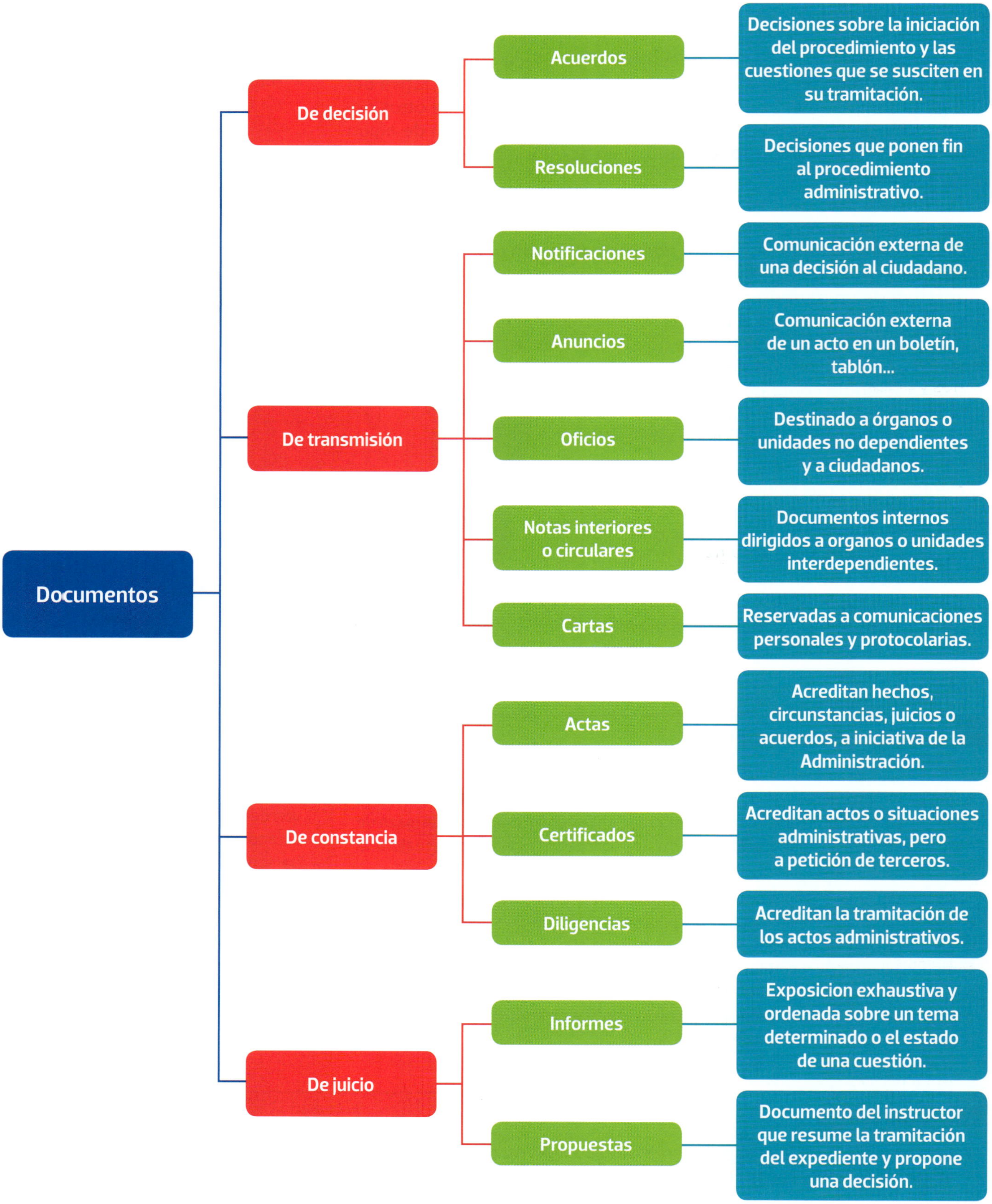

2. Los archivos públicos

El Real Decreto 1708/2011, de 18 de noviembre, establece el sistema español de archivos y regula el sistema de archivos de la Administración General del Estado y de sus organismos públicos y su régimen de acceso.

Podemos definir como **archivo público** toda sección, centro o departamento de un órgano público que garantice el correcto mantenimiento de los documentos que se les asignen.

Pero no todos los archivos son iguales, podemos clasificarlos en varios tipos:

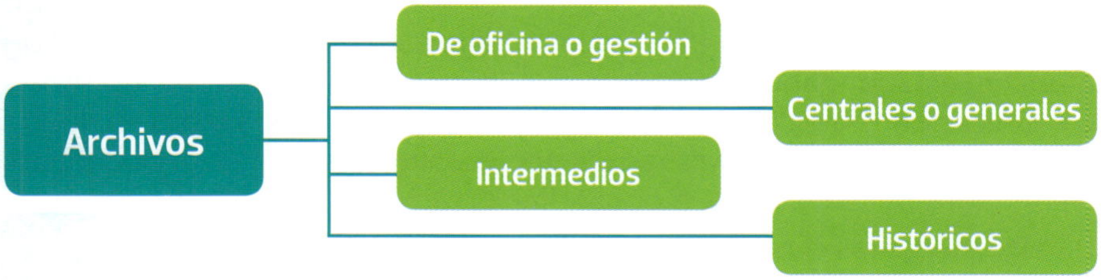

- Los **archivos de oficina o gestión** son los existentes en todos los órganos y unidades administrativas para custodia de documentos en fase de tramitación o sometidos a utilización y consulta administrativa. Entre sus funciones: apoyar la función administrativa, acreditar las actuaciones, organizar los documentos y, al concluir su tramitación o etapa de utilización y consulta, transferirlos al archivo central.
- Los **archivos centrales o generales** son los que se encuentran en cada uno de los ministerios y en los organismos públicos dependientes de ellos para la custodia de los documentos, una vez finalizada su tramitación. Son los encargados de coordinar y controlar el funcionamiento de los diferentes archivos de gestión y tienen otras funciones, como elaborar cuadros de clasificación, tramitar expedientes de eliminación de documentos o servir de archivo intermedio en determinadas ocasiones.
- Los **archivos intermedios** son instituciones responsables de custodiar los documentos generados y reunidos en los ministerios y sus organismos una vez finalizada su fase activa.
- Los **archivos históricos** son aquellos encargados de tratar, conservar y custodiar los fondos del patrimonio histórico documental que sean reflejo de la trayectoria administrativa del país o que resulten altamente significativos por su valor histórico, su singular importancia o su proyección internacional.

Saber más

Llevar un archivo

Para poder llevar un archivo es imprescindible ser una persona ordenada y meticulosa. El orden en un archivo es fundamental para poder buscar los documentos necesarios.

Navega

En el BOE se recoge el real decreto que regula los archivos públicos, puedes comprobarlo en la siguiente web:

- <http://bit.ly/2m9LLN5>.

Actividades

3. Clasifica los documentos de los que habla Sergio en la actividad 1 de esta unidad.
4. Di cómo son los siguientes documentos y a qué grupo de clasificación pertenecen:
   a) Documentos destinados a órganos o unidades no dependientes.
   b) Documento que acredita actos o situaciones administrativas a petición de terceros.
   c) Documento de instrucción que resume la tramitación del expediente.
   d) Comunicación externa de una decisión al ciudadano.
5. Explica en qué consisten los diferentes tipos de archivos. ¿En qué archivo encontrarías un documento que ha reunido un ministerio al terminar su fase activa? ¿Qué archivo de un ministerio u organismo adscrito al mismo es el encargado de controlar la gestión del resto de archivos? ¿Cuáles son los archivos encargados de conservar los documentos con alto valor histórico? Y por último, ¿qué archivo ayuda a gestionar y apoyar la función administrativa?

Oficina de Atención Ciudadana del distrito de Sant Martí (Barcelona). Fotografía: Zaratetman.

Saber más

Presentación de solicitudes

Para presentar sus solicitudes, escritos y comunicaciones, el ciudadano puede utilizar:

- Los registros de cualquier órgano administrativo de la Administración General del Estado o de cualquier comunidad autónoma.
- Los registros de entidades locales que hayan suscrito un convenio de colaboración (*ventanilla única*).
- Las oficinas de Correos.
- Las representaciones diplomáticas u oficinas consulares de España en el extranjero.
- Cualquier otro registro que establezca la normativa vigente.

Según el artículo 16 de la Ley 39/2015, de 1 de octubre, cada Administración dispondrá de un registro electrónico general, en el que se hará el correspondiente asiento de todo documento que sea presentado o que se reciba en cualquier órgano administrativo, organismo público o entidad vinculada o dependiente a estos.

Navega

Conoce toda la información relativa a las oficinas de registro en la siguiente web:

- <http://bit.ly/2n5Ieic>.

3. Los registros públicos

Los **registros** públicos son aquellas instituciones cuyo fin es el de dar a conocer de una manera formal información (hechos, circunstancias, derechos...) que se considera relevante en la interrelación entre la Administración y los administrados.

Por ello, se dice que su principal finalidad es dar publicidad formal a dicha información. Estos registros funcionan bajo la regulación y control de la Administración pública, prestando así un servicio de garantía de la transparencia jurídica.

Dentro de la citada interrelación, las **oficinas de registro** son oficinas de atención al ciudadano donde este puede presentar solicitudes, escritos y comunicaciones dirigidos a las Administraciones públicas, y también donde dichas Administraciones registran los documentos que remiten al ciudadano, a entidades privadas o a la propia Administración.

De este modo, los ciudadanos tienen a su disposición oficinas de fácil acceso a los documentos administrativos que puedan necesitar en determinados casos.

Ejemplo

Si deseamos comprar una vivienda concreta, podemos tener la duda de si el vendedor es el verdadero dueño de la vivienda, o sobre si esta se encuentra libre de cargas: para ello acudiremos al registro de la propiedad correspondiente y pediremos una *nota simple*, es decir, un documento que nos resume las incidencias de una determinada finca (identificación de la misma, identidad del titular o titulares de derechos sobre ella, y extensión, naturaleza y limitaciones de dichos derechos).

Por tanto, una de las funciones de estas oficinas de atención ciudadana es permitir el acceso de los interesados a documentos administrativos relevantes. También cumplen las siguientes **funciones:**

- **La recepción y salida de documentos e informes.** Deben acoger las solicitudes de los administrados y controlar la salida de información como respuesta a las citadas solicitudes.
- **La expedición de recibos de presentación,** es decir, cada vez que un administrado acude a una oficina de registro y presenta una solicitud para recibir algún tipo de información, la oficina debe expedir un recibo que indique la fecha y la persona que ha entregado la solicitud para que así el interesado tenga un justificante de su petición.
- **La anotación de asientos de entrada y salida,** esto es, contabilizar cada solicitud y cada respuesta.
- **Remisión de solicitudes:** no es más que enviar la solicitud al órgano correspondiente.
- **Expedición de copias selladas de documentos originales.**
- **Realización de cotejos y compulsas** (que recordarás de la unidad anterior).

4. El derecho a la información, la atención y participación del ciudadano

Desde que en 1965 se regularon los servicios de información administrativa de los departamentos ministeriales hasta nuestros días, la información al ciudadano por parte de la Administración ha cambiado significativamente. Entre las normas más relevantes de este proceso, cabe citar la Constitución, la hoy derogada Ley 30/1992, de 26 de noviembre, de Régimen Jurídico de las Administraciones Públicas y el Procedimiento Administrativo Común, y la actual Ley 39/2015, de 1 de octubre, del Procedimiento Administrativo Común de las Administraciones Públicas.

Navega

En la siguiente web puedes acceder al reglamento que regula los servicios de información administrativa y atención al ciudadano. Presta especial atención a sus primeros artículos:

- <http://bit.ly/2mWQmB3>.

4.1. El derecho a la información

El principio general no es otro que «el ciudadano tiene derecho a ser informado de sus derechos y obligaciones con respecto a la Administración en todo momento».

La información puede ser de dos tipos:

- **Información**
  - **General**
    - Es toda información sobre los organismos públicos, servicios públicos, prestaciones, normativa aplicable...
    - Toda persona que lo solicite tiene derecho a esta información.
  - **Particular**
    - Es toda información referente al estado o contenidos de procedimientos en tramitación, y a la identificación de autoridades y personal responsables de dichos procedimientos.
    - Solamente tendrán acceso a esta información aquellas personas físicas o jurídicas que sean parte interesada en dichos procedimientos.

Caso práctico resuelto

Vega, presidente de una asociación de vecinos, desea formar parte del registro de entidades ciudadanas de su municipio. Para ello, acude al Ayuntamiento el día 18 de enero, donde formula una serie de preguntas para conocer los trámites que debe realizar y los derechos y obligaciones que supone la inscripción en dicho registro. Después de presentar la solicitud y acompañar los documentos necesarios, el 9 de septiembre realiza otra consulta para saber en qué fase del procedimiento se encuentra su petición. En este supuesto, Vega solicita información general el día 18 de enero e información particular el día 9 de septiembre.

4.2. La atención al ciudadano

El artículo 4 del Real Decreto 208/1996, de 9 de febrero, por el que se regulan los servicios de información administrativa y atención al ciudadano, citado anteriormente, establece las siguientes funciones de atención al ciudadano:

- **De recepción y acogida a los ciudadanos,** para facilitarles la orientación y ayuda que precisen, en particular la relativa a localización de dependencias y funcionarios.
- **De orientación e información** sobre aclaraciones y ayuda sobre procedimientos, trámites, requisitos y documentación para los proyectos, actuaciones o solicitudes que los ciudadanos se propongan realizar, o para acceder al disfrute de un servicio público o beneficiarse de una prestación.
- **De gestión,** en relación con los procedimientos administrativos.
- **De asistencia a los ciudadanos** en el ejercicio de su derecho de petición (reconocido en los artículos 29 y 77 de la Constitución).

4.3. La participación del ciudadano

La participación del ciudadano es una pieza fundamental para el desarrollo de nuestra sociedad, una implicación activa en asuntos de economía, cultura y sociedad, que ayuda a crear normas más eficaces y obtener grandes ventajas.

En ocasiones, los ciudadanos pueden participar en asuntos como la elaboración de normas, mediante la participación en encuestas y sondeos sobre una nueva normativa antes de su entrada en vigor, de modo que la Administración competente pueda tener en cuenta los resultados y opiniones de los ciudadanos y, así, redactar la normativa de la forma más conveniente.

Cada vez más ayuntamientos ponen a disposición del ciudadano un portal donde estos pueden hacer sugerencias y recibir información, de modo que se facilita la comunicación entre los ciudadanos y las Administraciones públicas.

Navega

Hay una web sobre la atención e información al ciudadano que puedes consultar para obtener información sobre becas, empleo público y otros datos de interés.

- <https://administracion.gob.es>.

Saber más

Según el artículo 16 de la Ley 39/2015, de 1 de octubre, cada Administración dispondrá de un registro electrónico general, en el que se hará el correspondiente asiento de todo documento que sea presentado o que se reciba en cualquier órgano administrativo, organismo público o entidad vinculada o dependiente a estos.

Actividades

6. ¿Qué es una oficina de registro? Nombra sus funciones.
7. Paula, que trabaja como arquitecta, es parte interesada en un procedimiento administrativo relativo al contenido de un proyecto de legalización de obras que presentó ante el ayuntamiento de su localidad. Iniciado el procedimiento, Paula quiere saber el estado del mismo y acceder a información que le afecta.

   ¿Cómo es la información que Paula requiere a la Administración? Justifica tu respuesta.
8. Pon varios ejemplos de supuestos en los que la Administración está obligada a atender al ciudadano.
9. Como ya sabes, la participación ciudadana es de vital importancia. Busca si tu Ayuntamiento dispone de página web, buzón de sugerencias o portal que facilite el acceso a la participación ciudadana.
10. ¿En qué tipo de proyectos puede participar el ciudadano?

5. Límite al derecho de la información

En el capítulo III del título I de la Ley 19/2013, de 9 de diciembre, de transparencia, acceso a la información pública y buen gobierno, se proclama el derecho de acceso a tal información y se fijan sus límites.

Hasta ahora hemos estudiado todo lo que el ciudadano tiene que hacer para pedir información a la Administración pública, pero existen límites legales a esta información: datos concretos que la Administración no puede proporcionar al interesado porque esto podría suponer un perjuicio para...

- La seguridad nacional.
- La defensa.
- Las relaciones exteriores.
- La seguridad pública.
- La prevención, investigación y sanción de los actos ilícitos penales, administrativos o disciplinarios.
- La igualdad de las partes en los procesos judiciales y la tutela judicial efectiva.
- Las funciones administrativas de vigilancia, inspección y control.
- Los intereses económicos y comerciales.
- La política económica y monetaria.
- El secreto profesional y la propiedad intelectual e industrial.
- La garantía de la confidencialidad o el secreto requerido en procesos de toma de decisión.
- La protección del medioambiente.

Estos límites deben ser entendidos conforme al **principio de proporcionalidad,** teniendo en cuenta el caso concreto del que se trate. Se intenta garantizar así el derecho a la información del ciudadano, que solo se estima vulnerado en supuestos que pudiesen lesionar intereses de mayor relevancia: por ello se determinaron legalmente unos límites generales, que han de estudiarse y adaptarse a cada caso.

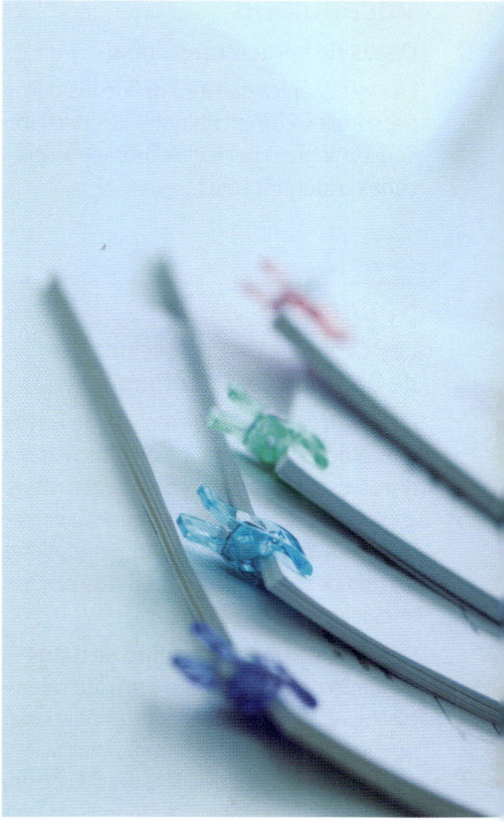

Saber más

Protección de datos personales

Como veremos más adelante, aparte de los límites al derecho a la información, hay prohibiciones vinculadas a la protección de datos personales, como el almacenamiento de ficheros que recojan datos sobre la ideología política y religiosa, datos sobre la salud o la vida privada, por ejemplo, a no ser que una ley justifique lo contrario.

5.1. La protección de datos

En la era de la información, de la comunicación y las nuevas tecnologías, los ciudadanos disponemos de una enorme facilidad de acceso a multitud de datos y, del mismo modo, nos vemos expuestos a que mucha información que nos afecta se comparta a través de redes sociales y otros mecanismos similares.

Por ello, resulta imprescindible garantizar y proteger, en lo que concierne al tratamiento de los **datos personales**, las libertades públicas y los derechos fundamentales de las personas físicas, especialmente de su honor e intimidad personal y familiar.

Con esta finalidad surgieron normas como la Ley Orgánica 15/1999, de 13 de diciembre, de Protección de Datos de Carácter Personal, que, entre otras muchas consecuencias, afecta a los límites del derecho de información del ciudadano.

Vocabulario

Datos de carácter personal

La Ley Orgánica de 1999 define los datos personales como cualquier información concerniente a personas físicas identificadas o identificables.

Saber más

Ley Orgánica de Protección de Datos de Carácter Personal

La Ley Orgánica de Protección de Datos de Carácter Personal es de aplicación a datos de carácter personal registrados en soporte físico, que los haga susceptibles de tratamiento, y a toda modalidad de uso posterior de estos datos por los sectores público y privado.

Se entiende por **tratamiento de datos** el conjunto de operaciones y procedimientos técnicos de carácter automatizado o no, que permitan la recogida, grabación, conservación, elaboración, modificación, bloqueo y cancelación, así como las cesiones de datos que resulten de comunicaciones, consultas, interconexiones y transferencias.

Por tanto, si la información solicitada contuviera datos de carácter personal de un ciudadano, el acceso a ellos se obtendrá siempre y cuando el afectado diera su consentimiento expresamente o si, antes de la solicitud, el afectado hubiera hecho públicos los datos. Además, en algunos casos puede haber una norma que conceda el acceso a dicha información.

La citada Ley Orgánica prevé un régimen sancionador, de modo que aquellos que la incumplan (responsables de los ficheros y encargados de los tratamientos) podrán incurrir en infracciones leves, graves o muy graves. Constatadas dichas infracciones, serán sancionados con las siguientes multas:

Saber más

Infracciones muy graves

Las infracciones muy graves prescribirán a los tres años, las graves a los dos años y las leves al año.

Actividades

11. Pon un ejemplo de cada uno de los casos en los que exista un límite legal al derecho de la información al ciudadano.

12. La protección de datos cobra cada vez más importancia en una época en la que la información personal aparece constantemente en las redes sociales. Realiza un debate en clase sobre vuestra opinión acerca de los derechos amparados en la Ley Orgánica de Protección de Datos. ¿Creéis que es necesario este tipo de normativa en la época que vivimos? Busca ejemplos que corroboren tu opinión y propón mejoras que ayuden a proteger la privacidad de las personas.

6. Los contratos administrativos

Como sabes, el Estado y las Administraciones públicas son agentes que se encuentran en una interrelación constante con los ciudadanos. Del mismo modo, desde el punto de vista económico, existe un flujo circular de la renta. Nos interesa recordar aquí la relación que las Administraciones mantienen con los contribuyentes (personas físicas y jurídicas), de modo que estos pagan una serie de tributos, pero también ofrecen sus bienes y servicios al Estado.

Piensa en tu municipio, el edificio donde se encuentra situado el ayuntamiento, el hospital, el colegio o el instituto público, las mesas, sillas, ordenadores, camillas, utensilios y otros materiales que se utilizan en estos centros. Esos productos han sido creados por empresas privadas y es la Administración local la que ha comprado esos productos, la que ha encargado la obra de esos edificios y la que contrata muchos servicios a empresas privadas. Estas operaciones se formalizan mediante un contrato administrativo.

Podemos definir, por tanto, los **contratos administrativos** como un acuerdo oneroso entre los organismos públicos y las empresas privadas (desde empresarios individuales hasta sociedades anónimas, por ejemplo) para la adquisición de un producto o la prestación de un servicio público.

Las modalidades contractuales del sector público son las siguientes:

- Contratos de obras.
- Concesión de obras públicas.
- Gestión de servicios públicos.
- Suministro.
- Servicios.
- Colaboración entre el sector público y el sector privado.

En nuestra casa cuando queremos comprar algo, solemos comparar e informarnos. La Administración también: para ello sigue una serie de pasos o fases, tal y como muestra el siguiente esquema a grandes rasgos:

Navega

Texto refundido de la Ley de Contratos del Sector Público

Visita la siguiente web y conocerás la norma que regula la contratación administrativa:

- <www.boe.es/buscar/act.php?id=BOE-A-2011-17887>.

Su objeto es regular la contratación del sector público, garantizando que se ajuste a los principios de libertad de acceso a las licitaciones, publicidad, transparencia de los procedimientos, no discriminación e igualdad de trato entre los candidatos, etc., así como regular el régimen jurídico aplicable a los efectos, cumplimiento y extinción de los contratos administrativos.

Saber más

Concesiones administrativas

Son un tipo de contrato en el que una empresa privada realiza una obra o presta un servicio y a cambio la Administración le permite la explotación del bien durante un tiempo determinado (sin perjuicio del cumplimiento del resto de obligaciones previstas en el pliego de condiciones). **Ejemplo:** en ocasiones una empresa privada realiza o mejora una autopista y el Estado les permite explotarla (de modo que hace un uso privativo de un bien de dominio público), durante el tiempo que dure la concesión, cobrando un peaje para compensar el gasto por la obra realizada.

PRÁCTICA PROFESIONAL INICIAL RESUELTA

Belén y Carlos se compran una vivienda

1. ¿Es la nota simple que piden inicialmente un documento administrativo? En caso afirmativo, ¿cumple todas las características de estos?

   La nota simple que piden en primer lugar sí es un documento administrativo, ya que reúne todas las características que debe cumplir un documento administrativo, que son las siguientes:

   - Producen un efecto sobre el interesado: al saber que la vivienda está libre de cargas es más sencillo que se animen a comprarla.
   - Son emitidos por un organismo público, como es la oficina de registro.
   - El documento debe ser válido en la forma y características que se requiera, cosa que suponemos al no decirnos lo contrario el texto.

2. ¿En qué consiste la nota simple?

   Es un extracto sucinto del contenido de los asientos relativos a la finca, donde consta la identificación de la misma, la identidad del titular o titulares de los derechos inscritos sobre ella, y la extensión, naturaleza y limitaciones de estos. Asimismo, en la nota constan las prohibiciones o restricciones que afectan a los titulares o derechos inscritos.

3. ¿Dónde la clasificarías como documento administrativo y cuál es su valor?

   Sería clasificado como documento de constancia, pues informa de aspectos administrativos registrales y se emite a petición de un tercero. Su valor es puramente informativo.

4. ¿A qué tipo de archivo han acudido para solicitar la información?

   A un archivo de oficina, en concreto, al Registro de la Propiedad, ya que es donde se tiene la información oportuna y ayudan a la Administración con este tipo de trámites.

5. En el ejemplo, identifica las funciones de la oficina de registro.

   Las funciones de toda oficina de registro son las siguientes:

   - Recepción y salida de documentos e informes. En el ejemplo reciben la solicitud de la pareja y, además, gestionan la salida de la nota simple que es un documento administrativo.
   - Expedición de recibos de presentación, es decir, al presentar la solicitud se les da un recibo como que lo han presentado o una copia con el sello de entrada.
   - Anotación de asientos de entrada y salida. Llevar la contabilización de cada solicitud y cada respuesta, que es una función interna necesaria para que esté todo controlado.
   - Remisión de solicitudes: en este caso no consta la actuación de otras personas, órganos o unidades destinatarias.
   - Expedición de copias selladas de documentos originales o compulsación de documentos. En este caso no se han expedido copias selladas ni compulsadas. La copia autorizada de las escrituras de compraventa ha sido emitida por la notaría.

6. ¿Tienen derecho Belén y Carlos a pedir ese tipo de información? ¿De qué tipo es?

   Sí, tienen derecho porque es información general, ya que ni son datos personales ni perjudican a la seguridad nacional, ni al medioambiente o a la salud.

7. ¿Ha sido correcta la atención al ciudadano por parte del funcionario del Registro de la Propiedad?

   Sí, Francisco en todo momento ha cumplido con las siguientes fases necesarias:

   - Atender y recibir a un ciudadano.
   - Orientación e información.
   - Gestión.
   - Asistencia.

TEST DE EVALUACIÓN

RESUELVE EN TU CUADERNO O BLOC DE NOTAS

1. Los documentos administrativos pueden tener dos funciones:

a) De coordinación y resolución.

b) De constancia y comunicación.

c) De comunicación y resolución.

d) De coordinación y comunicación.

2. Los documentos que tienen como finalidad la exposición de una serie de supuestos que generan el inicio de un procedimiento administrativo son...

a) Documentos de iniciación.

b) Documentos de terminación.

c) Documentos de trámite.

d) Documentos de instrucción.

3. Los acuerdos y resoluciones son documentos de...

a) Decisión.

b) Transmisión.

c) Constancia.

d) Juicio.

4. Los archivos encargados de custodiar y conservar los documentos históricos son...

a) Los archivos generales.

b) Los archivos centrales.

c) Los archivos de oficina.

d) Los archivos históricos.

5. Son funciones de las oficinas de registro:

a) Recepcionar documentos.

b) Expedición de recibos de presentación.

c) Anotaciones de asientos de entrada y salida.

d) Todas las respuestas anteriores son correctas.

6. Clara quiere información de cómo actuar ante un determinado procedimiento administrativo.

a) Es información particular.

b) Es información general.

c) Es un límite al derecho de la información.

d) No puede por la ley de protección de datos.

7. La información general...

a) Solo la podrán solicitar las personas que sean parte interesada en el procedimiento.

b) Podrán solicitarla todas las personas.

c) Es información relevante para un proceso administrativo en cuestión.

d) Ninguna de las respuestas anteriores es correcta.

8. Los ficheros donde se recogen las ideologías de los ciudadanos son archivos...

a) Confidenciales.

b) Privados.

c) Prohibidos.

d) Inaccesibles.

9. Una sanción administrativa por infracción grave en materia de protección de datos puede alcanzar la cantidad de...

a) 40 000 €.

b) 300 000 €.

c) 600 000 €.

d) Ninguna de las respuestas anteriores es correcta.

10. Cuando una empresa privada realiza un proyecto público y la Administración concede a la misma la explotación de dicho proyecto, a eso se denomina...

a) Procedimiento administrativo.

b) Servicio administrativo.

c) Acuerdo administrativo.

d) Concesión administrativa.

ACTIVIDADES FINALES

1. Di si las siguientes peticiones serán concedidas por la Administración o si, por el contrario, será denegada la información.

a) Manoli ha estado ingresada en el hospital una semana por una neumonía durante esa semana ha faltado a su trabajo y, aunque avisó a la empresa, su jefa Carla ha decidido pedir un informe médico de su empleada.

b) Teresa necesita un certificado de que su madre, Manoli, ha estado ingresada, ya que a Teresa le corresponden dos días de permiso en el trabajo para poder acompañarla; por ello Teresa pide en el hospital un certificado que indique que su madre está ingresada, sin especificar la causa médica.

c) Nicolás tiene una tienda de telas, lanas y cosas de costura, y quiere contratar a Martín para que haga el turno de tarde, pero el empleado anterior en este puesto le robó dinero de la caja, y ahora Nicolás quiere asegurarse de que Martín no tiene antecedentes penales antes de contratarle, por lo que ha realizado una solicitud para pedir esta información.

d) Martín está pensando en hacerse autónomo para trabajar en la tienda de Nicolás, pero necesita información sobre el proceso que tiene que llevar a cabo para conseguirlo.

2. Los siguientes documentos tienen funciones muy variadas. Identifica la función de cada uno de los documentos que se detallan a continuación:

a) Érika ha recibido una carta de la Administración en la que le detallan una resolución de un procedimiento que había iniciado hace unos meses.

b) Manuel ha obtenido un recibo en el que consta que presentó un recurso en un procedimiento.

3. ¿Qué diferencia hay entre una circular y una carta? ¿Y entre un acta y un informe?

4. ¿Cómo se clasifican los documentos de decisión? Pon un ejemplo de cada tipo.

5. ¿Qué es un archivo público? ¿Qué diferencia hay entre un archivo central y uno intermedio?

6. ¿Qué es una oficina de registro? Nombra sus funciones.

7. Busca en internet las oficinas de registro que hay en tu comunidad autónoma. ¿Dónde están situadas? ¿Cuál es su función principal?

8. Completa la siguiente tabla explicando las funciones de cada caso concreto:

	Derecho del ciudadano		
	Información	Atención	Participación
Función			

9. ¿En qué consiste la protección de datos? ¿Cómo son las multas en función de su gravedad, si no se cumple la ley de protección de datos?

10. ¿Qué son los contratos administrativos? Explica sus fases con un ejemplo.

11. ¿Qué es una concesión administrativa? Busca si en tu municipio hay alguna empresa adjudicataria de alguna.

12. ¿Con qué otras unidades de este libro podrías relacionar la unidad actual?

PRÁCTICA PROFESIONAL PROPUESTA

Preparando oposiciones

Patricia está estudiando oposiciones para auxiliar administrativo y poder trabajar en el registro histórico situado en su localidad. Pero tiene algunas dudas con una serie de supuestos prácticos que le plantea su preparador. Intenta ayudarla a resolver los siguientes casos:

Caso 1:

El juzgado de lo penal de una determinada localidad ha de citar a tres testigos para que presten declaración en el juicio oral que se celebrará el día 9 de septiembre. ¿Qué función cumplirá la carta que emita el juzgado para que les llegue a los comparecientes?

Caso 2:

Ramón ha recibido una carta que le envía un abogado privado, donde le explica que debe comparecer en la central de la Agencia Tributaria con una serie de documentos para esclarecer unas cuentas e ingresos que no declaró en su anterior declaración del impuesto sobre la renta de las personas físicas. Ramón se asusta mucho porque cree que realizó su declaración a la perfección, y no entiende cuál es el problema. Su amigo Pablo le dice que no debe acudir a la cita que le propone el abogado, ya que la carta recibida no es un documento administrativo. ¿Qué aconsejarías a Ramón? ¿Crees que tiene razón Pablo?

Caso 3:

Identifica cada uno de los textos que aparecen a continuación. ¿De qué tipo de documento están extraídos?

Texto 1

«Tras estudiar las pruebas y alegaciones presentadas por usted, tenemos a bien aceptar su propuesta, concediéndole la licencia que nos solicita».

Texto 2

«Sr. Francia:

Examinada su solicitud en el expediente arriba referenciado, presentada ante este órgano administrativo en fecha [...] se ha comprobado que no reúne los requisitos exigidos, por lo que, en virtud del artículo 68 de la Ley 39/2015, de 1 de octubre, del Procedimiento Administrativo Común de las Administraciones Públicas, se le requiere para que, en el plazo de diez días hábiles, acompañe los documentos preceptivos que se indican en el Anexo adjunto. De no producirse la subsanación en el plazo mencionado, se le tendrá por desistido de su solicitud, mediante resolución que se dictará en los términos previstos en el artículo 21 de la citada Ley 39/2015, de 1 de octubre».

Texto 3

«Se informa a todos los ciudadanos que la campaña para presentar la declaración de la renta, modelo 100 del impuesto sobre la renta de las personas físicas, será del 1 de mayo al 28 de junio para aquellas personas cuyo resultado de la declaración sea positivo, y del 1 de mayo al 30 de junio para aquellos cuyo resultado resulte negativo. Recordamos también que, si no realiza actividades económicas, puede efectuar su declaración de una forma más ágil con Renta WEB, seleccionando la opción *Servicio de tramitación del borrador/declaración* disponible en la página web de la Agencia Tributaria (www.agenciatributaria.es)».

Texto 4

«De: Ministerio de Hacienda

A: Agencia Tributaria

Informamos de las nuevas bases que se han de tener en cuenta para las declaraciones trimestrales de IVA».

Texto 5

«De: Ministerio de Justicia

A: Ministerio de Hacienda

Solicitamos nos remitan las declaraciones de IVA realizadas por la empresa REX-IUF durante los 4 últimos años».

Texto 6

«Estimado Sr. Alburquerque:

Nos ponemos en contacto con usted para comunicarle que el procedimiento para concederle la licencia de su negocio ya está en tramitación».

Texto 7

«El procedimiento administrativo correspondiente al expediente n.º 2017/5987 se ha realizado conforme a la ley. A continuación, exponemos los hechos ocurridos a lo largo de todas sus fases y presentamos los documentos oportunos para justificar el acto administrativo resolutorio de dicho expediente de forma exhaustiva».

Texto 8

«La Oficina Liquidadora certifica que don Julián Ramírez Sánchez ha abonado la cuota de 258 € conforme con lo dispuesto en la Ley del Impuesto sobre Sucesiones y Donaciones».

Texto 9

Relativo a la Ley 39/2015, de 1 de octubre, del Procedimiento Administrativo Común de las Administraciones Públicas:

«Publicado en: BOE núm. 236, de 02/10/2015.

Entrada en vigor: 02/10/2016

Departamento: Jefatura del Estado

Referencia:BOE-A-2015-10565».

PRÁCTICA PROFESIONAL PROPUESTA
continuación

Caso 4:

Identifica si las siguientes características o funciones pertenecen a los documentos administrativos, a las oficinas de registro o a la atención al ciudadano.

- Emitido por un organismo público.
- Debe ser válido.
- Produce efectos.
- Remisión de solicitudes.
- Recepción y acogida a los ciudadanos.
- Orientación e información.
- Gestión.
- Recepción y salida.
- Expedición de recibos de presentación.
- Anotación de asientos de entrada y salida.
- Expedición de copias selladas.
- Asistencia.

Caso 5:

Pedro y Modesto son, respectivamente, presidente y secretario de su comunidad de vecinos. Tienen un vecino, propietario de la vivienda sita en el piso 5.º A, que no paga las cuotas de la comunidad, lo que no impide que todos los fines de semana sea visto animando a su equipo de fútbol en el estadio o en el teatro, el cine y otros espectáculos. Además, acaba de comprarse un coche nuevo de alta gama, por lo que sus vecinos creen que no paga la comunidad porque no quiere y no porque realmente no pueda pagar. Se ha decidido en la última reunión de propietarios denunciar al vecino moroso para que salde su deuda. Antes de iniciar la vía judicial, Modesto y Pedro quieren más información sobre esta persona: ¿cuánto dinero gana? ¿Tiene o no trabajo estable? Han decidido pedir dicha información a la oficina de la Agencia Tributaria más cercana. ¿Crees que obtendrán la información? ¿Qué deberán hacer? Justifica todas tus respuestas.

Caso 6:

Claudia ha vulnerado la Ley de Protección de Datos, por lo que se le va a imponer una sanción. Ella cree que es una infracción leve, pero su hermano Javier le dice que es grave. ¿Qué diferencias hay entre un tipo de infracción y otro? Justifica los motivos.

EN RESUMEN

DOCUMENTOS EN LA ADMINISTRACIÓN

- **Funciones**
  - Constancia
  - Comunicación
- **Características**
  - Producen efectos
  - Emitidos por organismos públicos
  - Documento válido
- **Tipos de documentos**
  - Iniciación
  - Instrucción
  - Terminación
- **Clasificación**
  - De decisión
  - De transmisión
  - De constancia
  - De juicio

Archivos

- De oficina
- Centrales
- Intermedios
- Históricos

Registros

- Recepción y salida de documentos e informes
- Expedición de recibos de presentación
- Anotación de asientos de entrada y salida
- Remisión de solicitudes
- Expedición de copias

Ciudadano

- **Derecho a la información**
- **Atención al ciudadano**
- **Límites al derecho a la información**
- **Participación del ciudadano**

Fases de los contratos administrativos

1. Preparatoria
2. Redacción del pliego
3. Adjudicación
4. Ejecución

ChildTour

Cuidamos a tus hijos mientras haces turismo

Jesús es un educador infantil con muchos años de experiencia en la enseñanza de los más pequeños. Siempre ha sido muy perseverante y metódico en su trabajo, no se da por vencido. Además, es un amante de los viajes y otras culturas. El verano pasado se fue de viaje a París con sus amigos: entre ellos, Isabel y Víctor, un matrimonio con 3 hijos, que no disfrutó apenas del viaje. Los niños se cansaban pronto y tenían que ir al hotel a descansar; la pareja tampoco accedía a museos o participaba en las visitas guiadas porque los niños se aburrían y acababan molestando. Por esa razón, Jesús y sus acompañantes no pudieron hacer turismo todos juntos.

Al llegar a Salamanca, ciudad donde viven todos, Jesús tiene una idea clara: hay que buscar un local donde los turistas puedan dejar a sus hijos las horas necesarias para que aquellos disfruten de la cultura y monumentos de la ciudad.

Pero Jesús no tiene dinero para alquilar un local y montar este negocio; además, no sabe qué licencias necesita ni cómo llevar la contabilidad. Al hablarlo con sus amigos, Antonio le propone participar como socio capitalista en la futura empresa; Alfonso se encargará de las cuentas y licencias, además de realizar la contratación del personal. Por otra parte, cuentan con la ayuda de Intelitur, Centro de Conocimiento, Inteligencia e Innovación Turística.

En un primer momento, Jesús pensó en crear una agencia de «canguros» para cuidar a los niños en las habitaciones del hotel, pero había varios inconvenientes: el principal, que a los padres no les genera confianza dejar a sus hijos con un desconocido. Sin embargo, por su trabajo, sabe que los padres llevan a sus hijos a escuelas y colegios sin necesidad de conocer a los maestros. Por ello, cree que lo mejor sería crear una escuela infantil de turismo. La búsqueda del nombre también resultó complicada, pero con una *lluvia de ideas* al final lo consiguió.

El precio fue otro problema que tuvo que solventar. Fijó una tarifa de 30 € por 6 horas como precio estándar, con la posibilidad de que cada padre o madre abonara un plus adicional en caso de añadir comida o cena en la escuela; del mismo modo, se realizaría un descuento en caso de ampliación de horas.

Como Jesús dispone de poco tiempo debido a su trabajo, encarga a su prima Juani llevar el negocio. Después de un año de funcionamiento de la escuela ChildTour, SL, Juani trabaja como una más, y cada vez que es necesario explica a sus trabajadores los motivos por los que toma una u otra decisión. Prácticamente desde sus inicios, la empresa ha empezado a obtener interesantes beneficios. Además, organiza visitas guiadas para niños más mayores en las que cuentan la historia de la ciudad por medio de animadores disfrazados, y mediante juegos y adivinanzas. Para los más pequeños, realiza talleres en el local de la empresa, siempre desde un punto de vista educativo y para dar a conocer la ciudad; además, dispone de camas por si los más pequeños necesitaran descansar.

Con el tiempo, Gema, una experta ingeniera, se pone en contacto con la empresa para comercializar su nuevo invento: un chip que se prende en la ropa del niño, y que integra un GPS. De ese modo, si el menor se despista en algún momento de la actividad turística, sus progenitores podrán localizarlo fácilmente desde su propio móvil. Gema tiene la patente del diseño, pero no dispone de acceso al mercado. Juani decide comercializar este producto con sus clientes y ofrecerlo a los padres cuando vayan a recoger a sus hijos.

Cinco años después de la constitución de la empresa, Jesús ya ha abierto diferentes escuelas ChildTour en las principales ciudades españolas, y proyecta seguir expandiendo su negocio. Obtiene entonces una facturación media de 3 millones de euros entre todas las sedes, y da trabajo a un total de 35 empleados.

El día 29 de junio llega a la sede de ChildTour Peter, con toda su familia. Es un empresario inglés que posee un grupo de agencias de viaje en Londres y que, al conocer el sistema de negocio de Jesús, pensó en asociarse para implantar escuelas ChildTour en su ciudad.

El 1 de diciembre de ese mismo año, la empresa abre su primera escuela en Londres.

Como el negocio está creciendo considerablemente, la administración resulta cada vez más complicada.

Imagina que trabajas como administrativo para la empresa y que contratan a una persona para ayudarte. Resuelve las cuestiones que te plantea a continuación tu nuevo compañero.

- **1.** ¿Quién es el empresario?
- **2.** ¿Quién lleva cada departamento en la empresa?
- **3.** Entonces, ¿hay alguna persona jurídica en este caso?
- **4.** ¿Qué tipo de sociedad es ChildTour, SL? ¿Qué características posee?
- **5.** Jesús es un innovador, pero ¿de qué tipo es su innovación?
- **6.** ¿Cuál es el origen o procedencia de la idea innovadora?
- **7.** La empresa se ha internacionalizado y ha abierto sedes en Londres. ¿Por qué ha tenido lugar este hecho? ¿En qué etapa de la internacionalización se encuentra la empresa?
- **8.** ¿Qué es Intelitur?
- **9.** Por lo que he oído, Juani es muy buena jefa y siempre ofrece explicaciones sobre todas sus decisiones a sus empleados, y los trata como compañeros. ¿No es una líder, entonces?
- **10.** ¿Cómo ha sido elaborado el plan de negocio?
- **11.** Entiendo que en este sector no influye mucho la tecnología, por lo que no debemos preocuparnos por la posibilidad de quedarnos obsoletos, ¿verdad? Pero en caso de usar una tecnología, ¿en qué consistiría?

- **12.** El 10 de enero me propusiste el inicio de las liquidaciones de IVA, pero aún no tengo claro de qué tipo de tributo se trata. ¿Podrías explicármelo? ¿Qué es un tributo?
- **13.** En la sede en la que trabajamos, las compras de la empresa han ascendido a 18 500 € con un tipo de IVA general y una facturación por ventas de 12 000 €, también con IVA general. ¿Cuánto tendrá que pagar la empresa a la Hacienda pública en concepto de IVA?

Recuerda

La empresa es una escuela y la educación está exenta de IVA, pero también ofrece otros servicios, como el alquiler de GPS, que sí debe tributar por este concepto.

- **14.** La empresa, como sabemos, ha logrado un volumen de facturación de 3 millones de euros, pero su base imponible ha sido, una vez descontados gastos, sueldos de personal y otras partidas, de 25 000 €. Como la sociedad no goza de ningún tipo de ventaja fiscal, debe pagar en concepto de impuesto de sociedades el tipo general del 25 %. ¿Cuál será la cuota íntegra?
- **15.** Estoy cobrando un salario de 18 500 € brutos, y necesito saber qué importe me retendrán en concepto de IRPF para conocer mi cuota íntegra. Ayúdame a calcularlo.

- **16.** He oído que la Ley 26/2015, de 28 de julio, de Modificación del Sistema de Protección a la Infancia y a la Adolescencia, obliga todos los profesionales que trabajen con menores de edad (incluyendo educadores, profesores, pediatras...) a aportar un certificado de idoneidad, que deberá solicitarse en el Registro Central de Delincuentes Sexuales. ¿Debemos presentar tal certificado los empleados de ChildTour que trabajemos directamente con los niños?

  Tengo serias dudas ante esta regulación. ¿Son de obligado cumplimiento estos extremos? ¿Qué rango tiene la norma en cuestión?

- **17.** ¿Hay que cumplir la citada ley en todo territorio nacional?
- **18.** Si dices que el certificado depende de un ministerio cuya sede se encuentra en Madrid, ¿significa esto que el certificado solo tendrá validez en el territorio de la mencionada comunidad autónoma?
- **19.** ¿Quién ha emitido la Ley de 2015? ¿Qué sucedería si contraviniese normativa europea? ¿Son de obligado cumplimiento todas las disposiciones dictadas por la Unión Europea?
- **20.** ¿Cómo lograremos los trabajadores de ChildTour el certificado de idoneidad, y cuáles son su finalidad y efectos? ¿Quién puede solicitarlo? ¿De qué tipo de documento administrativo estamos hablando?

Edición: Carmen Calvo

Coordinación editorial: Gonzalo Morlanes

Revisión técnica: Víctor Borreguero

Diseño de colección: Juan Pablo Rada / Paso de Zebra

Fotocomposición, maquetación y realización de gráficos: Elena Lázaro

Fotografías: 123RF, Audi France, Henri Bergius, Luis Miguel Bugallo Sánchez, Cancillería de Ecuador, Cberbell, Cenobio, Consorcio de la Zona Franca de Vigo, Contando Estrellas, Harald Deischinger, Yeray Díaz Zbida, Diliff, José Luis Filpo Cabana, Luis García (Zaqarbal), Antonio GarMi, David Gubler, Miyuki Meinaka, Julien1978, Kabelleger / Latras, K3TO, Angela Llop, Natalí Ludmila, Luiyo, Malopez 21, Murcianboy, NASA, Benjamín Núñez González, Orvalrochefor, Outisnn, Marianne Perdomo, Alex Proimos, Ramajero, Representación Permanente de España ante la UE, Ricardo Ricote Rodríguez, Mark Rutte (primer ministro de los Países Bajos), Luis T de la Sierra, Thinkstock, Antonio Vélez, Zarateman y archivo Editex

Preimpresión: José Ciria

Dirección de producción: Santiago Agudo

Vía Dos Castillas, 33. C.E. Ática 7, edificio 3, planta 3ª, oficina B
28224 Pozuelo de Alarcón (Madrid)

ISBN: 978-84-9161-021-2

Depósito Legal: M-11986-2017

Imprime: Gráficas Muriel
Impreso en España - *Printed in Spain*